東洋の哲学を語る

ロケッシュ・チャンドラ
池田大作

対談を終えて、ロケシュ・チャンドラ夫妻と池田大作夫妻

はじめに

二十一世紀を「平和」と「共生《きょうせい》」の世界へ。そのための「新たなる指標《しひょう》」は、どこに求めればよいのか――「哲学不在」といわれる現代、精神の大国・インドを代表する知性、ロケッシュ・チャンドラ博士と私は、東洋の智慧《ちえ》を探索《たんさく》する「精神の旅」に出ました。

幾千年におよぶ東洋哲学の大山脈は、荘厳《そうごん》なる大宇宙の陽光《ようこう》を浴《あ》びて、人類史にそびえ立っております。その堂々たる峰々《みねみね》からは、清冽《せいれつ》な水流が迸《ほとばし》り、時代の変転の中で滔々《とうとう》たる「大河」を形成してきました。そこには、広大なる沃野《よくや》が開かれ、豊かな生命の創造と、万物の平和共生の営みがつづられております。

人々の生命を潤《うるお》し、限《かぎ》りない活力を与え、生の指標となった、深遠なる精神の水脈こそ、「人間主義の思想」であります。

私が心から尊敬してやまぬロケッシュ・チャンドラ博士は、私どもの対談を、「人間的価値の永遠性」について語り合う旅であると、表現されております。

博士の炯眼《けいがん》の通り、永遠なる「人間的価値」は、東洋の歴史の激動期《げきどう》に、「宗教改革」「思想運動」「新哲学の形成」「権力との闘争」、そして「平和創造」の原動力として、その真価を発揮してきました。

本書には、人間主義を掲《かか》げた「平和・非暴力の戦士」として、古代インドのウパニシャッドの哲人から、二十一世紀に活躍する世界市民まで登場します。

人間の宗教を創始した「人類の教師」釈尊、仏教とギリシャ思想との「文明間対話」を行ったミリンダとナーガセーナ、そして、仏教思想を政治に反映した「王の中の王」と称されるアショーカ等々——古代インドの精神史は、人類の「宝石」と輝いております。

インドに出現した仏教は、大乗仏教、なかんずく『法華経』を変革と統合の「旗印《はたじるし》」とする民衆によって、シルクロードを通って流伝《るでん》していきました。そこには、偉大なる翻訳《ほんやく》者、鳩摩《くま》羅什《らじゅう》の登場もあります。

仏教は、西方へは、ギリシャ思想、初期キリスト教に影響を与えたとされております。そして、東方へは、悠久《ゆうきゅう》なる「中国文明」との対話の中から、「中国仏教」を形成していきました。儒教《じゅきょう》や道教《どうきょう》との真摯《しんし》なる「交流」を通して確立された、天台の「一念三千」論は、世界哲学史に燦然《さんぜん》たる光を放っております。

そして、日本では、十三世紀に『法華経』と天台哲学を基盤《きばん》として民衆の幸福と世界平和を掲《かか》げた日蓮仏法が、人類史の大舞台にその雄姿《ゆうし》を現します。

その哲理と思想は、帝国主義、軍国主義の嵐が荒《あ》れ狂《くる》った二十世紀に、牧口常三郎、戸田城聖によってそのまま実践され、創価学会が創設されます。そして、今日、民衆運動としての菩薩道《ぼさつどう》たるSGI運動へと展開しているのであります。

インドの天地では、二十世紀の初頭、マハトマ・ガンジーが、民衆を率《ひき》いて反植民地運動を展開します。牧口、戸田が、日本の国家主義と対決したのと同時期であります。

ガンジーの「非暴力の闘争」には、釈尊の「人間主義」「平和主義」の思想が色濃《こ》く反映《はんえい》していると指摘されています。

このガンジーと『法華経』と、そして日蓮仏法を結ばれたのが、ロケッシュ・チャンドラ博士の父君、ラグヴィラ博士その人であります。

ラグヴィラ博士は、文字通りの「世界的知性」であり、二十数カ国語――その中には日本語も含まれますが――を自在に駆使《くし》する言語学者であります。『法華経』にも造詣《ぞうけい》の深い仏教学者であり、東洋文化に精通された東洋学の権威《けんい》でありました。そして、何よりも、夫妻でマハトマ・ガンジーとともに戦い抜かれた「平和・非暴力の戦士」であります。

このラグヴィラ博士こそが、マハトマ・ガンジーに『法華経』の精髄《せいずい》――南無妙法蓮華経の深義《じんぎ》と、日蓮仏法における「立正安国」の権力闘争を紹介した、その人だったのであります。

ラグヴィラ博士は、東洋の精神的遺産を未来に伝えたいと、「インド文化国際アカデミー」を創立されました。

父君の創立されたこの「アカデミー」の後継者であり、現・理事長が、ロケッシュ・チャンドラ博士であります。

博士は、父君と同様、サンスクリット、ヴェーダ語の世界的権威であり、幼少期より『法華経』等の仏典に親しんでこられた仏教学者でもあられます。今、博士は、父君の残された膨大《ぼうだい》な「東洋の智慧《ちえ》の宝石」を『シャタピタカ（百蔵《ひゃくぞう》）』として出版し、「父子一体」の事業を世に問い続けておられます。

博士の中には、東洋の精神的遺産が、ことごとく収められており、いかなる「テーマ」を語り合っても、即時に、博識《はくしき》にして詩情豊《しじょうゆた》かな「言語」となって表出《ひょうしゅつ》してきます。その「言語」には、「永遠なるもの」から発せられる「英知」と、平和を愛する熱い「情熱」と、邪悪《じゃあく》と対決する「人類愛」が込められております。

二十一世紀に入っても、人類は、二〇〇一年の「九・一一」同時多発テロに象徴されるように、「暴力」と「分断」のエネルギーに翻弄《ほんろう》され続けております。

グローバリズムの「光」の奥には、深い「影」がひそみ、「分断」のエネルギーが、いまだに、人間と自然、人間と社会、そして人間精神そのものを引き裂《さ》いております。

博士と私は、東洋哲学史に登場する魂《たましい》の巨人の激闘を主軸《しゅじく》に、「分断」を「融合《ゆうごう》」へ、「戦争」を「平和」へと導く「精神的指標」を求めて、思索《しさく》を続けてきました。

本書は、その思索のプロセスである「精神の旅」をまとめたものであります。

博士と語り合った「新たなる指標」が、読者の方々の歓喜の人生と平和社会を照らし出す一つの「光源」となれば、これに勝《まさ》る喜びはありません。

インドの大詩人タゴールは謳《うた》いました。

「再び我々は旅を続けなければならないだろう——どんなに長い道のりであろうと、正義のみに従う、という確たる信念で」（溝上富夫訳）

ロケッシュ・チャンドラ博士という最良の友との「精神の旅」に、幾多の青年が続いてくれることを私は祈っております。

池田大作

まえがき

この対談が開始されたのは、一九九八年十一月のある日の午後のことでした。ひんやりとした空気がただようその日、妻と私は、池田先生および数人の方々とともに、日本式の畳《たたみ》と掘《ほ》りごたつの部屋に座《すわ》っていました。そこで、池田先生と私は、人間的価値の永遠性について語り合ったのです。

人間的価値とは、炎《ほのお》のように輝《かがや》きわたるものであり、また、子どものような純粋性《じゅんすいせい》をはらんだものであります。人間は、有情《うじょう》であれ無情《むじょう》であれ、この宇宙のすべての存在を讃《たた》え、守らなければなりません。そして、物質主義という貪欲《どんよく》な業火《ごうか》を防《ふせ》ぐ衣《ころも》を、身にまとわなければならないのです。

対談を進めるなかで、私たちは、束縛《そくばく》なく天空を駆《か》けめぐる、知性と思想の〝馬車〟を見いだしました。そして、運命という宝をそなえた〝時《とき》〟の深遠さについて、また、未来を豊かに開花させる妙《たえ》なるエネルギーについて、考察したのです。

その時、私は、池田先生という高くそびえ立つ人物の前にいました。先生は、多様なものを統合しゆく道を探究し、各国を歴訪《れきほう》してこられました。先生が積《つ》み上げてこられたものは、常《つね》に新しく、常に繁栄《はんえい》し、「私」「私たち」と「生きとし生けるもの」を統合してやみません。

この対談には、清冽《せいれつ》な〝時の奔流《ほんりゅう》〟から生まれた小石がちりばめられています。これらの小石は、インド、ギリシャ、中国、日本をはじめとする国々の古典的文化の伝統によって磨《みが》き上げられたものであります。

インドの巡礼者《じゅんれいしゃ》たちは、雪がとけ、春から夏に季節が移るころ、凍《こお》るように冷たいガンダキ川の急流を転《ころ》がり落ちてくる黒い玉石《ぎょくせき》を求めて、ヒマラヤの高地に向かいます。そして、そこで拾われた小石は、家庭や寺院に祭られます。そのように、この対談集には、宇宙を貫《つらぬ》く、目には見えない意識を探究する私たちの小石が存在しているのです。

人間は、一人ひとりの内に眠っている「ヒューマニティーの感覚」の尊さを、再認識すべきでありましょう。そうすれば、人間は、多くの河川《かせん》、穀物《こくもつ》、果物、雲、雨、牛などの、生命を養《やしな》うものすべてによって育《はぐく》まれるでしょう。この宇宙は、縫《ぬ》い目のない網《あみ》によって、相互に繋《つな》がっているのです。

私たちは、一体となって、さまざまな問題に立ち向かわなければなりません。あらゆる生命が、個人的道徳や社会的道徳、無私という規範《きはん》によって、調和を保ち、訓練されるべきなのです。未来の人類は、マハトマ・ガンジーのように、高らかに宣言しなければなりません――「私の人生が、私のメッセージです」と。

本対談集の中心課題は、思想が歴史の中で果《は》たした役割、自然と文化、人類の遺産と精神性、環境と人間の幸福等であります。各々の時代は、石碑《せきひ》、経典《きょうてん》、言葉、人々の心に、永遠の刻印《こくいん》を残しました。これらの遺産からどれだけ価値を学びとれるかは、私たちにかかっているのです。

人間の本質は、精神の内面で作用します。精神の内面的広がりがなければ、また、利己心を超越《ちょうえつ》した潜在的な生命への意識がなければ、外面的文明は精気《せいき》を失ったものになってしまうでしょう。

マハトマ・ガンジーは、「自身の内面を制御《せいぎょ》する力に気づかなければ、真に自立することはできない」と、強く主張しました。もっとも質実な人生こそ、もっとも奥深《おくふか》い人生なのです。

インドでは、「オーム、シャーンティ、シャーンティ、シャーンティ(オーム、静寂《せいじゃく》あれ、静寂

あれ、静寂あれ)」と唱《とな》えます。最初の「シャーンティ」は、自然との平和な関係、次は人間、社会、民族の間の平和、最後は自身の内面の平和を表しています。これら三つの創造的関係が成立し、崇高《すうこう》なものとなれば、環境の平和、社会の平和、精神の平和が実現されるのです。

池田先生は「平和の王」であります。先生が奏《かな》でる平和の讃歌《さんか》は、はっきりと人々の目にとまり、人々の夢を取り込み、人々の思考の中を行き交《か》います。その讃歌は、先生の理想の真っただ中で、反響しつつ流れ出てくるのです。

本対談集には、幾世紀という時の恩恵《おんけい》によって紡《つむ》ぎ出された、無限の〝記憶の回廊《かいろう》〟が張《は》りめぐらされています。偉大な師匠であられる池田先生は、限られた時間を生きる人間を活気づけ、時代の制約をはね返し、人間のルーツに言及されています。

また、グローバル化と消費至上主義という生命の強奪者《ごうだつしゃ》によって奪《うば》われかねない、生命・ガイア(地球生命圏)・平和という人類の遺産《いさん》を、守ろうとされているのです。

先生の思想は、実体的な平和を語り、先生の言葉は、思想の洞窟《どうくつ》の中で「裸足《すあし》の平和の巡礼者《じゅんれいしゃ》」となります。

「前人未踏《みとう》」のそのご境地は、語《かた》る眼となり、見る言葉となります。先生こそ、私たちのために「未踏」の境地のイメージを彫《ほ》りあげてくださる、未曾有《みぞう》の人物なのです。そのイメージとは、人間の内面に存在する尊厳なるものに対して、相互の調和に対して、そして、「生命の根源」との融合《ゆうごう》に対して、深々と頭《こうべ》をたれることであります。

池田先生は、分裂《ぶんれつ》した人間の内的存在と外的存在の裂《さ》け目に橋を架《か》け、事物と価値とを一体化しようとされています。人間存在を解《と》き明かし、表現することによって、永遠に変わらぬ指《し》標《ひょう》を示そうとされているのです。

ロケッシュ・チャンドラ

東洋の哲学を語る／目次

はじめに　池田大作　1
まえがき　ロケッシュ・チャンドラ　7
第一章　新世紀の文化と哲学　17
第二章　東洋思想と近代化　39
第三章　ガンジーと法華経　61
第四章　未来に精神の大河《たいが》を　79
第五章　世界市民の哲学　99
第六章　ミリンダ王と大乗仏教　123
第七章　鳩摩羅什《くまらじゅう》と仏教東漸《とうぜん》　145

第八章　釈尊《しやくそん》の悟《さと》り――人間の宗教　169
第九章　民衆のために――釈尊の弘教《ぐきよう》の旅　191
第十章　古代《こだい》世界の「文明間対話」――西方への仏教の影響《えいきよう》　215
第十一章　「第三の千年」開く　インド・中国の精神的伝統《でんとう》　239
第十二章　〝生命宇宙〟への探究《たんきゆう》――天台《てんだい》の〝一念三千〟　265
第十三章　日蓮大聖人と「法華経」　291
第十四章　文明間対話に向けて　317
第十五章　ＳＧＩ運動と菩薩道《ぼさつどう》　343
索引

第一章　新世紀の文化と哲学

新たな千年紀《せんねんき》に確《たし》かな指針《ししん》を

池田SGI会長　いよいよ二十一世紀です。新しい千年紀《せんねんき》の始まりにあたり、新しい時代を照《て》らす哲学《てつがく》、確《たし》かな指針《ししん》を人類《じんるい》は求めています。とりわけ、生命《せいめい》を広く深く探究《たんきゅう》した東洋の叡智《えいち》に、期待《きたい》が寄《よ》せられています。

精神《せいしん》の大国《たいこく》・インドの偉大《いだい》な哲学者《てつがくしゃ》であられる博士《はくし》とともに、私は、永遠《えいえん》の未来《みらい》のために、それを探究《たんきゅう》したいのです。

ロケッシュ・チャンドラ博士　大変《たいへん》に光栄《こうえい》なことです。

池田　人類《じんるい》を結《むす》びつけ、生命《せいめい》の尊厳《そんげん》を打ち立てていく「二十一世紀の哲学《てつがく》」を築《きず》くために、「世界の哲学」を縦横《じゅうおう》に語り合いましょう。インドと日本から、「新世紀《しんせいき》の指標《しひょう》」を世界へと発信《はっしん》しましょう！

チャンドラ　素晴《すば》らしいことです。大変《たいへん》に重要《じゅうよう》なことです。池田先生と、「新世紀の指標」について、今、語り合うことは、歴史《れきし》を創造《そうぞう》することです。それは、先生が歴史的存在《そんざい》の方《かた》だからです。

池田先生は、二十一世紀に特別《とくべつ》の使命《しめい》をもっている方だと、私は感じます。抜《ぬ》けるような青《あお》空《ぞら》の広がり――それが池田先生の心です。二十一世紀は広大《こうだい》に広がる地平線《ちへいせん》のようなものです。池田先生は、民衆《みんしゅう》とともに前進《ぜんしん》し、今ある社会を、そして世界を、「新しい世界」へと導《みちび》いていく人です。それは「境界《きょうかい》のない世界」――人類《じんるい》がともに歩《あゆ》む「開かれた世界」です。池田先生は、二十一世紀のソフト・パワーの象徴《しょうちょう》です！

池田　恐縮《きょうしゅく》です。

「師弟《してい》の道」に人間性の開花《かいか》

チャンドラ　先生は、今年（二〇〇〇年）、シュリー・シーターラームダース・オームカーラナート・サンスクリット教育学院《きょういくがくいん》から名誉博士号《めいよはくしごう》を授与《じゅよ》されましたね。心からお祝《いわ》い申し上げます。同学院《どうがくいん》は、先生を「知識《ちしき》と智慧《ちえ》の大海《たいかい》」に譬《たと》えて顕彰《けんしょう》しましたが、正当《せいとう》な評価《ひょうか》だと私も賛同《さんどう》します。

池田　ありがとうございます。

授与式《じゅよしき》には、同学院のムケルジー総長《そうちょう》ご夫妻《ふさい》、ミトラ副総長ご夫妻、バルドワン大学ビルバム・カレッジのムコパディヤ学長ご夫妻が、遠路《えんろ》はるばると来日《らいにち》され、大変に恐縮《きょうしゅく》しました。

また日本人として初の栄誉《えいよ》で、光栄《こうえい》に思っています。

また、ムケルジー総長、ミトラ副総長が、師匠《ししょう》であるオームカーラナート師の思想を、実現《じつげん》されようと懸命《けんめい》に努力《どりょく》されているお姿に、深い感銘《かんめい》を受けました。

チャンドラ　オームカーラナート師のビジョンと、それを継承《けいしょう》するムケルジー総長、ミトラ副総長の献身的《けんしんてき》な努力《どりょく》は、インドではよく知られています。

師匠《ししょう》のビジョン、すなわちサンスクリット★1の価値《かち》を次世代《じせだい》に伝えようとする彼らの努力《どりょく》によって、師の構想《こうそう》に新たな優良《ゆうりょう》な特質《とくしつ》が加えられているのです。

池田　よく分かります。師弟《してい》の道がなければ、何事《なにごと》も成就《じょうじゅ》しません。そこに人間性《にんげんせい》の極致《きょくち》があります。

動物には親子《おやこ》はあっても、師弟《してい》はありません。師弟があるのは人間だけです。師弟があるから人間性の開花《かいか》があり、人間としての前進《ぜんしん》もあります。

★2天台大師《てんだいだいし》の『★3摩訶止観《まかしかん》』に「従藍而青《じゅうらんにしょうあい》（藍よりして而《しか》も青《あお》し）」という言葉があります。「青は藍より出《い》でて、しかも藍より青し」ということで、弟子《でし》が師匠《ししょう》よりも立派《りっぱ》になっていかなければならないということです。

私も、戸田先生に仕《つか》えて以来《いらい》、「世界の平和」「人類《じんるい》の幸福」という師匠《ししょう》の構想《こうそう》を実現《じつげん》しようと、その心だけで今日《こんにち》まで戦ってきました。これからも、今までの十倍、百倍の力を振《ふ》り絞《しぼ》る思いで戦う決意です。

世界宗教としての日蓮《にちれん》仏法《ぶっぽう》

チャンドラ　池田先生は、人間的な雰囲気《ふんいき》に満《み》ちた輝《かがや》きと美によって、私たちの敬愛《けいあい》の的《まと》になっています。先生の、その人間的魅力《みりょく》の源泉《げんせん》は、師匠《ししょう》への報恩《ほうおん》の赤誠《せきせい》の心にあることが、よく分かります。

池田　私には、師弟《してい》しかありません。それ以外の生き方は、ありません。

ところで、ムケルジー総長は、オームカーラナート師がサンスクリットの学問《がくもん》を通して、インド文化を世界化《せかいか》して、普遍的《ふへんてき》な寛容《かんよう》と完全《かんぜん》なる調和《ちょうわ》がもたらす、強固《きょうこ》な人間主義の時代を開くことを熱望《ねつぼう》されていたと語っておられました。そのように、サンスクリットは特殊《とくしゅ》な地位を占《し》めている言語《げんご》ですね。

仏教で、サンスクリットを「梵語《ぼんご》」つまり「★4梵天《ぼんてん》がつくった言葉」と称《しょう》しているのも、サンスクリットでつづられた作品のもつ深遠《しんえん》な哲学性《てつがくせい》のゆえでしょう。

チャンドラ　サンスクリットを「梵語《ぼんご》」すなわち「梵天（ブラフマー）の言葉」と表現したのは、適切《てきせつ》ですね。というのは、ブラフマーというのは「増加する、輝《かがや》く」という意味をもつ言葉から派《は》生《せい》しているからです。

ブラフマーというのは、善なる価値《かち》の創造《そうぞう》であり、「生成《せいせい》」のエネルギーであり、ダルマ（法、秩序《ちつじょ》）なのです。

池田　実は、日蓮大聖人もサンスクリットを学ばれていて、「サンスクリットの法華経は、だいたい目を通した」（『新編日蓮大聖人御書全集』日亨上人編　創価学会発行、以下御書と略す。一五八四㌻）と仰《おお》せになっています。

また、「サンスクリットと漢語《かんご》を同時《どうじ》に用《もち》いて南無妙法蓮華経というのである」（御書七〇八㌻）とも述べられていますが、インドのサンスクリットと、中国の漢語を用いられているところに、日蓮仏法の世界宗教としての本質が、象徴的《しょうちょうてき》に現《あらわ》れているといえます。

チャンドラ　太陽の輝《かがや》く光《ひかり》（日《にち》）と、蓮華《れんげ》の清《きよ》らかさ（蓮《れん》）を体現《たいげん》した名前をもつ日蓮大聖人が、サンスクリットで書かれた書物の重要性《じゅうようせい》に言及《げんきゅう》されているのは、素晴《すば》らしいことです。

日蓮大聖人は、精神の開花《かいか》に不可欠《ふかけつ》である法華経のサンスクリット原典《げんてん》に感動《かんどう》されたに相違《そうい》ありません。日蓮大聖人は、南無妙法蓮華経という題目を、人間の内的変革《ないてきへんかく》のための最高の法として説《と》かれました。

この題目は、サンスクリットの「ナマス」で始まり、人間性の高潔《こうけつ》さと歓喜《かんき》のなかで、漢語《かんご》の妙法蓮華経へと続きます。

ブラジル・サンパウロ州のサンジョゼ・ドス・カンポス市に「戸田城聖公園」が開園（1999年12月）

東洋と西洋が、この題目のなかで融合《ゆうごう》する、インド・ヨーロッパと東アジアの言葉が調和《ちょうわ》する、という池田先生の指摘《してき》は正しいと思います。それは、われわれ人類《じんるい》が本質《ほんしつ》としてもつ人間性の美《び》を現出《げんしゅつ》させる本源的《ほんげんてき》な言葉です。

先生は、世界を縦横《じゅうおう》に旅して、遠隔《えんかく》の地までその意義深き声を届《とど》けられました。日蓮大聖人の夢《ゆめ》を、すべての大陸《たいりく》の人々に分かち与えられました。

『ヴェーダ』[★5]に次のような言葉があります。

「遊行《ゆうぎょう》する者の足は花のごとし。
疲《つか》れを知らず歩き回《まわ》る太陽、その励《はげ》むさまを見よ」

先生は、人類の聖《せい》なる象徴《しょうちょう》を蘇《よみがえ》らせ、そこに新たな視点《してん》を加えて現実の世界に還流《かんりゅう》させておられます。先生のメッセージは、すべての文化に新たな生命を与《あた》える真心《まごころ》からの営《いとな》みです。

池田　過分《かぶん》なお言葉です。

　しかし「日蓮大聖人の夢」、すなわち「世界の平和」「人類の幸福」を実現することが、恩師《おんし》・戸田先生の夢であり、誓願《せいがん》でした。だから、私も世界を駆《か》けました。多くの友が、私と心を一つにして献身《けんしん》の努力《どりょく》をしてくれました。

　その結果、世界百八十三カ国・地域《ちいき》（二〇〇二年七月現在）に、題目を唱《とな》える同志が生まれました。まさしく「地から涌《わ》き出る」ように、世界平和に献身《けんしん》する人々が出現《しゅつげん》したのです。


チャンドラ　人類が継承《けいしょう》してきた生物圏《せいぶつけん》と、人類が作り上げてきた科学技術《かがくぎじゅつ》の世界との間に生じた不均衡《ふきんこう》を改善《かいぜん》し、調和《ちょうわ》ある人類の夢の空間《くうかん》の創造《そうぞう》を訴《うった》えるＳＧＩ（創価学会インタナショナル）のメッセージは、是非《ぜひ》とも実現しなければならない課題《かだい》となっています。多くの小さな波が集まって、「人類の心」という一つの大波《おおなみ》となっていくに違いありません。

　池田先生が推進《すいしん》される「魂《たましい》の革命」は、すでに人類を活性化《かっせいか》させる力となっています。先生は、美しく有益《ゆうえき》なものを守るために、また輝《かがや》ける未来に向かって一歩を踏《ふ》み出すために、人類を愛の絆《きずな》で結びつけられています。

　[★6]聖徳太子《しょうとくたいし》は、日本文化の原型《げんけい》をつくりましたが、先生は「人間の文化」を実現《じつげん》するために全《ぜん》力《りょく》を注《そそ》がれてきました。先生の行動は、[★7]タゴールの言葉で言えば「花は枯《か》れて、甘《あま》い果実《かじつ》を残す」ものです。

「人間革命」から「人類の宿命転換《しゅくめいてんかん》」

池田　深いご理解《りかい》に感謝《かんしゃ》します。

チャンドラ博士こそ、世界のなかで大きな使命《しめい》をもった方《かた》です。多くの知性《ちせい》と語り合い、触発《しょくはっ》し合ってこられた。そうした方から過分《かぶん》な称賛《しょうさん》をいただき、本当に恐縮《きょうしゅく》いたします。そのご期待《きたい》に応《こた》えて戦っていく決心です。

二十世紀は「戦争《せんそう》の世紀」だったと言われています。二十一世紀は「平和の世紀」「生命の世紀」「人権《じんけん》の世紀」にしていかなければなりません。その根本《こんぽん》は、「魂《たましい》の革命《かくめい》」すなわち「人間革命」です。「人間革命」なくして「人類の宿命転換《しゅくめいてんかん》」はありません。

一人から、また一人へと波を起こし、千波万波《せんぱばんぱ》と広げていくのです。結局《けっきょく》、一人との対話から始まるのです。だから私は、毎日、語り続けています。仏典《ぶってん》に★8「声仏事《こえぶつじ》を為《な》す」とありますが、語る以外に人間の心を変える方法はありません。平和を創出《そうしゅつ》する道はありません。

そこで私は、博士《はくし》との間で、「東洋の哲学《てつがく》を語る」と題して対談することを提案《ていあん》させていただいたのです。博士も即座《そくざ》に快諾《かいだく》してくださった。

このテーマを今、論《ろん》じる意義《いぎ》を、博士はどのようにお考えでしょうか。

西洋が東洋からの指標《しひょう》を求める時代

チャンドラ　二十世紀は、タゴールと★9岡倉天心《おかくらてんしん》との対談《たいだん》で幕《まく》が開《ひら》きました。当時は、インドも日本も、ともに西洋の文化の流入《りゅうにゅう》という新たな時代の変化に直面《ちょくめん》し、二人は東洋と西洋の文化の融合《ゆうごう》について語り合いました。

池田　今、私たちもまた、彼ら二人と同じく、インドと日本という東洋の心から、世界の哲学《てつがく》を見つめ、新世紀を開く新たな精神文化《せいしんぶんか》の可能性《かのうせい》を探究《たんきゅう》したいと思います。

チャンドラ　二十世紀は、西洋の〝技術〟を東洋が採《と》り入れた時代でした。なかでも日本は、明治維新《めいじいしん》を通して、〝技術〟が西洋の独占物《どくせんぶつ》でないことを示しました。

それに対して、二十一世紀は、西洋が、東洋からの指標《しひょう》を求める時代になってくると思います。東洋の伝統《でんとう》は、「多様性《たようせい》を受け入れる」ことです。それは、宗教だけではなく、人々の生活にも根ざしています。そういった意味で、これからインドで起こること、日本が経験することが、世界に大きな意味をもたせ、影響《えいきょう》を与《あた》えることになるでしょう。

池田　東洋に息づく〝多様性《たようせい》の尊重《そんちょう》〟〝積極的寛容性《せっきょくてきかんようせい》〟は、二十一世紀への確《たし》かなる指標《しひょう》です。

この対談《たいだん》のテーマを「東洋の哲学《てつがく》を語る」としているのも、人類が生《う》み出した〝多様性〟の哲学を考察《こうさつ》し、その奥底《おうてい》に流れる人間としての基盤《きばん》を見つめたいと思うからです。

二十世紀は、あまりにも単一《たんいつ》の哲学、イデオロギーの皮相的《ひそうてき》な面にとらわれて、〃文化の多様性〃を否定《ひてい》してきました。例《たと》えば、西洋の〃物質文明〃を絶対的《ぜったいてき》な価値《かち》としてしまうことの弊害《へいがい》は、多くの歪《ゆが》みを生じさせました。

チャンドラ　そうです。ヨーロッパ文明は近代化に貢献《こうけん》しましたが、逆《ぎゃく》に環境汚染《かんきょうおせん》などの問題をもたらしています。そして今もなお、諸問題に対しても、精神の内面からの根本的解決《こんぽんてきかいけつ》を図《はか》れずにいます。いわば、政治的なアプローチにとどまっているのです。

池田　私も、諸問題の解決《かいけつ》には、政治的《せいじてき》な次元《じげん》にとどまらず、文化や人間の心の交流《こうりゅう》といったさまざまなアプローチが必要であると感じ、ＳＧＩでも「平和・文化・教育」の運動を展開《てんかい》しています。

本年（二〇〇〇年）も、私は、ＳＧＩの発足二十五周年（一月二十六日）を記念しての「[★10]平和提《へいわてい》言《げん》」をさせていただきました。そこでも、西洋の近代化が、軍事的《ぐんじてき》、政治的侵略《せいじてきしんりゃく》にとどまらず、「文化帝国主義《ていこくしゅぎ》」に基《もと》づく「文化侵略」という弊害《へいがい》を生み出したことを考察《こうさつ》しました。

そうした文化の衝突《しょうとつ》が、いまだに多くの民族紛争《みんぞくふんそう》を引き起こしております。その克服《こくふく》のためには、文化や教育交流にあっても、「国家の顔」ではなく、多種多様な「人間の顔」をした文化交流、すなわち「文化民際主義《みんさいしゅぎ》」を二十一世紀の潮流《ちょうりゅう》にすべきことを訴《うった》えました。

チャンドラ　先生は、〝普遍的《ふへんてき》なアプローチ〟をされております。それは、すべての人間に価値《かち》があり、果たすべき役割があるとの人間観に立たれているからです。

池田　すべての人間に価値があるということは、多くの哲学《てつがく》、宗教に流れている精神ですが、大乗仏教《だいじょうぶっきょう》は、それを最も鮮明《せんめい》にしたものだと思います。

「法華経」は「活《かつ》の法門《ほうもん》」

チャンドラ　池田先生は、ヨーロッパ文明だけではなく、その他の精神性や価値観《かちかん》を包含《ほうがん》された方です。

東西は違う思想をもっています。しかしながら、〝違う〟ということは〝対立《たいりつ》〟ではなく、〝補《おぎな》う〟ことです。〝補う〟ということは、人間精神を開花《かいか》させていくことです。多くの面で行《ゆ》き詰《づ》まりを見せている現代において、先生とこのような対談《たいだん》をもつことによって、新しい〝何か〟を見いだしていきたいと考えます。

先生のなかには、過去《かこ》の世紀《せいき》の思想《しそう》がすべてあります。

二十世紀の喧騒《けんそう》は消えゆき、新しい千年の夜明《よあ》けを告《つ》げんとしています。今、雑音《ざつおん》も心の音《おん》楽《がく》と調和《ちょうわ》していきます。それは、池田先生が、「法華経」の限りない地平《ちへい》をもって、私たちを啓《けい》発《はっ》してくださっているおかげです。

凍《こお》りついたイデオロギーの牢獄《ろうごく》に人類を閉《と》じこめてきた〝思想の未《み》開拓地《かいたくち》〟が、今や、人間という種《しゅ》を大いなる希望《きぼう》で照らす〝輝《かがや》く地平《ちへい》〟へと変わったのです。

「開かれた経典《きょうてん》」である「法華経」の精神を体現《たいげん》した池田先生の智慧《ちえ》と慈愛《じあい》の眼《まなこ》がとらえた、人類の精神遺産《いさん》を語り合う相手として選ばれ、大変に光栄《こうえい》です。

池田　「法華経」の重要《じゅうよう》な特徴《とくちょう》の一つが、「蘇生《そせい》」です。すべてを生かす「活《かつ》の法門《ほうもん》」[★11]です。〝人類の幸福のために〟という願いこそが、釈尊《しゃくそん》の心であり、日蓮大聖人の心です。
仏の智慧《ちえ》と慈悲《じひ》の心を鏡《かがみ》として、営々《えいえい》たる人類の叡智《えいち》の営《いとな》みを新しい時代に蘇生《そせい》させていきたいのです！

チャンドラ　池田先生は、人間の「知性《ちせい》」に対して、偉大《いだい》な貢献《こうけん》をしておられる。

「知性」を英語では「マインド」と言います。

それはサンスクリットで「考える」という意味をもつ「マン」と語源《ごげん》が同じです。

サンスクリットでは、その「マン」から、「人間」という意味の「マヌシャ」[★12]という言葉ができたのです。

つまり「人間」とは「考える動物」ということです。人間と動物の違いは「考える」ということにあるのです。このことは非常《ひじょう》に大切なことです。

考えることは、「人類の進歩《しんぽ》の象徴《しょうちょう》」です。それを代表しておられるのが池田先生です！

池田　重《かさ》ねて恐縮《きょうしゅく》します。仏教でも、サンスクリットの「マヌシャ」をしばしば用いています。

東から西へと「法華経」の旅

チャンドラ　インドで生まれた仏教は、幾世紀《いくせいき》もかけて、中国へ、韓《かん》・朝鮮半島《ちょうせんはんとう》へ、日本へと伝わりました。

そして今、池田先生によって、仏教は世界へ広がり、人類を啓発《けいはつ》しています。先生によって、「法華経」が日本から世界に広まったのです！　これほどうれしいことはありません。

まさに、太陽が東から西へと移動《いどう》するのと同じく、「法華経」も東から西へと〝旅《たび》〟をしている。世界の各国《かっこく》を旅している。素晴《すば》らしいことです。

一昨年（一九九八年）秋に開かれた「法華経とシルクロード」展（東京・戸田記念国際会館）で公開《こうかい》された貴重《きちょう》な「法華経」の写本《しゃほん》も、ロシアのサンクトペテルブルクから旅してきたものです。西から東に来ました。

先生のご尽力《じんりょく》で、日本から世界に、「法華経」の〝精神の息吹《いぶき》〟を発信《はっしん》することができました。

池田ＳＧＩ会長も「法華経とシルクロード」展を丹念《たんねん》に鑑賞《かんしょう》し、「人類の精神遺産《いさん》」を前に語る（1998年11月）

先生こそ「新しき世紀」を体現《たいげん》される方です。

池田　私のほうこそ、博士《はくし》の深遠《しんえん》な学識《がくしき》に感銘《かんめい》しております。

「法華経とシルクロード」展でも、博士からいただいた数々の貴重《きちょう》な品が展示《てんじ》を荘厳《そうごん》してくださった。

その御礼《おんれい》の気持ちも込めて、「法華経とシルクロード」展をご覧《らん》いただきましたが、その時の感想をお聞かせください。

チャンドラ　素晴《すば》らしい展示会《てんじかい》でした。心から感動しました。思わず涙がわきあがってくるほどでした。

どれも本当に貴重《きちょう》な文物《ぶんぶつ》です。所蔵者《しょぞうしゃ》のロシア東洋学研究所に行ったとしても、特別《とくべつ》な許可《きょか》がないと見られないものばかりです。

是非《ぜひ》とも映像《えいぞう》として残し、もっと多くの人に知らせていただきたいと思います。とともに、私が感動したのは、多くの人々が見に来られたことです。

是非《ぜひ》とも映像化《えいぞうか》する時には、経典《きょうてん》の説明を入れることはもちろんですが、それとともに、この素晴《すば》らしい展示《てんじ》を実現《じつげん》された池田先生のこと、そして、その熱《あつ》い心と意義を理解《りかい》して訪《おとず》れた多数の方々《かたがた》をも記録にとどめてほしいと願っています。

池田　本当に、このような学術的《がくじゅつてき》な展示《てんじ》を多くの方々が見られたことの意義《いぎ》は深いと思います。法華経は決して、一部《いちぶ》の人間のためではなく、民衆のために説《と》かれた経典《きょうてん》であることを、一つの形として証明《しょうめい》できたのではないでしょうか。

私は写本《しゃほん》を前にして、こう語りました。

「経典が喜んでいます。光っています。経文《きょうもん》は文字であるけれども『魂《たましい》』です。宇宙《うちゅう》の根元《こんげん》で『渦《うず》』を巻《ま》き、『波《なみ》』をうっている大生命力のリズムを写《うつ》しとった表現《ひょうげん》です」と。

チャンドラ　見学者《けんがくしゃ》は、ただ単《たん》に、「法華経」を見にきたのではなく、池田先生ならびに携《たずさ》わった関係者のお心、情熱《じょうねつ》を感じたのだと思います。見に来られた人々の心が、経典《きょうてん》に喜びを与えているのです。

パーリ語[★13]の経典《きょうてん》は、釈尊《しゃくそん》のことを、「来なさい。あなたは歓迎《かんげい》される」と語る人であり、「来なさい。そして法を見なさい」と、純粋《じゅんすい》で水晶《すいしょう》のような輝《かがや》きのなかで語る人である、と表現《ひょうげん》していますが、「法華経とシルクロード」展は、まさにこの言葉を彷彿《ほうふつ》させるものでした。「法華経」を漢訳《かんやく》した鳩摩羅什《くまらじゅう》は日本を訪問したことはありませんでしたが、彼もこの展示《てんじ》を本当に喜んでいることでしょう。

なぜ仏教はインドで滅《ほろ》んだか

池田　「法華経とシルクロード」展が民衆に開かれているところに、博士《はくし》が注目《ちゅうもく》されたことはさすがです。わが意を得た思いです。

「法華経」そのものが語るように、この経典《きょうてん》は一切衆生《いっさいしゅじょう》、すなわち全民衆に開かれた経典です。「すべての人間のため」の経典であり、その「自立《じりつ》」のための経典です。

それゆえ、私は、誰《だれ》よりも「法華経」を実践《じっせん》し、最も深い生命の次元《じげん》で理解《りかい》している学会員の一人ひとりに見ていただきたかったのです。

その心を博士はご理解《りかい》くださっている。「法華経」が説かれた意義《いぎ》の核心《かくしん》をつかまれている。大変、うれしく思います。

ところが、インドでは残念《ざんねん》ながら、やがて仏教が衰退《すいたい》していった。その理由として、仏教が観念的《かんねんてき》なものとしてとらえられ、民衆から遊離《ゆうり》したという説がありますが、博士はどのように考えられますか。

チャンドラ　インドでは、仏教は主《しゅ》として哲学的《てつがくてき》な機能《きのう》にとどまりました。僧院《そういん》での学問としての位置にあり、それは古代《こだい》の仏教大学なのですが、仏教自体《じたい》が限《かぎ》られた一部の上流《じょうりゅう》階級《かいきゅう》のものになってしまいました。

インドでは、イスラムの侵入《しんにゅう》によって仏教が滅《ほろ》んだわけですが、それは、王宮《おうきゅう》よりも僧院《そういん》が、物質的《ぶっしつてき》に非常に豊《ゆた》かであることを知っていた侵入者《しんにゅうしゃ》（イスラム）が、破壊《はかい》したからです。当時のインド仏教は僧院仏教《そういんぶっきょう》であり、僧院を破壊することが、すなわち仏教を破壊することになったわけです。

池田　非常に考えさせられる話です。もし、仏教が民衆の心をつかんでいれば、たとえ建物《たてもの》が壊《こわ》されても、仏教は滅《ほろ》ぼされることはなかったでしょう。宗教にとって不可欠《ふかけつ》なのは、形としてではなく、精神性として人々の心に流れているかどうかなのです。

貴国《きこく》のネルー初代首相《しょだいしゅしょう》は、仏教滅亡《めつぼう》の理由に、釈尊《しゃくそん》の神格化《しんかくか》を挙《あ》げています。本来、「人間の生き方」を身をもって説《と》いた釈尊が、人間を超《こ》えた〝神〟のように権威化《けんいか》されたために、仏教は滅んだというのです。いわば、「仏」とは尊敬《そんけい》する対象《たいしょう》であっても、人々が「その生き方に続く」という存在《そんざい》ではなくなってしまったのです。それに対して、日蓮大聖人は、人間の実生活《じっせいかつ》から遊離《ゆうり》した仏教を人間に取《と》り戻《もど》すことを教えられたのです。

私たちが行っている仏教運動も、釈尊や大聖人の歩んだ「人間の道」を受《う》け継《つ》ぐものであり、そのために、仏を権威化《けんいか》して人間を手段《しゅだん》にしていくものとは、徹《てっ》して戦うのです。

釈尊も、日蓮大聖人も、人間を隷属《れいぞく》させようとする悪の権威《けんい》と戦いました。それが「人間の道」です。人間を、人間たらしめる道です。仏の心は、そこにしかないのです。

注

1　サンスクリット　「完成された言語」という意味で、古代インドの文章語。「ヴェーダ」（注５を参照）を記《しる》したヴェーダ語を母体《ぼたい》として、文法的に整理《せいり》体系化《たいけいか》されて、紀元前二世紀ごろまでに「完成された言語」として確立《かくりつ》された。以後、インド文化は、サンスクリットで伝えられることになった。言語学的には、インド・ヨーロッパ語族《ごぞく》に属《ぞく》する。

2　天台大師　（五三八年〜五九七年）。中国天台宗の開祖。法名《ほうみょう》は智顗《ちぎ》。法華経を依経《えきょう》として五時八教の教判《きょうはん》を立てた。天台三大部《てんだいさんだいぶ》といわれる「摩訶止観《まかしかん》」「法華文句《もんぐ》」「法華玄義《げんぎ》」は天台大師が講《こう》説《せっ》し、弟子の章安《しょうあん》がまとめたもの。

3　摩訶止観　天台三大部の一つ。法華経《ほけきょう》の根本義《こんぽんぎ》である一心三観《いっしんさんかん》、一念三千《いちねんさんぜん》の法門《ほうもん》を開き顕《あらわ》して、それを己心《こしん》に証得《しょうとく》する修行《しゅぎょう》の方軌《ほうき》を示した書。一念三千の法門は法華経方便品の「諸法実相《しょほうじっそう》」の文を展開したもの。

4 **梵天**　バラモン教で説かれる宇宙《うちゅう》の最高原理《さいこうげんり》であるブラフマン（梵《ぼん》）を神格化《しんかくか》したもので、最高神とされる。仏教では、大梵天王《だいぼんてんのう》と称され、娑婆《しゃば》世界《せかい》の主とされる。帝釈天王《たいしゃくてんのう》とともに仏法を守《しゅ》護《ご》する善神である。

5 **ヴェーダ**　バラモン教の根本聖典《こんぽんせいてん》で、インド最古の宗教文献。神々への賛美《さんび》、祭式の説明などが記《しる》されている。「ヴェーダ」は「知識」を意味する。『リグ・ヴェーダ』『ヤジュル・ヴェーダ』『サーマ・ヴェーダ』『アタルヴァ・ヴェーダ』の四ヴェーダがある。

6 **聖徳太子**　（五七四年?～六二二年）。日本の最初の女帝である推古《すいこ》天皇《てんのう》のもとで皇太子《こうたいし》となり、摂政《せっしょう》として活躍《かつやく》。冠位《かんい》十二階《かい》、十七条の憲法を制定《せいてい》したほか、遣隋使《けんずいし》を派遣《はけん》。また、仏教を深く信仰して、政治、文化などに大きな足跡《そくせき》を残した。

7 **タゴール**　（一八六一年～一九四一年）。インドの詩人、思想家、教育家。東西文化の融合《ゆうごう》に努《つと》め、日本にも三回来訪した。一九一三年、ノーベル文学賞を受賞した。日本の文化を高く評価しつつも日本軍国主義の蛮行《ばんこう》には厳《きび》しい警告《けいこく》を発している。

8 **声仏事を為す**　仏が声をもって衆生《しゅじょう》を説法教化《せっぽうきょうけ》すること。章安大師《しょうあんだいし》が記した「法華玄義《ほっけげんぎ》」の「私《し》序王《じょおう》」には「声、仏事《ぶつじ》を為《な》す、之《これ》を称《しょう》して経《きょう》と為す」とある。

9 **岡倉天心**　（一八六二年～一九一三年）。明治期の思想家、美術史家。日本画の革新《かくしん》を指導した。一九〇一年（明治三十四年）にインドを旅行し、主著《しゅちょ》となる英文著作『東洋の理想』を著《あらわ》した。この著作《ちょさく》などで、インドの反英独立運動《はんえいどくりつうんどう》に共鳴《きょうめい》を表明《ひょうめい》した。

10 **「平和提言」**　「一月二十六日」の「SGIの日」に寄せて、一九八三年一月に「平和と軍縮《ぐんしゅく》への新たな提言」を発表したのに続き、「『世界不戦』への広大《こうだい》なる流れを」（八四年）、「世界へ世紀へ平和の波を」（八五年）、「恒久《こうきゅう》平和へ対話の大道を」（八六年）、「『民衆の世紀』へ平和の光彩《こうさい》」（八七年）――と、毎年、世界平和への提言を続けている。

11　「活の法門」　日寛上人《にちかんしょうにん》の「三重秘伝抄《さんじゅうひでんしょう》」に「古徳《ことく》云《いわ》く『華厳《けごん》は死の法門《ほうもん》にして法華は活《かつ》の法門なり』云云《うんぬん》、彼《か》の経文《きょうもん》の当分《とうぶん》は有名無実《うみょうむじつ》なる故《ゆえ》に死の法門と云《い》う……若《も》し会入《えにゅう》の後は猶蘇《なおそ》生《せい》の如《ごと》し故に活の法門と云うなり」と示されている。すなわち方便《ほうべん》として説かれた仮《かり》の教えであっても、法華経を根本《こんぽん》とすることで、すべて生かされてくるということ。

12　マヌシャ　漢訳仏典《かんやくぶってん》では「摩奴沙《まぬしゃ》」「摩菟沙」「摩努沙」などと音写《おんしゃ》される。「衆許摩訶帝経《しゅきょまかていきょう》」「立《りっ》世阿毘曇論《せあびどんろん》」などに、人間は〝智慧《ちえ》があり、細《こま》かく考えることができ、是非《ぜひ》・虚実《きょじつ》を分別《ふんべつ》できるから摩努沙と名づける〟と出ている。

13　パーリ語　現在タイ、スリランカ、カンボジアなどの南方の仏教で使用されている言語。パーリは「聖典《せいてん》」という意味で、南方仏教の聖典語をいう。パーリ語（聖典語）で多くの仏典《ぶってん》が記録《きろく》・保存《ほぞん》されてきた。

第二章

東洋思想と近代化

仏教美術《ぶっきょうびじゅつ》から仏教へ

池田　今回《こんかい》は、日本の読者《どくしゃ》に博士《はくし》のことをより知っていただくために、博士の生《お》い立《た》ちなどをお伺《うかが》いしていきたいと思います。

博士《はくし》の父君《ちちぎみ》は、インドの自由独立運動《じゆうどくりつうんどう》の闘士《とうし》であり、世界的言語学者《げんごがくしゃ》でもあったラグヴィラ★1博士です。サンスクリットはもちろん、仏教文化《ぶっきょうぶんか》にも大変に造詣《ぞうけい》の深い、偉大《いだい》なお父《とう》さまであられました。

チャンドラ　その父の影響《えいきょう》で、私も幼少《ようしょう》のころから、仏教に興味《きょうみ》をもったのです。

池田　仏教のどういうところに、ひかれたのですか。

チャンドラ　二十歳のころに住んでいたラホールの博物館《はくぶつかん》にあったガンダーラ★2の仏教美術《びじゅつ》は、特に魅力的《みりょくてき》でした。禅定《ぜんじょう》に入っている仏像《ぶつぞう》の表情《ひょうじょう》は、大変に、神々《こうごう》しく、美しく、素晴《すば》らしかったのです。また、ガンダーラの仏教美術、特に仏《ぶっ》・菩薩像《ぼさつぞう》は、西洋人《せいようじん》の容貌《ようぼう》をもっていて、現代的《げんだいてき》に見え、かつ思想的《しそうてき》に深いものを感じました。

池田　芸術《げいじゅつ》・文化から仏教に親《した》しまれたのですね。

チャンドラ　ええ。中国の人と同じです。

中国に仏教が入ったのは一世紀ごろとされますが、そのころ、僧《そう》は質素《しっそ》な衣《ころも》を着《き》ていました。当時《とうじ》、「学者《がくしゃ》」というのは、地位のある「官僚《かんりょう》」を意味《いみ》しましたから、中国の人々は「仏教の『学者』は崇高《すうこう》な教えをもっているのに、なんで、そんな貧《まず》しい身《み》なりをしているのか」と、いぶかしがったようです。

中国において、仏教の思想《しそう》が理解《りかい》されるのに二百年かかりましたが、それは彫刻《ちょうこく》、絵画《かいが》、書《しょ》といった芸術《げいじゅつ》の「美《び》」を通《とお》してです。

池田　「美」の力の恩恵《おんけい》を受けて、仏教は、インド世界の宗教から、世界宗教へと跳躍《ちょうやく》したのですね。

仏教が世界宗教に飛躍《ひやく》した時、そこには「美の力」があったことは間違《まちが》いありません。ガンダーラ美術《びじゅつ》とチャンドラ少年の出合いが、何よりもそのことを証明《しょうめい》しています。

チャンドラ　芸術的《げいじゅつてき》に表現《ひょうげん》された仏教の世界のあまりの美しさに、人々は驚嘆《きょうたん》し、そこから信《しん》仰心《こうしん》が啓発《けいはつ》されていったのです。

池田　博士《はくし》が「法華経《ほけきょう》」に出合われたのは、九歳の時、お父さまのもとで学んでいた日本人の留学生《りゅうがくせい》を通《とお》してだったそうですね。

チャンドラ　ええ。マハトマ・ガンジーのアシュラム(道場《どうじょう》)から派遣《はけん》されてきた留学生《りゅうがくせい》でした。

そのころの私にとって、日本とは「法華経《ほけきょう》」でした。「法華経」が日本でした。

日蓮大聖人を通《とお》して法華経《ほけきょう》に出合う

池田　当時《とうじ》は、「法華経《ほけきょう》」の本がなく、日本語で「南無妙法蓮華経」と唱《とな》えることを学ばれたと、伺《うかが》いましたが。

チャンドラ　そうです。父は、★3姉崎正治《あねさきまさはる》氏が書いた日蓮《にちれん》の伝記《でんき》（『法華経《ほけきょう》の行者《ぎょうじゃ》　日蓮』）を読みました。それを通《とお》して「法華経」に接《せっ》したのです。

姉崎氏の本は、ハーバード大学から出版《しゅっぱん》されましたが、池田先生もハーバード大学で二回も講演《こうえん》されている。池田先生とハーバード、そしてまた日蓮大聖人とハーバード——最高峰《さいこうほう》の知《ち》性《せい》を感じます。

池田　姉崎博士《あねさきはくし》の本は、私も若き日に読みました。この本は、ハーバード版《ばん》として英語《えいご》で出版《しゅっぱん》され、その後、日本語で出版されました。私が読んだのは、日本語版でしたが、姉崎博士《あねさきはくし》の雄《ゆう》大《だい》、壮麗《そうれい》な筆致《ひっち》に感銘《かんめい》を受けました。

日蓮大聖人が嵩《かさ》が森《もり》で、太平洋《たいへいよう》に昇《のぼ》りくる太陽に向《む》かって「南無妙法蓮華経」と唱《とな》えられる姿《すがた》や、「★4立正安国論《りっしょうあんこくろん》」を通《とお》しての国主諫暁《こくしゅかんぎょう》の場面《ばめん》も印象的《いんしょうてき》に描《えが》かれています。

また、その姉崎博士と日蓮仏法《ぶっぽう》について語ったという★5高山樗牛《たかやまちょぎゅう》の著作《ちょさく》も愛読《あいどく》したものです。

樗牛《ちょぎゅう》は、ニーチェ[★6]主義《しゅぎ》など幾多《いくた》の思想《しそう》の遍歴《へんれき》を繰《く》り返《かえ》し、最後に日蓮大聖人の仏法に巡《めぐ》り合ったようです。

チャンドラ　日蓮大聖人の思想《しそう》を紹介《しょうかい》した姉崎氏《あねさきし》に先立《さきだ》って、日本の文化をインドに伝えた人物に岡倉天心《おかくらてんしん》がいます。

この二人の日本人がインドに与《あた》えた影響《えいきょう》は大きいと、私は考えています。

池田　岡倉天心《おかくらてんしん》は一時《いちじ》、インドで活動《かつどう》していましたね。インドの独立運動《どくりつうんどう》に共鳴《きょうめい》し、その時の思いをつづった『東洋《とうよう》の理想《りそう》』はヨーロッパに大きな影響《えいきょう》を与《あた》えました。

その本のなかで、天心《てんしん》は、仏教とインド芸術《げいじゅつ》を述《の》べた後《あと》、日本の芸術を、時代ごとに詳《くわ》しく描《えが》きあげています。そして、いかに日本の芸術がインドの仏教を源泉《げんせん》として開花《かいか》していったかを、流麗《りゅうれい》な筆致《ひっち》で浮《う》き彫《ぼ》りにしています。

チャンドラ　岡倉天心《おかくらてんしん》は、インドで、タゴールとともに「インド文化のルネサンス」をもたらしました。

インドの精神的活動《せいしんてきかつどう》の核心部分《かくしんぶぶん》に影響《えいきょう》を与《あた》えた天心《てんしん》は、私には日本美術《びじゅつ》への憧憬《しょうけい》と「法華経」への興味《きょうみ》を与えたのです。

蓮華《れんげ》の花は、私たちが住んでいた村の泥《どろ》の池《いけ》に、美しく咲く花でした。泥《どろ》の沼《ぬま》は汚《きたな》くて入れませんが、蓮《はす》の花は美しい。現実《げんじつ》の世界も、汚いところもあり、美しいところもある。汚いところがなければ、美しさに感動《かんどう》もない。また、美しいところがあって、醜《みにく》いところを理解できるのです。

池田　「★7如蓮華《にょれんげ》在水《ざいすい》」ですね。法華経《ほけきょう》の漢訳《かんやく》の正式《せいしき》な題名《だいめい》は「妙法蓮華経《みょうほうれんげきょう》」ですが、「蓮華」は清浄《せいじょう》さの象徴《しょうちょう》です。その蓮華は泥水《どろみず》の中で咲《さ》き香《かお》る。すなわち、現実《げんじつ》を汚《けが》れた世界として忌避《きひ》するのではなく、その現実にこそ真実《しんじつ》の生き方があることを「法華経」は教えているのです。

チャンドラ　「法華経《ほけきょう》」に説かれていることは、現代社会の問題と非常《ひじょう》に近いものであることに大変《たいへん》、興味《きょうみ》を感じました。仏教は、単《たん》なる過去《かこ》のテキストではなく、現実《げんじつ》に生きることにつながっています。

池田　天台大師《てんだいだいし》の『★8法華玄義《ほっけげんぎ》』には「一切世間《いっさいせけん》の治《ち》生産業《せいさんぎょう》は皆実相《みなじっそう》と相違背《あいいはい》せざるが如《ごと》し」とあります。

人生のあらゆる営《いとな》みに活《い》きてくるのが、本当《ほんとう》の哲学《てつがく》です。私どもの初代《しょだい》会長の牧口常三郎《まきぐちつねさぶろう》先生は、仏法を〝最高《さいこう》の生活法《せいかつほう》〟とし、現実《げんじつ》社会に価値《かち》を創造《そうぞう》する源泉《げんせん》であると見抜《みぬ》いたのです。

父ラグヴィラ博士と法華経《ほけきょう》

池田　お父《とう》さまは、本当《ほんとう》に偉大《いだい》な方《かた》でした。

チャンドラ博士《はくし》が理事長《りじちょう》を務《つと》められているインド文化《ぶんか》国際《こくさい》アカデミーは、偉大なる父君《ちちぎみ》のお名前を冠《かん》した「ラグヴィラ賞《しょう》」を、私に授与《じゅよ》してくださいました（一九九〇年、世界初）。最高《さいこう》の栄誉《えいよ》であり、あらためて感謝申《かんしゃもう》し上《あ》げます。

お父さまは、留学先《りゅうがくさき》のロンドンで日本人の留学生に出会《であ》われた。その人を通《とお》して、仏教と日本を知るようになられたと伺《うかが》っています。

チャンドラ　その通《とお》りです。その日本人学生の一人が日蓮仏法《ぶっぽう》の信奉者《しんぽうしゃ》だったのです。それが理由《りゆう》で、父は日蓮大聖人の思想《しそう》に大変興味《たいへんきょうみ》をもったのです。

池田　お父さまは、日蓮大聖人の思想《しそう》の、どのような点に興味《きょうみ》をもたれたのですか。

チャンドラ　日蓮大聖人は、民衆《みんしゅう》とかかわることの重要性《じゅうようせい》を知っていたと思います。また、仏教と国家《こっか》のかかわりの重要性も認識《にんしき》していました。大聖人は、「立正安国論《りっしょうあんこくろん》」を執筆《しっぴつ》されましたが、私は仏教の僧侶《そうりょ》がこのように〝国《くに》・民族《みんぞく》〟の「安全《あんぜん》」を論《ろん》じること自体《じたい》に、興味《きょうみ》を覚《おぼ》えます。

父もそうでした。

当時《とうじ》、支配者《しはいしゃ》であるイギリス人から、〝およそインドには政治《せいじ》と呼《よ》べるものが歴史上《れきしじょう》なかった〟と暴言《ぼうげん》を吐《は》かれました。それを聞いた父は、インドの歴史、哲学《てつがく》を調べて、インドにおいてどのような政治形態《せいじけいたい》があったのかを調べていたのです。

つまり、国や民族《みんぞく》を守り、発展《はってん》させていくには、どのような政治を目指《めざ》さなければならないのかを模索《もさく》しているなかで、日蓮大聖人の仏法に出あい、深い興味《きょうみ》を覚《おぼ》えたのです。
父の政治思想《しそう》は、大聖人の影響《えいきょう》を受け、文化と国家は共存《きょうぞん》し、文化なくして国家はないと考えていました。

池田　その通《とお》りです。しかし、これまでの日本は、あまりにも経済優先《けいざいゆうせん》で、文化を軽視《けいし》してきてしまった。日本の衰退《すいたい》の要因《よういん》は、そうした文化、哲学《てつがく》の冷遇《れいぐう》にあると私は思っています。

チャンドラ　二十一世紀の世界は、お互《たが》いの文化を尊重《そんちょう》し合う世界でなければならない。池田先生は、「法華経《ほけきょう》」を弘《ひろ》めることによって、その歴史《れきし》を創造《そうぞう》されています。そして、先生は、生《せい》死《し》を決《けっ》する未来《みらい》の運命《うんめい》と語り合いながら、人類《じんるい》を謙虚《けんきょ》な生き方へと導《みちび》いておられる。
父にとって、当時《とうじ》の日本は近代《きんだい》と伝統《でんとう》の両方《りょうほう》を代表《だいひょう》するものでした。伝統のない近代化は意《い》味《み》のないものであると、父は確信《かくしん》していました。父が亡《な》くなり、四十年たちましたが、この確《かく》信《しん》は正しかったと思っています。

池田　私も、お父《とう》さまの確信《かくしん》を正しいと思います。伝統《でんとう》に根《ね》ざしながら、その伝統《でんとう》を近代化《きんだいか》によって生《い》かしていく――そこに、健全《けんぜん》な発展《はってん》の道があります。
ところで近年《きんねん》、インドでは急速《きゅうそく》に近代化が進んでいますね。「IT大国」★9としても世界から注《ちゅう》目《もく》されています。

宗教性《しゅうきょうせい》と世《せ》俗性《ぞくせい》との相克《そうこく》

チャンドラ　より高い生活水準《せいかつすいじゅん》を享受《きょうじゅ》していくという面からとらえれば、近代化《きんだいか》は大切《たいせつ》なことです。しかしながら、人間は身体《しんたい》がすべてではなく、身体を超《こ》えた〝何か〟が人間活動《かつどう》のあらゆる側面《そくめん》に影響《えいきょう》を及《およ》ぼすものです。

インドでは近代化によって、こうした価値観《かちかん》が崩《くず》れ、自分の収入《しゅうにゅう》がどれくらい上がるかということばかりに関心《かんしん》が移《うつ》りつつあります。こういうことは、インドが初《はじ》めて直面《ちょくめん》する問題です。

一方《いっぽう》、ヨーロッパでは、もう以前《いぜん》から、科学技術《かがくぎじゅつ》のもつ負《ふ》の側面《そくめん》というものが明《あき》らかになっていて、〝宗教性《しゅうきょうせい》〟と〝世俗性《せぞくせい》〟をどのように融合《ゆうごう》させるかという問題が大きく出ています。インドでも同じ問題が始まっていますし、これはすべての世界にもあてはまることだと思います。

池田　私は、精神性《せいしんせい》の高いインドが、世界各国《かっこく》が直面《ちょくめん》するこうした近代化《きんだいか》の問題を克服《こくふく》することが、他の国々にとっても大きな模範《もはん》になるのではないかと期待《きたい》しております。

チャンドラ　近代化自体《きんだいかじたい》は決《けっ》して精神性《せいしんせい》と対立《たいりつ》するものではなく、むしろ精神性を補《おぎな》うものだと思います。結論的《けつろんてき》には、精神性を重《おも》んじた正しい価値観《かちかん》の確立《かくりつ》なくしては、本当《ほんとう》の近代化はあり得《え》ないでしょう。

コンピューターという科学技術《かがくぎじゅつ》は、あくまでも〝手段《しゅだん》〟です。目的《もくてき》である〝生命《せいめい》〟という価値《かち》を、ないがしろにしてはならないのです。

池田　私も博士《はくし》の意見《いけん》に賛成《さんせい》です。「宗教《しゅうきょう》」と「科学《かがく》」は相補《そうほ》性《せい》の関係《かんけい》にあります。深い伝統文化《でんとうぶんか》から精神性《せいしんせい》を発現《はつげん》させ、そこから導《みちび》かれる明快《めいかい》な目的観《もくてきかん》や価値観《かちかん》によって、科学技術《かがくぎじゅつ》をコントロールしていくことが必要《ひつよう》です。

さて、博士のお父《とう》さまは、日本の文化に深い関心《かんしん》をもたれ、日本から留学生《りゅうがくせい》を招《まね》いたり、インドの学生に自《みずか》ら日本語を教えたりもされましたね。

第二次世界大戦《せかいたいせん》の時には、日本語を教えていたために、イギリス当局《とうきょく》から日本のスパイと疑《うたが》われて投獄《とうごく》されたこともあられた。

ロシア語を教えていた時は、共産主義《きょうさんしゅぎ》のスパイと疑われ、投獄されたと伺《うかが》っています。お父さまのこうしたご生涯《しょうがい》については、かつて私もスピーチで紹介《しょうかい》させていただきました。

そういうお父さまのもとで、チャンドラ博士は、英訳《えいやく》の[★10]「万葉集《まんようしゅう》」も読んでおられた。

また、お父さまのところにいた日本の留学生に、日本語も学ばれたのですね。その時の教科書《きょうかしょ》は「サイタ、サイタ、サクラガサイタ」で始まる『小学國語讀本《しょうがくこくごとくほん》』。懐《なつ》かしいです。私も同じ教科書でした。

「インド文化《ぶんか》国際《こくさい》アカデミー」の創設《そうせつ》

池田　お父《とう》さまは、一九三五年、「インド文化《ぶんか》国際《こくさい》アカデミー」を創設《そうせつ》され、仏教研究《けんきゅう》とインド文明研究のうえでも多大《ただい》な功績《こうせき》を残《のこ》しておられます。

一九六三年、念願《ねんがん》の日本初訪問《はつほうもん》を前に、交通事故《こうつうじこ》のため、六十一年の尊《とうと》い生涯《しょうがい》を終えられました。しかし、博士《はくし》の偉大《いだい》なるご業績《ぎょうせき》は、そのまま、ご子息《しそく》である博士が受け継《つ》がれました。

お父さまが発案《はつあん》された、アジアの仏教・芸術《げいじゅつ》・文学《ぶんがく》・歴史《れきし》の文献《ぶんけん》を集めた『シャタピタカ（百《ひゃく》蔵《ぞう》）』シリーズは、現在《げんざい》、チャンドラ博士に引《ひ》き継《つ》がれ、五百冊《さつ》近くの大事業《だいじぎょう》となっています。

貴《き》インド文化国際《ぶんかこくさい》アカデミーは、インドを代表《だいひょう》する「仏教学・東洋学《とうようがく》」の研究機関《けんきゅうきかん》であり、世界の最高峰《さいこうほう》の水準《すいじゅん》を誇《ほこ》っておられます。

日本の仏教学の最高権威《さいこうけんい》であった故《こ》・中村元博士《なかむらはじめはくし》も、貴《き》アカデミーが「政府《せいふ》によらず、民間《みんかん》人《じん》によって創立《そうりつ》された」ことを賛嘆《さんたん》しておられました。なかんずく、博士とお父さまの熱意《ねつい》の力を高く評価《ひょうか》されていました。

この偉大《いだい》なるアカデミーを創立《そうりつ》されたお父さまの思いは、どのようなものでしたか。

チャンドラ　文化《ぶんか》は「生命《せいめい》を開花《かいか》」させるものです。人間を最高度《さいこうど》に高めるのが文化です。

ロケッシュ・チャンドラ博士が理事長を務《つと》める「インド文化国際アカデミー」の建物

日本の文化に「万葉集《まんようしゅう》」があるように、また仏典《ぶってん》に「千葉《せんよう》の蓮華《れんげ》」とあるように、人の心にも〝万葉《まんよう》〟があり、〝千葉《せんよう》〟があり、さまざまです。

文化もまた、それぞれの国や地域《ちいき》によって、さまざまです。

父は、「文化こそが人間を最高《さいこう》のレベルへと高める」という信念《しんねん》をもっていました。

そこで、世界各国《かっこく》の文化を研究《けんきゅう》し、理解《りかい》することが必要《ひつよう》だと考えたのです。特に仏教文化を中心《ちゅうしん》とする研《けん》究《きゅう》のために、アカデミーを創立《そうりつ》したのです。

池田　文化《ぶんか》が最大事《さいだいじ》です。お父さまのお気持《きも》ちがよく分かりました。

チャンドラ　「新しい時代」「新しい世紀《せいき》」へ、父は大《たい》志《し》を抱《いだ》いていました。

その実現《じつげん》のためには、単《たん》に過去《かこ》の歴史《れきし》を研究《けんきゅう》するだけでは不十分でした。新しいものを〝創《つく》り出す〟創造《そうぞう》的《てき》な面《めん》がどうしても必要《ひつよう》だったのです。それが「インド文化《ぶんか》国際《こくさい》アカデミー」でした。

池田先生が、「法華経《ほけきよう》とシルクロード」展の企画《きかく》を提案《ていあん》され、「法華経」の写本《しやほん》を人々に広く紹介《しようかい》されたことも、同じことだと思います。

文化《ぶんか》には、「生命《せいめい》の力を開花《かいか》させる」という共通《きようつう》の目的《もくてき》があります。このはたらきは、歴史上《れきしじよう》、幾世紀《いくせいき》も続いてきたことであり、これから将来《しようらい》も続いていくでしょう。

「生命《せいめい》の開花《かいか》」に法華経《ほけきよう》の核心《かくしん》

池田　「生命《せいめい》の開花《かいか》」――そこに「蓮華《れんげ》の経《きよう》」法華経《ほけきよう》の核心《かくしん》もあります。

わきあがる生命の表現《ひようげん》が「文化《ぶんか》」です。心の思いが響《ひび》いて表《あらわ》れ出《で》て、言葉《ことば》となり、歌《うた》となり、舞《まい》となり、一幅《いつぷく》の絵《え》となるのです。

チャンドラ　本当《ほんとう》に、その通《とお》りです。わきあがる内《うち》なる変革《へんかく》の力が、創造《そうぞう》の源《みなもと》です。

父は「現代《げんだい》ヒンディー語の父《ちち》」★11と呼《よ》ばれています。「国会《こつかい》」「市議会《しぎかい》」「電話《でんわ》」などの、新しいヒンディー語を生《う》み出《だ》したのです。

そうした言葉は、どうやって生まれたか――。それは、日本において、科学《かがく》や学術《がくじゆつ》の分野《ぶんや》で独自《どくじ》の「新しい日本語」がつくられているのを知ったことが、きっかけだったのです。

池田　確《たし》かに明治《めいじ》初期《しょき》には、多くの新しい言葉《ことば》がつくられました。「哲学《てつがく》」「人権《じんけん》」「科学《かがく》」などといった言葉もそうです。種々《しゅじゅ》の分野《ぶんや》で新しい文物《ぶんぶつ》・制度《せいど》を表《あらわ》す言葉が生《う》まれました。

「言葉」は「文化《ぶんか》」の土台《どだい》です。

チャンドラ博士《はくし》も、語学《ごがく》の天才《てんさい》ですね。何と二十カ国語に通《つう》じておられる。

どうすればそうなれるか、これからの青年たちのために、何か〝コツ〟を教えていただけませんでしょうか（笑い）。「努力《どりょく》が大事《だいじ》」と、よく言われますが、そのうえで何かアドバイスをいただければと思います。

チャンドラ　そうですね——。大事なのは、やはり「心」だと思います。

一つの「言語《げんご》」を覚《おぼ》えようとするなら、その国・地域《ちいき》の「文化」に魅了《みりょう》されなければなりません。

池田　なるほど。その世界に「入りこまなければならない」ということですね。

チャンドラ　例《たと》えば、ここに素晴《すば》らしい日本画《にほんが》がある。インドの人間が同じものを描《えが》きたいと思っても、なかなか描けません。日本人だからこそ表現できる美しさがあります。

あるいは中国の絵と日本の絵を並《なら》べてみる。似《に》ているようでいて、よく見ると、はっきりとした違《ちが》いがある。

そうした、作品《さくひん》に表《あらわ》れる人間の心の微妙《びみょう》さ、複雑性《ふくざつせい》——それを理解《りかい》するには、その背景《はいけい》となる「文化《ぶんか》」を理解《りかい》しなければならない。「文化」に魅力《みりょく》を感じれば、「言語《げんご》」にも魅了《みりょう》される。「文化」を知りたい、「言語」を理解《りかい》したいという意欲《いよく》がわいてきます。それが、語学習得《ごがくしゅうとく》の推進力《すいしんりょく》になると思うのです。

語学習得《ごがくしゅうとく》と文化理解《ぶんかりかい》

池田　逆《ぎゃく》に言えば、他の国々の「文化」に共感《きょうかん》できなければ、いくらその言語《げんご》を学《まな》んだとしても、その理解《りかい》は浅《あさ》いものになってしまうということですね。

確《たし》かに、「文化」を理解してこそ、「言語」も学びやすいと言えるでしょう。

今年（二〇〇〇年）二月にお会いした中国広東外語外貿大学《カントンがいごがいぼう》★12の黄建華《こうけんか》学長との話題《わだい》のなかで、世界の共通語《きょうつうご》の可能性《かのうせい》ということに話が及《およ》び、エスペラント語について語り合いました。エスペラント語は、長年、勉強しやすく使いやすいように研究《けんきゅう》されたが、結局《けっきょく》、普及《ふきゅう》しなかった。それは、「文化」の背景《はいけい》がなかったことにあると、黄《こう》学長は述《の》べておられました。私も、「文化」の背景のない「言葉」には、人間はなかなか魅力《みりょく》を感じず、好《この》んで使うことはできないと思います。

今や日本は、昔《むかし》に比《くら》べて、施設《しせつ》や情報《じょうほう》の面など、いくらでも語学《ごがく》を身につけられる環境《かんきょう》にあ

ります が、多様《たよう》な文化を理解《りかい》しうる土台《どだい》となる「友情《ゆうじょう》」や「開《ひら》かれた心」の点《てん》で十分ではないように思えます。

チャンドラ　将来《しょうらい》のことを考えると、「グローバルな（全世界的な）世界観《せかいかん》を身につける」ことも必要《ひつよう》です。

そのためには、自国語《じこくご》も含《ふく》めて、複数《ふくすう》の言語《げんご》を学ぶことが必要《ひつよう》です。なぜなら、一つの概念《がいねん》であっても、国により、人種《じんしゅ》により、言語《げんご》により、いろいろな表現《ひょうげん》の仕方《しかた》があるからです。

池田　日本語で「氷《こおり》」「お湯《ゆ》」など水を表《あらわ》す言葉はたくさんありますが、これは水が豊富《ほうふ》な日本の風土《ふうど》からきているのであり、乾燥《かんそう》した中東《ちゅうとう》などでは「水」の表現は少ないようです。

つまり、複数《ふくすう》の言語《げんご》を学ぶことによって、多元的《たげんてき》で、グローバルな物の見方《みかた》をつくることができる。「人類《じんるい》」「人間」への理解《りかい》も深まる。そういうことですね。

チャンドラ　ええ。それぞれの言語《げんご》には、独特《どくとく》の表現《ひょうげん》があります。

日本語で「いろいろな」と言いますが、「いろいろ」といっても、べつに「色」があるわけではない（笑い）。多様性《たようせい》を表《あらわ》す表現です。

母はインド独立運動《どくりつうんどう》の闘士《とうし》

池田　博士《はくし》は詩人《しじん》です。言語感覚《げんごかんかく》も極《きわ》めて鋭《するど》い。ちょっとした会話《かいわ》の波《なみ》が、水面下《すいめんか》の大海《たいかい》の深さをしのばせます。

多才《たさい》なお父《とう》さまからの多面的《ためんてき》な感化《かんか》によって、今の博士があることがよく分かりました。

ところでお母《かあ》さまについては、どのような思い出をもっていらっしゃいますか。お母さまから受《う》け継《つ》がれたことは何でしょうか。

チャンドラ　私の母は、父と同じく、インド独立運動《どくりつうんどう》の闘士《とうし》として闘《たたか》っておりました。植民地《しょくみんち》時代《じだい》の一九三〇年代には、政治活動《せいじかつどう》が理由《りゆう》で投獄《とうごく》もされました。

自分の利益《りえき》を投げ出し、より崇高《すうこう》な目的のために闘《たたか》いました。それは、ガンジーが示した「サ[★13]ティヤーグラハ（真理《しんり》の把握《はあく》）」のための闘いです。

母は教師《きょうし》の一家《いっか》に生《う》まれ、彼女自身《じしん》、青年時代にサンスクリットの教師をしていました。私は母から、人類《じんるい》への貢献《こうけん》、学問《がくもん》への貢献といった精神を学びました。「崇高《すうこう》な目的をもった生き方」というものを両親《りょうしん》から学び、それが、自分の生き方は絶対《ぜったい》に間《ま》違《ちが》っていないという自信《じしん》となっています。

池田　偉大《いだい》なお母《かあ》さまです。

私の場合《ばあい》、母から学《まな》んだのは、「平和の心」でした。私の平和運動《うんどう》の原点《げんてん》となっているのは母の姿《すがた》なのです。

私は五男でしたが、上《うえ》の兄たちは全員戦地《ぜんいんせんち》に赴《おもむ》きました。なかでも、長兄《ちょうけい》はビルマで戦死《せんし》し、その報《ほう》を聞いた母の、たとえようもない悲嘆《ひたん》の姿《すがた》は忘れることができません。当時《とうじ》は、戦争に行くことは〝誉《ほま》れ〟であり、戦死は〝美談《びだん》〟でした。でも、現実《げんじつ》は違《ちが》いました。わが子を亡《な》くした家族の悲しみ。それが、私の平和へ向けた行動《こうどう》の原点《げんてん》なのです。

チャンドラ　感銘《かんめい》するお話です。

私たち家族にとっては、あの大戦《たいせん》は遠い存在《そんざい》でした。インドの★14国民会議《こくみんかいぎ》派《は》は、★15枢軸国側《すうじくこくがわ》に反対はしていましたが、イギリスの側《がわ》につくこともありませんでしたから。そういう意味での戦《せん》争《そう》の直接体験《ちょくせつたいけん》はありませんが、母が学問《がくもん》や政治活動《せいじかつどう》などのなかで貫《つらぬ》いた黙々《もくもく》とした貢献《こうけん》は、〝雄《ゆう》弁《べん》〟に私に語りかけました。

池田　崇高《すうこう》な思想《しそう》は、必ず行動を伴《ともな》うものです。

チャンドラ　そうです。〝崇高《すうこう》〟とは、大聖人の〝大聖《だいしょう》〟と同義《どうぎ》です。崇高な思想《しそう》があれば、必ず明確《めいかく》な行動《こうどう》があります。もし〝崇高な心〟をもっていたとしても、そこに行動が伴《ともな》わなければ、崇高さは消え失《う》せてしまいます。

母はその目的《もくてき》のために闘《たたか》うことで苦悩《くのう》しましたが、これらの苦悩も崇高《すうこう》さの一部であると知りました。母は実際《じっさい》に政治活動《せいじかつどう》するなかで、さまざまな騒動《そうどう》に巻《ま》き込《こ》まれ、投獄《とうごく》されたり、暴《ぼう》力《りょく》にも遭《あ》いました。しかし、常に黙々《もくもく》と闘《たたか》いました。

この〝崇高《すうこう》な精神《せいしん》〟〝崇高な行動《こうどう》〟というのは、仏教に通じるものがあります。本当《ほんとう》に目的を達成《たっせい》するためには、苦しみが伴《ともな》わなければなりません。

殉教《じゅんきょう》の菩薩《ぼさつ》の行動《こうどう》に仏法の真髄《しんずい》

池田　本当《ほんとう》に〝崇高《すうこう》な目的《もくてき》〟のために闘《たたか》った者でなければ分からないお言葉《ことば》であり、実感《じっかん》だと思います。

　博士《はくし》が述《の》べられたのは、仏法の〝殉教《じゅんきょう》〟の精神《せいしん》にあたると思います。仏法の〝殉教《じゅんきょう》〟とは他《た》者《しゃ》の苦悩《くのう》を救《すく》うために、自《みずか》らの生命《せいめい》を使い切ることです。法《ほう》のために、人のために、社会のために、命を尽《つ》くし抜《ぬ》いていく——その尊《とうと》い生涯《しょうがい》が、菩薩《ぼさつ》の心であり、この心なくして仏法はありません。

　創価学会の精神《せいしん》も、ここにあります。特に、学会の婦人部の方々の姿《すがた》は、この精神を体現《たいげん》したものであり、博士《はくし》のお母さまの生《い》き方《かた》にも通じるものです。

　ともあれ、素晴《すば》らしいご両親《りょうしん》であられました。無償《むしょう》の慈愛《じあい》を注《そそ》いで育《そだ》ててくれた父母《ふぼ》の恩《おん》は、天よりも高く地よりも厚《あつ》いものです。

「涅槃経《ねはんぎょう》」には「地《ち》の草木《そうもく》を尽《つ》くして四寸《よんすん》★16の籌《かずとり》と為《な》して以《もっ》て父母《ふぼ》を数《かず》うるに亦尽《またつ》くすこと能《あた》わ

じ」とあります。

永遠《えいえん》の生命《せいめい》です。過去《かこ》の父母は無数《むすう》であり、大地《だいち》のあらゆる草木をもって無数の籌《かずとり》を作っても、数《かぞ》えきれるものではありません。

たった二人の父母の恩《おん》さえ重《おも》い。無数《むすう》の父母の恩を受けて生まれた、この生命は実《じつ》に重い。その生命の重みを、生命の尊厳《そんげん》をしっかと見据《みす》えて、生命に無限《むげん》の過去《かこ》から蓄《たくわ》えられた無量《むりょう》の価値《かち》を最大限《さいだいげん》に引き出す——それこそが、私たちの使命《しめい》です。

無数《むすう》の父母は今どうなっているか。それは私たちとともに生きている「一切衆生《いっさいしゅじょう》」なのです。ゆえに、同時代に生きる人々に尽《つ》くし抜《ぬ》く。そして、人類《じんるい》の未来《みらい》の幸福のために、世界の平和のために、生き生きと戦《たたか》う。生き生きと働《はたら》く。そこにこそ、人としての生きる道があるのです。そこに人間の輝《かがや》きがあるのです。

注

1 ラグヴィラ博士　（一九〇二年〜六三年）。パンジャブ大学に学んだ後、ヨーロッパに留学《りゅうがく》。サンスクリットの世界的権威《けんい》として知られ、アジア全域におけるインド系の古い文献《ぶんけん》の収集、研究、出版を目的に、一九三五年に「インド文化国際アカデミー」を設立《せつりつ》した。

2　ガンダーラの仏教美術　ガンダーラは、現在のパキスタン北西部・ペシャワール地方の古称《こしょう》。この地方でギリシャ美術の影響《えいきょう》を受けた独特《どくとく》の仏教美術が栄《さか》え、ガンダーラ美術と呼ばれている。

3　姉崎正治　（一八七三年～一九四九年）。評論家、宗教学者。筆名《ひつめい》は嘲風《ちょうふう》。東大教授を務めた。著書《ちょしょ》に『復活《ふっかつ》の曙光《しょこう》』『根本仏教《こんぽんぶっきょう》』などがある。

4　立正安国論　一二六〇年、日蓮大聖人が当時の幕府の最高権力者・北条時頼《ときより》に提出された諌暁《かんぎょう》の書。近年のうち続く災《わざわ》いは正法に背《そむ》いているからであり、邪宗邪義《じゃしゅうじゃぎ》への帰依《きえ》をやめなければ自界《じかい》叛逆難《ほんぎゃくなん》（国内の戦乱）と他国侵逼難《たこくしんぴつなん》（外国の侵略《しんりゃく》）が競《きそ》い起こることを予言している。

5　高山樗牛　（一八七一年～一九〇二年）。明治期の作家、評論家。ニーチェの思想に共鳴《きょうめい》し、大胆《だいたん》な本能満足主義《ほんのうまんぞくしゅぎ》を提唱《ていしょう》した。また、『日蓮上人とは如何《いか》なる人ぞ』（一九〇二年）などを著した。

6　ニーチェ主義　ドイツの哲学者・詩人であるニーチェ（一八四四年～一九〇〇年）は、キリスト教倫理《りんり》思想《しそう》を批判《ひはん》して、「権力への意志」を主張し、人間の可能性《かのうせい》を極限《きょくげん》まで実現した「超人《ちょうじん》」を理想として掲《かか》げた。彼の思想は、二十世紀の文学、思想に大きな影響《えいきょう》を与《あた》えた。

7　如蓮華在水　「蓮華《れんげ》の水に在《あ》るが如《ごと》し」と読む。法華経従地涌出品《じゅうちゆじゅっぽん》第十五の文。蓮華とは地涌《じゆ》の菩薩《ぼさつ》を指《さ》す。蓮華《れんげ》が泥水《でいすい》の中で花を咲《さ》かせるのを、地涌《じゆ》の菩薩《ぼさつ》が世間の汚泥《おでい》のなかにあってもそれに染《そま》らないことを譬《たと》えている。

8　法華玄義　天台三大部の一つ。天台大師《てんだいだいし》が法華経の題号である「妙法蓮華経」の玄義《げんぎ》（深遠《しんえん》な義）を説いたもの。

9　ＩＴ大国　「ＩＴ」は「ＩＮＦＯＲＭＡＴＩＯＮ（インフォメーション＝情報《じょうほう》）」と「ＴＥＣＨＮＯＬＯＧＹ（テクノロジー＝科学技術《ぎじゅつ》）」の略。インドは、コンピューターを駆使《くし》した最新技術《さいしんぎじゅつ》をもち、「IT大国」として発展している。

10 **万葉集**　現存する最古《さいこ》の歌集。全二十巻。歌の大部分は「大化改新《たいかのかいしん》」（六四五年）の前後から奈良時代（七一〇年〜七八四年）前半の作。実在の確かな作者として分かる人の最後の歌は七五九年の大伴家持《おおとものやかもち》の歌である。

11 **ヒンディー語**　インド語派（インド・アーリア諸語）の有力な言語《げんご》の一つ。北インドの共通語《きょうつうご》であり、インドの公用語《こうようご》。

12 **エスペラント語**　一八八七年にロシア領ポーランドのユダヤ人医師L・L・ザメンホフによって創案《そうあん》された人工の国際語《こくさいご》。発表された時のザメンホフの匿名《とくめい》がエスペラント博士であり、その名がこの言語の名前になった。

13 **サティヤーグラハ**　「真理《しんり》の把握《はあく》」を意味する。マハトマ・ガンジーは「サティヤーグラハとは市民的不服従《しみんてきふふくじゅう》を主《しゅ》たる目的《もくてき》とするものではなく、平静《へいせい》にしてしかもやむにやまれぬ真理の追究《ついきゅう》である」と述べている。

14 **国民会議派**　一八八五年十二月、インド国民会議派の結成大会《けっせいたいかい》が開催《かいさい》された。マハトマ・ガンジーが指導者《しどうしゃ》として登場《とうじょう》し、イギリスのインド支配《しはい》に対して非暴力抵抗運動《ひぼうりょくていこううんどう》を展開《てんかい》した。四七年、独立《どくりつ》を達成《たっせい》して、五〇年に制定《せいてい》された新憲法《しんけんぽう》のもとで実施《じっし》された総選挙《そうせんきょ》で第一党になった。

15 **枢軸国**　第二次世界大戦《せかいたいせん》の折《おり》、アメリカ、イギリスなどの連合国に対抗《たいこう》したドイツ、イタリア、日本の三国同盟《どうめい》の側に属《ぞく》した国々をいう。

16 **籌**　「籌《ちゅう》」は、投壺《とうこ》（壺《つぼ》を置いて、そのなかに矢を投げて、入るか入らないかを競《きそ》った遊び）に用《もち》いる矢のこと。後に「籌」の字は、多数の物の数を数える時に忘れないための印《しるし》とする「カズトリ」の義として用いられるようになった。

第三章　ガンジーと法華経

「太陽」が昇《のぼ》る国

チャンドラ　池田先生は「日出《い》づる国」日本にお生まれになりました。

「日本」は「太陽」の国です。インドでも「太陽」は重要《じゅうよう》な意義《いぎ》を含《ふく》んでいます。

釈尊《しゃくそん》も「太陽の子孫《しそん》」と呼《よ》ばれるシャカ一族《いちぞく》に生まれました。

池田　釈尊自《しゃくそんみずか》ら「太陽の末裔《まつえい》」と名乗《なの》ったと説かれています。また、経典《きょうてん》では、仏は「智慧《ちえ》の太陽（慧日《えにち》）」「慈悲《じひ》の太陽（慈日《じにち》）」と称《たた》えられています。

チャンドラ　一九三六年、九歳の私は、日本について、わくわくする思いを抱《いだ》いていました。日本は「昇《のぼ》りゆく太陽」の国でした。

一九七〇年、私は人生の盛《さか》りの四十代で聖《せい》なる日本の大地《だいち》を踏《ふ》みました。その時、日本は「昇りゆく円」の国になっていました（笑い）。

そして今、熟年《じゅくねん》になって私は日本を訪《おとず》れました。日本は、池田先生によって、国家間《こっかかん》の枠《わく》を超《こ》えゆく生命《せいめい》と精神《せいしん》の潮流《ちょうりゅう》のなかで、「昇りゆく精神」の国となっています。

「日出《い》づる国」は、「精神《せいしん》の太陽が昇る国」になったのです。

池田　博士こそ、精神《せいしん》の大国であるインドから、世界を照《て》らす智慧《ちえ》の輝《かがや》きを放《はな》っておられます。

清らかな香気《こうき》を放ち、開花するハスの花（1997年８月、池田ＳＧＩ会長撮影）

チャンドラ　以前《いぜん》、聖教新聞社を訪《おとず》れた時、壁《かべ》に掛《か》かった先生の撮影《さつえい》された写真を見ました（「清《きよ》らかな香気《こうき》を放《はな》ち、開花《かいか》するハスの花」一九九七年八月、池田ＳＧＩ会長撮影）。

その美しさに、私は「偉大《いだい》な伝統《でんとう》は〝東〟にたどり着いて、初めて開花《かいか》するのだ」と確信《かくしん》しました。

西洋社会のさまざまな文化や伝統《でんとう》も〝東〟に移《うつ》り、日本に輸入《ゆにゅう》されました。そこから世界へと、大きく開花していきました。

先生の写真は、まさしくその象徴《しょうちょう》です。

池田　恐縮《きょうしゅく》です。

私は、旅《たび》の折々《おりおり》や激励《げきれい》のいとまにカメラを手にし、そのささやかな成果《せいか》を、「自然《しぜん》との対話《たいわ》」と題しています。

そこに込《こ》めた思いは、あらたまって表現《ひょうげん》すれば、自然も宇宙《うちゅう》も、われわれと切り離された隔絶《かくぜつ》した存在《そんざい》ではなく、同じ空間《くうかん》に共生《きょうせい》する「兄弟《きょうだい》」であり、「友人」であることを、〝映像《えいぞう》の詩《うた》〟として描きたいということです。

「科学」が〝分析《ぶんせき》〟という方法を使い、万物《ばんぶつ》の現象《げんしょう》を究《きわ》めようとする時、ともすれば、自然・宇宙《うちゅう》との一体性《いったいせい》を失《うしな》う傾向性《けいこうせい》をもつのに対して、「詩《し》」は〝直観智《ちょっかんち》〟によって、総合的《そうごうてき》に自然・宇宙との一体性を可能《かのう》にするといってよいでしょう。

チャンドラ　写真文化は、西洋と東洋の融合《ゆうごう》の可能性《かのうせい》を分かりやすく示すものですね。

カメラが〝西の科学〟が生み出した文化であるならば、カメラを用《もち》いて自然を描写《びょうしゃ》することは、西洋の文化を東洋が生かしていく一つの象徴《しょうちょう》ともいえるのではないかと思います。

闇《やみ》を破《やぶ》る太陽の菩薩《ぼさつ》

池田　釈尊滅後《しゃくそんめつご》の「法華経」弘通《ぐずう》を託《たく》された地涌《じゆ》★1の菩薩《ぼさつ》たちについて、「法華経」は、〝太陽の光《ひかり》が闇《やみ》を破《やぶ》るように、その実践《じっせん》によって人々の心の闇を消《け》し去《さ》り、人々を幸福へと導《みちび》くだろう〟と語っています。

英語では、東方《とうほう》を「オリエント」といいます。「日が昇《のぼ》るところ」という意味です。西洋では古来《こらい》、東方から優《すぐ》れた思想《しそう》・哲学《てつがく》が伝えられ、東方は「精神の太陽が昇るところ」

でもありました。

これにちなむ「オリエンテーション」という語には、「方向《ほうこう》を正《ただ》すこと」「導《みちび》くこと」という意味があります。

混迷《こんめい》の時代に確《たし》かな指標《しひょう》を示し、希望《きぼう》を与《あた》え、勇気《ゆうき》を与《あた》えるのが、東方の叡智《えいち》である「法華経」であり、それを実践《じっせん》するのが地涌《じゆ》の菩薩《ぼさつ》であると確信《かくしん》しております。

チャンドラ　地涌《じゆ》の菩薩《ぼさつ》である池田先生は、深く内なる輝《かがや》きを発《はっ》しながら、太陽のように遠くはるかな旅《たび》を続けてこられました。

先生は新しい夜明《よあ》けです。闇《やみ》を破《やぶ》り、私たちを過去《かこ》の〝無明《むみょう》〟の夜から解《と》き放《はな》ってくださいます。

その光《ひかり》は知られざる無限《むげん》の地平《ちへい》を照《て》らしている。

池田先生は、「昇《のぼ》りゆく太陽の国」にあって、「昇りゆく精神《せいしん》の人」です。

父ラグヴィラ博士とガンジー

池田　あまりにも過分《かぶん》なお言葉です。

さて前回、博士《はくし》のご一家と「法華経」の関係についてお伺《うかが》いしました。この点については、もうひとつ、マハトマ・ガンジーと父君《ちちぎみ》との交友《こうゆう》について是非《ぜひ》とも触《ふ》れなければなりません。
ガンジーに「法華経」を贈《おく》られたのが、お父さまでしたね。

チャンドラ そうなのです。

池田 ガンジーは、道場《どうじょう》（アシュラム）での祈《いの》りに「南無妙法蓮華経」の題目《だいもく》を取り入れていました。題目の深い意義《いぎ》をガンジーに説明したのが、お父さまでした。

チャンドラ ガンジーは、「南無妙法蓮華経」が、人間に内在《ないざい》する宇宙大《うちゅうだい》の力の究極《きゅうきょく》の表現《ひょうげん》であり、宇宙の至高《しこう》の音律《おんりつ》が奏《かな》でる生命そのものであることを覚知《かくち》していました。
そして、ガンジーは、「法華経」の中国語と日本語の経典《きょうてん》、およびサンスクリットの原本《げんぽん》について、私の父に尋《たず》ねたのです。父は、題目の歴史的《れきしてき》背景《はいけい》と七文字の漢字《かんじ》の意義《いぎ》を教えました。

池田 父君《ちちぎみ》は「『南無妙法蓮華経』は、森羅万象《しんらばんしょう》を形成《けいせい》し、発展拡大《はってんかくだい》しゆく根源《こんげん》の実体《じったい》である」とも伝《つた》えられたそうですね。

チャンドラ そうです。ガンジーは、法華経の原典《げんてん》が、インドの古典語《こてんご》・サンスクリットであることを知って、大いに喜びました。何とかしてその「法華経」を手に入れたいと願《ねが》ったガンジーに、父は手元《てもと》にあった「法華経」を贈《おく》ったのです。

池田 七月（二〇〇〇年）に、ガンジーの令孫《れいそん》、アルン・ガンジー氏とお会いしました。氏は「祖父《そふ》は道場《どうじょう》に集《つど》った人々と行《おこな》う毎日の祈《いの》りに、仏教の祈りを取り入れていた」と言っておられた

池田ＳＧＩ会長への「1990年ラグヴィラ賞」授賞を記念して、インド文化国際アカデミー（ロケッシュ・チャンドラ理事長）から贈られたサンスクリットの法華経写本《しゃほん》（チベット・ネパール系の復刻版《ふっこくばん》）

ので、南無妙法蓮華経という題目の音声《おんじょう》の響《ひび》きが、記憶《きおく》にあられるかどうか伺《うかが》ったところ、「覚《おぼ》えています。そう唱《とな》えていました」と明確《めいかく》にお答えになった。

これも父君《ちちぎみ》・ラグヴィラ博士《はくし》の影響《えいきょう》だったわけですね。「法華経」をめぐってのお二人の深いつながりを感じます。

ラグヴィラ博士は、ご自宅《じたく》にあったサンスクリットの「法華経」のうち一冊《いっさつ》をガンジーに贈呈《ぞうてい》されました。

そして、手元《てもと》に残っていた貴重《きちょう》な同版《どうはん》の一冊《いっさつ》を、一九九四年にチャンドラ博士は私に贈《おく》ってくださいました。

贈呈に際《さい》して寄《よ》せられた書簡《しょかん》を、ありのままに紹《しょう》介《かい》させていただきますが、

「〝新世紀《しんせいき》の黎明《れいめい》を告《つ》げるガンジー〟ともいうべき池田先生に……贈呈いたします」

「この『法華経』は、マハトマ・ガンジーと池田大作氏が体現《たいげん》する天賦《てんぷ》の特性《とくせい》が奏《かな》でる永劫《えいごう》に

呼応《こおう》しゆく韻律《いんりつ》そのものなのです」と記《しる》してくださいました。本当に深く感謝《かんしゃ》しております。

チャンドラ　恐《おそ》れいります。池田先生こそ、至高《しこう》なる徳《とく》を世界に横溢《おういつ》させるために、人類文明《じんるいぶんめい》を広大《こうだい》なる価値観《かちかん》の精神的領域《せいしんてきりょういき》へと発展《はってん》させていらっしゃる方ですから。

池田　「ガンジーが読んだ法華経」は、いわゆる「南條《なんじょう》・ケルン本」です。大英博物館《だいえいはくぶつかん》やケンブリッジ大学図書館、ロシアのサンクトペテルブルク科学アカデミーに所《しょ》蔵《ぞう》されていた写本《しゃほん》を比較《ひかく》して、破損《はそん》したところを補《おぎな》い、仏教学者の南條文雄《ぶんゆう》★2とH・ケルン★3が編集して一九〇八年に出版《しゅっぱん》されたものでした。

世界で初《はじ》めて完全版《かんぜんばん》として、ロシアで出版されたサンスクリット原文《げんぶん》の「法華経」です。それを手にした時、ガンジーはこう感嘆《かんたん》したそうですね。「日本人とヨーロッパ人の手で編《あ》まれ、出版がロシアとは！」と。

チャンドラ　ガンジーはこの三者の手になる経典《きょうてん》のなかに、「人類普遍《じんるいふへん》の故郷《ふるさと》」を見いだしたのです。

人類共通《じんるいきょうつう》の〝生命の輝《かがや》き〟

池田　宗教否定《ひてい》の国だった旧《きゅう》ソ連が、なぜ「法華経」などの研究をしていたのかと疑問《ぎもん》を抱《いだ》く人がいるかもしれません。

私も旧ソ連に行った時、「なぜ宗教者が宗教否定の国に行くのか」と非難《ひなん》されました。しかし、私は厳然《げんぜん》と答えました。「そこに人間がいるからです」と。

どんなにイデオロギーや体制《たいせい》の違《ちが》いがあっても、人類《じんるい》が「文化」を生み出してきたその創造《そうぞう》性《せい》の奥《おく》にひそむ〝人間生命の輝《かがや》き〟は人類共通《じんるいきょうつう》のものなのです。

チャンドラ　その通りです。

池田　ロシア科学アカデミー東洋学研究所《とうようがくけんきゅうしょ》のヴォロビヨヴァ博士《はくし》と懇談《こんだん》した際《さい》も、「法華経」の原典《げんてん》をはじめとする人類《じんるい》の知的財産《ちてきざいさん》を、九百日間にも及《およ》ぶナチスの包囲《ほうい》から守り抜《ぬ》いたサンクトペテルブルクの人々のことが話題《わだい》にあがりました。

仏教に縁《えん》の薄《うす》いロシアで、多くの人々の命をかけた苦闘《くとう》の末《すえ》に、仏教の貴重《きちょう》な財産《ざいさん》が守られたことを私たちは忘れてはならないと思います。

ガンジーと日蓮大聖人

チャンドラ　実は、父はこう思っていたのです。「ガンジーのグル(師《し》)は、日蓮大聖人だ」と。

池田　それは、まことに重大《じゅうだい》なご発言《はつげん》です。

チャンドラ　日蓮大聖人は、人類《じんるい》の将来《しょうらい》にとって、実に重要《じゅうよう》な思想《しそう》を遺《のこ》されました。ガンジーと日蓮大聖人には、直接《ちょくせつ》の関係《かんけい》はありませんでしたが、「思想」と「行動」のうえで共通《きょうつう》する部分が多いのです。

マハトマ・ガンジーは「政治は価値観《かちかん》に基《もと》づいていなければならない」ということを、初《はじ》めて人々に教えました。

池田　そうです。そうでなければ、政治は「力《ちから》」の論理《ろんり》だけの野獣《やじゅう》の法則《ほうそく》に支配《しはい》されてしまいます。

チャンドラ　つまり、すべて人間の心の奥底《おうてい》から発したものでなければならない、ということです。

同じことは、池田先生についてもいえると私は思っています。

日蓮大聖人もまた、人生にとっての最高《さいこう》の価値《かち》と、政治との相関関係《そうかんかんけい》について説きました。日蓮大聖人は、「政治とは、価値体系《かちたいけい》の一部《いちぶ》をなすものでなければならない」と教えたのだと思います。

池田　日蓮大聖人が著《あらわ》した「立正安国論《りっしょうあんこくろん》」は、そのことを明かしているのです。

そこでは、いかなる政策《せいさく》を立てても、結局《けっきょく》、その政治を為《な》す者の根本《こんぽん》の思想《しそう》・哲学《てつがく》が貧《まず》しければ、それは民衆《みんしゅう》を救《すく》う政治とはならず、かえって人々を不幸に導《みちび》いてしまうと訴《うった》えられています。
　そこで、人間生命の法を解《と》き明《あ》かした優《すぐ》れた思想・理念《りねん》（正《しょう》）を根本《こんぽん》にする（立《りっ》）ことで、理想の社会を築《きず》いていく（安国《あんこく》）ことができるとしたのです。

英国の圧制《あっせい》に抗《こう》し、「自分の塩を作る権利を貧《まず》しい人々から奪《うば》った」塩税法《えんぜいほう》を破るため、1930年にマハトマ・ガンジーが行った〝塩の行進〟（「アショカ・ガンジー・ネルー展」から）

　このような勇気《ゆうき》ある訴《うった》えをしたために、当時の既《き》成《せい》宗教と癒着《ゆちゃく》していた国家《こっか》権力《けんりょく》から大聖人は大弾圧《だいだんあつ》を受けることになりました。

チャンドラ　そうした思想《しそう》が、インドの自由を勝ち取る戦いに与えた意義《いぎ》は深いのです。

池田　ガンジーは、政治と宗教の関係《かんけい》について「私は真理《しんり》に献身《けんしん》のあまり政治の場に引き入れられたのだ。私は全《まった》く謙虚《けんきょ》にではあるが、いささかのためらいもなく、宗教は政治と全く無関係《むかんけい》であるという人は宗教の何たるかを知らない、と言い得《う》る」（『抵抗《ていこう》するな・屈伏《くっぷく》するな』古賀勝郎訳、朝日新聞社）と言いました。

「政治と宗教」に関するガンジーの考え方、行動《こうどう》は、政治の根底《こんてい》に深い宗教性、倫理性《りんりせい》がなければならないという点において、「立正安国《りっしょうあんこく》」の思想《しそう》と通じるものがありますね。

チャンドラ　ガンジーとの共通性《きょうつうせい》は、釈尊《しゃくそん》や日蓮大聖人だけでなく、池田先生についてもいえると私は思っています。

池田先生もまた、現代世界において、人間の「生活」と「価値観《かちかん》」を結《むす》びつけようとしておられる。「商業主義《しょうぎょうしゅぎ》を中心にした社会」から「高い価値観《かちかん》を中心にした社会」への変革《へんかく》を推進《すいしん》しておられると思うのです。

池田　ご理解《りかい》に感謝《かんしゃ》します。それが「創価《そうか》」、すなわち「価値創造《かちそうぞう》」の運動です。「価値観《かちかん》」なき「拝金主義《はいきんしゅぎ》」は、世界を荒廃《こうはい》させます。今こそ、生命根本の価値観を確立《かくりつ》することで、混迷《こんめい》の世界を変革《へんかく》していかなければなりません。

「地球市民」を超《こ》えた「宇宙的思想家《うちゅうてきしそうか》」

チャンドラ　池田先生は、「仏法」と「詩《し》」と「未来」と「世界観」を、すべて一つの思想《しそう》に融合《ゆうごう》し、それに基《もと》づいて行動しておられます。私は、先生は「地球市民」を超《こ》えた「宇宙的《うちゅうてき》な思想家」だと思うのです。

池田　恐縮《きょうしゅく》です。私のことはともかく、日蓮大聖人の思想《しそう》はまさに、〝宇宙的《うちゅうてき》〟です。深い仏法の悟《さと》りを基盤《きばん》に展開《てんかい》される宇宙観《うちゅうかん》（コスモロジー）こそ、第三の千年に待望《たいぼう》される思想です。

チャンドラ　世界を調和《ちょうわ》させる人。すべての国々が、実際《じっさい》は、つながり合っているのだと人々に理解《りかい》させようと努力《どりょく》する人。その人は、しばしば誤解《ごかい》され、迫害《はくがい》されるものです。

特に国家主義《こっかしゅぎ》、帝国主義《ていこく》の時代には、そうです。国家の権力《けんりょく》がとても強く、世の中には、人々の自由を制約《せいやく》するような緊張感《きんちょうかん》が満《み》ちています。

しかし、「国家」は、「民衆のため」にあることを忘れてはなりません。

人類は国家主義に打《う》ち勝《か》ち、自由を勝ち取りました。

今こそ、人類の「力《ちから》の源《みなもと》」が価値観《かちかん》にあるということに気づかねばなりません。

池田　そうです。「ソフト・パワー」です。

チャンドラ　「価値観《かちかん》」こそが、すべての根本《こんぽん》です。

そして日本には「価値と文化の持続性《じぞくせい》」があります。

岡倉天心《おかくらてんしん》や、「万葉集《まんようしゅう》」は、私に、そういう日本の精神《せいしん》について教えてくれました。「価値の持続性」があるからこそ、「国家《こっか》の持続性」があるのです。

しかし、人々は、そのことを忘《わす》れがちです。

今こそ、日本の価値観を人類《じんるい》の文化に統合《とうごう》してほしいのです。なかんずく、池田先生の「ソフト・パワー」の哲学《てつがく》を、人類の思想に組《く》み込《こ》んでいただきたいのです。

これは日本にしかできないことです。日本は「G7」[★4]を構成《こうせい》してきたアジアで唯一《ゆいいつ》の国なのです。

池田先生が先頭《せんとう》に立って、崇高《すうこう》なる人間生命の尊厳《そんげん》を、広く世界に訴《うった》えていただきたいと念願《ねんがん》しています。

池田　「日本にしかできない」というのは、博士《はくし》の優《やさ》しい励《はげ》ましではないでしょうか（笑い）。

今、日本では、政治・経済・社会のあらゆる局面《きょくめん》で、行《ゆ》き詰《づ》まりが一挙《いっきょ》に噴《ふ》き出《だ》してきた観《かん》があります。日本では、「価値観《かちかん》」という根本《こんぽん》を見つめないできた〝つけ〟でしょう。だからわれわれは、声を大にして「価値創造《かちそうぞう》」を叫《さけ》んでいるのです。

私どもに対する博士のご期待《きたい》を大いなる励《はげ》みとして、人間主義の二十一世紀へ、生命の世紀へ、さらに行動《こうどう》してまいります。

「甘露《かんろ》の雨」で世界を潤《うるお》す

チャンドラ　先生は文化運動という「ソフト・パワー」で世界を結《むす》びつけ、友好《ゆうこう》の絆《きずな》を創《つく》られています。「ソフト・パワー」という「甘露《かんろ》」[★5]で、地球の人々を潤《うるお》している方です。
このようなご行動《こうどう》に深い敬意《けいい》を表《あらわ》すべく、私どものアカデミーでは初《はつ》の「最高名誉会員《さいこうめいよかいいん》」の称号《しょうごう》をお贈《おく》りし、その会員証《しょう》に漢字で「甘露」と大書《たいしょ》させていただきました。

池田　ありがとうございます。最高の誉《ほま》れであると感謝申《かんしゃもう》し上《あ》げます。「法華経」に連《つら》なる〝精《せい》神《しん》の勲章《くんしょう》〟だからです。

チャンドラ　池田先生は、「法華経」の内なる無限《むげん》の可能性《かのうせい》を開花《かいか》させ、地球上の傑出《けっしゅつ》した知性《ちせい》との対話《たいわ》を通して、「甘露《かんろ》の雨」を降《ふ》らせておられます。人間の「心が力《ちから》」を代表しておられます。
それと同時に、蓮華《れんげ》が、泥中《でいちゅう》から美しき花を咲かせるように、この現実《げんじつ》の「世俗《せぞく》の社会」も一身《いっしん》に担《にな》っておられます。
今、「甘露の雨」と申し上げましたのは「国が完全に平和である時、朝露《あさつゆ》は蜜蜂《みつばち》の蜜《みつ》のような味がする」という中国古来《こらい》の伝説《でんせつ》からとった言葉です。まさしく、そうした道を先生は常《つね》に求め、未来を照《て》らしてこられたのです。

池田　そうお褒《ほ》めいただくと、ただただ恐縮《きょうしゅく》するばかりです（笑い）。それにしても、博士《はくし》の一《ひと》言《こと》一言には、深い含蓄《がんちく》があります。
今、お話しくださった「甘露《かんろ》」にも、深遠《しんえん》な意味が込《こ》められています。

釈尊《しゃくそん》は最高《さいこう》の教えであることの譬《たと》えとして「甘露《かんろ》」を用いましたが、鳩摩羅什《くまらじゅう》はそのことを解釈《かいしゃく》して「不死《ふし》」と同様《どうよう》の意味で使っています。

「諸天《しょてん》は甘露《かんろ》の味《あじ》を為《な》さしめ、之《これ》を食《しょく》することで長寿《ちょうじゅ》となり、ついには不死《ふし》となる」(註維摩経《ちゅうゆいまきょう》)とあり、これが不死《ふし》の法《ほう》であるとしています。

「法華経」にも「世尊法輪《せそんほうりん》を転《てん》じ、甘露《かんろ》の法鼓《ほっく》を撃《う》って　苦悩《くのう》の衆生《しゅじょう》を度《ど》し　涅槃《ねはん》の道《どう》を開示《かいじ》したまえ」(化城喩品《けじょうゆほん》)等とあります。

日蓮大聖人も「甘露《かんろ》は不死《ふし》の薬《くすり》と云《い》えり」(御書八三一ジペー)と仰《おお》せです。不老不死《ふろうふし》の「大生命力」ということです。あらゆる苦悩《くのう》を癒《いや》す妙薬《みょうやく》です。

そして大聖人は「末法《まっぽう》に入つて甘露《かんろ》とは南無妙法蓮華経なり」(同八三二ジペー)と結論《けつろん》しておられる。

私ども創価学会は、この「甘露の大生命力」をもって、〝二十一世紀の地球〟を潤《うるお》していきたい。

ともあれ、この「甘露」の源《みなもと》は、〝精神《せいしん》の大国〟である貴国《きこく》です。この対談を通して、貴国を代表する碩学《せきがく》の博士から、さまざまなことを学びたいのです。

チャンドラ　私は、先生の哲学《てつがく》である「ソフト・パワー」に通じる中国の言葉がないか、いろいろ考えました。その結果、「甘露《かんろ》」という言葉に行き着いたのです。

つまり、この「甘露」の言葉は、私が考えたのではなく、先生の思想《しそう》から発したものなのです。

池田　ご寛大《かんだい》なお言葉に感謝《かんしゃ》します。私たちは、人類《じんるい》の未来、世界の未来のために、この「甘《かん》露《ろ》の法《ほう》」「甘露の力」を、どのような障害《しょうがい》が立ち塞《ふさ》がろうとも、弘《ひろ》め続けていく決意です。

注

1　地涌の菩薩　法華経従地涌出品《じゅうちゆじゅつぽん》第十五で登場《とうじょう》する無数《むすう》の菩薩《ぼさつ》。釈尊《しゃくそん》が、自身の滅後《めつご》における法華経の弘通《ぐずう》を呼《よ》びかけたのに応《おう》じて、大地の底から涌《わ》き出てきた菩薩なので「地涌《じゆ》の菩薩」と称《しょう》される。上行《じょうぎょう》・無辺行《むへんぎょう》・浄行《じょうぎょう》・安立行《あんりゅうぎょう》の四菩薩を上首《じょうしゅ》（中心者）とする。

2　南條文雄　（一八四九年～一九二七年）。明治・大正時代の梵語《ぼんご》（サンスクリット）学者。留学《りゅうがく》生《せい》としてイギリスに渡り、主としてオックスフォード大学で仏典《ぶってん》の研究をし、帰国後は東京帝国《ていこく》大学梵語学講師などを務《つと》め、多くの仏教書を著《あらわ》した。

3　H・ケルン　（一八三三年～一九一七年）。オランダのインド学者、仏教学者。ライデン大学教授として同大学でサンスクリットを教え、『インド仏教史』全二巻を著《あらわ》し「梵文《ぼんぶん》法華経」を英訳するなど多くの業績《ぎょうせき》を残した。

4　G7　アメリカ、イギリス、フランス、ドイツ、イタリア、カナダ、日本の先進七カ国の略称。狭義には一九八六年に設立された「先進七カ国蔵相《ぞうしょう》中央銀行総裁《そうさい》会議」のこと。

5　甘露　①梵語《ぼんご》（サンスクリット）アムリタの漢訳。諸天《しょてん》（神々）の飲料《いんりょう》とされ、天酒とも訳す。甘味《かんみ》の霊液《れいえき》で、これを飲むと苦悩《くのう》をいやし、不老不死《ふろうふし》になるといわれる。②法華経、涅槃経《ねはんぎょう》では、転じて仏の教法を貴重《きちょう》な甘露の雨に譬《たと》えている。

第四章

未来に精神の大河《たいが》を

日本の帝国主義《ていこくしゅぎ》について

池田　前回、ガンジーと「法華経《ほけきょう》」の出合《であ》いについてのエピソードを紹介《しょうかい》していただきましたが、ガンジーは仏教からどのような影響《えいきょう》を受けたと思われますか。

チャンドラ　ガンジーは、さまざまなレベルで仏教から影響《えいきょう》を受け、非常《ひじょう》に高い価値《かち》を見いだしていました。

特に、彼は、仏教の根本思想《こんぽんしそう》である「非暴力《ひぼうりょく》」を重要視《じゅうようし》していました。それは、仏教の言うところの、単《たん》なる五戒《★1ごかい》や十戒《じっかい》の一つという意味《いみ》ではありません。

池田　ガンジーは、戦争《せんそう》や圧制《あっせい》といった直接的暴力《ちょくせつてきぼうりょく》を否定《ひてい》するだけではなく、暴力の温床《おんしょう》となる人間の差別《さべつ》、貧困《ひんこん》、文化の破壊《はかい》といった、いわゆる〝構造的暴力《こうぞうてき》〟の解決《かいけつ》の道を仏教に見いだしたのではないでしょうか。

それは、例《たと》えば、「人間に差別《さべつ》を認《みと》めない平等主義《びょうどうしゅぎ》」「人間と自然《しぜん》との一体観《いったいかん》」「多様性《たようせい》」「共生《きょうせい》」などが考えられますが、仏教に世界平和の理念《りねん》のイメージを感じとっていたのではないかと思います。

ところでガンジーは、日本の仏教については、どのように見ておられましたか。

チャンドラ　日本の文化には、かなり仏教が浸透《しんとう》していると考えていたと思います。戦前《せんぜん》、日本の仏教関係者がインドの寺院《じいん》に鐘《かね》を寄贈《きぞう》したり、インド国内の百八カ所に、平和のための仏《ぶっ》塔《とう》を建設《けんせつ》しようという計画《けいかく》などを、ガンジーは目《ま》の当《あ》たりにしていましたから。

また、日本人は、子どものころは経典《きょうてん》に依拠《いきょ》する「いろは」を学《まな》び、亡《な》くなった時には葬儀《そうぎ》に仏教がかかわるという話なども、ガンジーは私の父から聞いていましたから、そうした情報《じょうほう》を通して仏教の浸透度《しんとうど》を感じていたようです。

池田　確《たし》かに、仮名《かな》を覚《おぼ》えるための「いろは歌」は、涅槃経《ねはんぎょう》が出典《しゅってん》とされています。★2「諸行無常《しょぎょうむじょう》　是生滅法《ぜしょうめっぽう》　生滅滅已《しょうめつめっち》　寂滅為楽《じゃくめついらく》」の意味《いみ》を分《わ》かりやすく解釈《かいしゃく》して和訳《わやく》したものが「色《いろ》は匂《にほ》へど散《ち》りぬるを、我《わ》が世《よ》誰《たれ》ぞ常《つね》ならむ、有為《うゐ》の奥山《おくやま》、今日《けふ》越《こ》えて、浅《あさ》き夢《ゆめ》見《み》じ、酔《ゑ》ひもせず」という「いろは歌」だといわれています。仏教が日本語の基礎《きそ》に深い影響《えいきょう》を与《あた》えていることを示すものです。

ガンジーと、博士の父君《ちちぎみ》との間で、他にどのようなお話がありましたか。

チャンドラ　ガンジーと私の父との間で、日本についての、こんな議論《ぎろん》がありました。

ガンジーは当初《とうしょ》、日本全体が★3帝国主義《ていこくしゅぎ》に染《そ》まっていたと思っていました。

池田　そう思われても、当然《とうぜん》と思います。

チャンドラ　しかし、父は、ガンジーに反論《はんろん》しました。〝日本は、政治的《せいじてき》には帝国主義《ていこくしゅぎ》だが、国民は根《ね》っからの侵略体質《しんりゃくたいしつ》ではなく、非常《ひじょう》に深い精神性《せいしんせい》をもち、非暴力《ひぼうりょく》の心をもっている〟と。

池田　お父《とう》さまは、本当《ほんとう》に温《あたた》かい眼《め》をおもちだったのですね。

当時の日本では、普通選挙《ふつうせんきょ》が行《おこな》われていましたから、軍事独裁《ぐんじどくさい》を排《はい》し、戦争《せんそう》を止《と》める可能性《かのうせい》がまったくなかったわけではありませんでした。しかし、平和を叫《さけ》ぶ民衆《みんしゅう》の勢力《せいりょく》はまだ弱く、指導者《しどうしゃ》にも国家権力《こっかけんりょく》と戦う勇気《ゆうき》がなく、気がついた時には、どうすることもできない状況《じょうきょう》に陥《おちい》ってしまいました。

そして、最終的《さいしゅうてき》には軍事独裁《ぐんじどくさい》となり、日本の軍国主義《ぐんこくしゅぎ》は、やがて日本の民衆《みんしゅう》を抑圧《よくあつ》するだけでなく、アジアの多くの国を侵略《しんりゃく》し、民衆を苦しめました。博士の父君《ちちぎみ》のご期待《きたい》を踏《ふ》みにじってしまったのです。

チャンドラ　残念《ざんねん》な歴史《れきし》です。

「構造的暴力《こうぞうてきぼうりょく》」と戦《たたか》われた日蓮大聖人

池田　私が対談《たいだん》したガルトゥング★4博士は、平和学《へいわがく》の権威《けんい》であり、〝構造的暴力《こうぞうてきぼうりょく》〟の撤去《てっきょ》を初《はじ》めて提唱《ていしょう》した学者《がくしゃ》ですが、日本人の精神的土壌《せいしんてきどじょう》を形成《けいせい》してきた仏教の特色《とくしょく》として、「共生《きょうせい》」や「多様《たよう》性《せい》」といった非暴力《ひぼうりょく》の教えを挙《あ》げていました。

しかし、その一方で、仏教の寛容性《かんようせい》は、構造的暴力が行《おこな》われていることにまで寛容《かんよう》になってしまう傾向性《けいこうせい》を、弱点《じゃくてん》としてもっていることも指摘《してき》されておられました。

日蓮大聖人は、そうした仏教の弱点を克服《こくふく》するために、「構造的暴力」と戦うこと、さらに「構造的暴力」の底流《ていりゅう》にある「法《ほう》」の正邪《せいじゃ》の峻別《しゅんべつ》を主張《しゅちょう》されたのです。

チャンドラ　ガンジーは、私の父から反論《はんろん》され、当時《とうじ》の日本政府《せいふ》は「帝国主義《ていこくしゅぎ》」「軍国主義《ぐんこくしゅぎ》」だが、仏教文化《ぶっきょうぶんか》という高い価値《かち》をもつ日本の民衆自体《みんしゅうじたい》の思想《しそう》の底流《ていりゅう》は違《ちが》うと、日本への見方《みかた》を変《へん》換《かん》させたようにも思われます。

池田　大変《たいへん》、示唆《しさ》に富《と》んだ証言《しょうげん》だと思います。

国際平和《こくさいへいわ》を考えるうえで、考慮《こうりょ》しなければならないのは、一国の国家権力《こっかけんりょく》の国際責任《こくさいせきにん》を、安《あん》易《い》にその国民に押《お》しつけるだけでいいかどうか、ということです。

たとえ侵略《しんりゃく》などで国際的非難《こくさいてきひなん》を浴《あ》びる国家であったとしても、そこに住む民衆《みんしゅう》は権力《けんりょく》によって情報操作《じょうほうそうさ》されていることも多く、民衆自身《じしん》も国家権力によって苦しんでいるのです。

チャンドラ　ガンジーも、しばしば自分で語っていました。

「われわれはイギリスの『帝国主義《ていこくしゅぎ》』に抵抗《ていこう》しているのであり、イギリスの『民衆《みんしゅう》』を憎《にく》んでいるわけではない」と。

それならば、日本に関《かん》しても同じことが言えるのではないか、と父が説得《せっとく》したわけです。

「帝国主義にせよ、植民地主義《しょくみんちしゅぎ》[★5]にせよ、国家《こっか》の『体制《たいせい》』に抵抗《ていこう》するのであって、われわれは常に『民衆』の側《がわ》に立つのだ」と。

どんな国であろうと、民衆は、それぞれに素晴《すば》らしさをもっています。こうしたガンジーの新しい考え方は、父との対話《たいわ》から発展《はってん》していったのです。

池田　特筆《とくひつ》すべき歴史《れきし》です。父君《ちちぎみ》が真実《しんじつ》の大指導者《だいしどうしゃ》であられたことが、今のお話で分かります。

中国の周恩来総理《しゅうおんらいそうり》も、まったく同じ見方《みかた》をされていました。

「悪《わる》いのは日本の軍国主義《ぐんこくしゅぎ》だ。日本の民衆《みんしゅう》も、中国の民衆と同様《どうよう》に、日本軍国主義の犠牲者《ぎせいしゃ》である」と。

周総理《しゅうそうり》は、戦後《せんご》の賠償《ばいしょう》[★6]請求権《せいきゅうけん》を放棄《ほうき》してくださいました。「賠償を請求すれば、同じ被害者《ひがいしゃ》である日本人民《じんみん》に払《はら》わせることになる」と。その大恩《だいおん》を決して忘《わす》れてはならないと思います。

「精神《せいしん》の大国《たいこく》」を目指《めざ》して

チャンドラ　そもそも、なぜ、ガンジーは日本を「暴力的《ぼうりょくてき》」だと感じていたのか。

それは、インドの独立《どくりつ》を暴力的手段《しゅだん》によって勝ち取ろうとする人たちの多くが、日本と何らかのつながりをもっていたからでした。

しかし、たとえ国家《こっか》の「体制《たいせい》」が暴力的でも、「民衆《みんしゅう》」の心までそうだとは、断《だん》じて言えません。

インドが「精神《せいしん》の大国《たいこく》」であるように、日本も「精神の大国」です。否《いな》、インドのわれわれより、もっと崇高《すうこう》な人生観《じんせいかん》、生命観《せいめいかん》をもっておられるかもしれません。

池田　博士《はくし》の広大《こうだい》なお心に感謝《かんしゃ》します。

ただ最後のお言葉だけは賛成《さんせい》できません（笑い）。「精神性《せいしんせい》」では、間違《まちが》いなくインドが日本の師匠《ししょう》の国です。その点では、ガンジーの直感《ちょっかん》のほうが正しいでしょう（笑い）。

チャンドラ　池田先生のご貢献《こうけん》によって、「法華経《ほけきょう》」は日本から全世界へ広まりました。その意味で、日本は一段《いちだん》と輝《かがや》ける「精神《せいしん》の大国《たいこく》」になったと私は申し上げたいのです。

池田　ありがとうございます。私は、常々《つねづね》、日本は「精神《せいしん》の大国《たいこく》」を目指《めざ》していくべきだと訴《うった》えてきました。

「法華経《ほけきょう》」の精神は、成仏《じょうぶつ》への道、幸福《こうふく》への道、強き人格《じんかく》への道を逞《たくま》しく生きていく「心」を、民衆《みんしゅう》に奮《ふる》い起《お》こさせるところにあります。

ゆえに「法華経」は、現実《げんじつ》の生活、社会のなかで、★7三障四魔《さんしょうしま》と敢然《かんぜん》と戦い、三世《さんぜ》の成仏《じょうぶつ》を勝ち取れ、と説いています。

ガンジーは、「宗教《しゅうきょう》は他のすべての活動《かつどう》に道義的《どうぎてき》な基礎《きそ》を提供《ていきょう》するものである」（『抵抗《ていこう》するな・

屈服《くっぷく》するな』古賀勝郎訳、朝日新聞社）と言いました。ガンジーにとっての人生、社会とは、「宗教」すなわち「真理《しんり》」にのっとり、それを証明《しょうめい》していくべきものでした。すなわち、〝宗教即《そく》人生〟であり、〝宗教即社会〟ということです。これは「法華経」の精神《せいしん》そのものです。「法華経」のなかには、「★8俗間《ぞくけん》の経書《きょうしょ》、治世《じせい》の語言《ごごん》、資生《ししょう》の業等《ごうとう》を説《と》かんも、皆正法《みなしょうぼう》に順《じゅん》ぜん」（『妙法蓮華経並開結』聖教文庫、以下法華経と略す。五六一ページ）とあります。正法を根本《こんぽん》とする時、社会・人生のすべてが価値《かち》あるものとなるということです。

そこに私は、宗教をすべての活動《かつどう》の「道義的《どうぎてき》な基盤《きばん》」とするガンジーと、「法華経」の説《と》く「信《しん》受《じゅ》」の精神との共通性《きょうつうせい》を見る思いがします。

ネルー首相《しゅしょう》との交流《こうりゅう》

池田　さて、ガンジーの後《のち》、インドの政治《せいじ》を受《う》け継《つ》いだのは、ネルー首相《しゅしょう》でした。

かつて、父君《ちちぎみ》は、ネルー首相から「法華経《ほけきょう》」のサンスクリット写本《しゃほん》である「ペトロフスキー★9本」のマイクロフィルムを贈《おく》られていますね。

ペトロフスキー本の由来《ゆらい》については、以前《いぜん》、話し合いましたが、ロシアの東洋学研究所《とうようがくけんきゅうしょ》のご好意《こうい》で、世界で初公開《はつこうかい》の形で「法華経展《ほけきょうてん》」で展示《てんじ》されました。博士《はくし》にも、ご覧《らん》いただきました。

ガンジーと談笑《だんしょう》する後継《こうけい》のネルー首相（『アショカ・ガンジー・ネルー展』から）

その写本のマイクロフィルムが、もとは、「ソ連のフルシチョフ[★10]首相《しゅしょう》からネルー首相に贈呈《ぞうてい》されたもの」であり、それが、ラグヴィラ博士に渡《わた》ったものですね。

チャンドラ　そうです。マイクロフィルムが贈《おく》られたのは、たしか、フルシチョフ（首相《しゅしょう》）、ブルガーニン[★11]（前首相）の両氏《りょうし》からだったと思います。

以前《いぜん》から、父はネルー首相に「ガンジーは祈《いの》りのなかで『南無妙法蓮華経』と唱《とな》えていました。しかし、私たちインドには、法華経の経典《きょうてん》や写本《しゃほん》がありません。ぜひソ連から入手《にゅうしゅ》したい」と求《もと》めていたのです。

池田　東洋学研究所所蔵《とうようがくけんきゅうしょしょぞう》のペトロフスキー本は、研究所に行っても見ることさえ難《むずか》しかった。ましてて、コピーをすることなど不可能《ふかのう》なほど貴重《きちょう》な〝秘宝《ひほう》〟です。しかし、ソ連の指導者《しどうしゃ》たちは、ネルー首相の要請《ようせい》には応《こた》えたのですね。

そのネルー首相も「あなた（ラグヴィラ博士《はくし》）が持っていてこそ価値《かち》がある」と言って贈《おく》られたと、伺《うかが》いました。よほど、父君《ちちぎみ》を信頼《しんらい》されてのことだと思います。

ネルー家《け》とは、どのような交流《こうりゅう》をされていたのでしょうか。

「アジアはひとつ」の理想《りそう》

チャンドラ　ネルー首相《しゅしょう》は「国際的《こくさいてき》な感覚《かんかく》をもった人」でした。父もまた「インドは広大《こうだい》な〝人類家族《じんるいかぞく》〟の一員《いちいん》としてでなければ存続《そんぞく》できない」と考えていました。

首相は言いました。「本当《ほんとう》の『目《め》』をもった人、本当の『耳《みみ》』をもった人を、周《まわ》りに置《お》いておきたいのだ」と。

池田　いや、それはまったく、私も痛感《つうかん》します。

チャンドラ　ネルー首相《しゅしょう》は国際的《こくさいてき》な視野《しや》をもっていましたが、どちらかというと〝西洋寄《せいようよ》り〟でした。アジアよりも、アメリカ、ヨーロッパ、ソ連のほうを重視《じゅうし》していたと思います。

そんなネルー首相を説得《せっとく》しようと、父は常々《つねづね》こう話していました。〝西洋と仲良《なかよ》く――これも大事《だいじ》だけれども、それだけではいけない。インドはアジア大陸《たいりく》の一部《いちぶ》だから、アジアの一員《いちいん》として隣国《りんごく》を大事にしなければいけない。インドはもっと、中国をはじめアジアの国々と友好関《ゆうこうかん》係《けい》をもっていかねばならない〟と。

池田　「正視眼《せいしがん》」の言葉です。

チャンドラ　ありがとうございます。モンゴル★12の国連加盟《こくれんかめい》を提唱《ていしょう》したのも、父なのです。

池田　重大《じゅうだい》なことです。日本では、あまり知られていません。

チャンドラ　父は、アジアの国々が、とても好《す》きでした。

帝国主義《ていこくしゅぎ》のように、政治的《せいじてき》な低次元《ていじげん》のものに左右《さゆう》されてはならない。「アジアはひとつ」と団結《だんけつ》して、世界のなかで大きな役割《やくわり》を担《にな》っていかねばならない。一つひとつの国も、世界の一員《いちいん》として自立《じりつ》していかねばならない――そう願っていました。

池田　父君《ちちぎみ》は、本当《ほんとう》に透徹《とうてつ》した眼《め》をおもちだったのですね。心の眼が、大きく開かれていくお話です。

チャンドラ　今、「人類《じんるい》の調和《ちょうわ》」こそ、二十一世紀に一番大事《だいじ》なことです。

それをしておられるのが池田先生です。先生は、世界の国々と友好《ゆうこう》を結《むす》び、友情《ゆうじょう》を育《そだ》てておられる。

池田　恐縮《きょうしゅく》です。

アジアの文化といえば、父君《ちちぎみ》は、敦煌《とんこう》の仏教文化《ぶっきょうぶんか》の研究《けんきゅう》もなされていた。その研究などを通して、周恩来総理《しゅうおんらいそうり》とも友情《ゆうじょう》を結《むす》んでおられますね。

周総理《しゅうそうり》とも友情《ゆうじょう》を結《むす》ぶ

チャンドラ　ええ。インドとアジアの国々との〝文化的《ぶんかてき》ネットワーク〟を築《きず》きたいというのが父の考えにあり、ネルー首相《しゅしょう》も、この考えに深い関心《かんしん》を示していました。

そしてインドネシアでのバンドン会議《かいぎ》★13の折《おり》、ネルー首相《しゅしょう》は周総理《しゅうそうり》に、父の訪中《ほうちゅう》を提案《ていあん》したのです。それが、周総理との交友《こうゆう》のきっかけです。

訪中の目的《もくてき》の一つは、インドでは失《うしな》われ、中国に遺《のこ》されている仏典《ぶってん》の資料収集《しりょうしゅうしゅう》であり、もう一つはインドではあまり見られない仏教美術《ぶっきょうびじゅつ》が、中国でどのように開花《かいか》したのかを研究《けんきゅう》するためです。

池田　バンドン会議《かいぎ》は、戦後《せんご》のアジア・アフリカ諸国《しょこく》が国際舞台《こくさいぶたい》に台頭《たいとう》することを告《つ》げた、歴史《れきし》を画《かく》する会議でした。

チャンドラ　父は、ネルー首相《しゅしょう》と、クシャーン朝時代《ちょうじだい》においてアジア諸国《しょこく》をつないだ仏教《ぶっきょう》の役割《やくわり》はどうであったか、などを話し合ったそうです。

池田　仏教《ぶっきょう》を通したアジアの〝文化的《ぶんかてき》ネットワーク〟づくりを念頭《ねんとう》に置《お》かれていたのですね。

チャンドラ　その通りです。インドとアジアの仏教国《ぶっきょうこく》を、政治的《せいじてき》に連邦《れんぽう》として結《むす》びつけようということではなく文化《ぶんか》的《てき》に共通《きょうつう》する国々と、文化的な連合《れんごう》を築《きず》くところに意義《いぎ》を見いだしていたのです。

父は、ビルマの★14ウー・ヌ首相《しゅしょう》や、インドネシアの★15スカルノ大統領《だいとうりょう》、あるいはカンボジアの★16シアヌーク殿下《でんか》とも会って、文化を通した結《むす》びつきを提案《ていあん》しています。その際《さい》、力だけの政治ではいけない、政治には価値《かち》が伴《ともな》わなければならないことを繰《く》り返《かえ》し強調《きょうちょう》していました。

ネルー首相も父のそうしたところに共感《きょうかん》し、積極的《せっきょくてき》に協力《きょうりょく》しました。そして、インドが文化の面でアジア諸国《しょこく》と安定《あんてい》した関係《かんけい》を築《きず》くことが大切であり、それが政治的、経済的な恩恵《おんけい》にもつながると考えたのです。

池田　ネルー首相《しゅしょう》も周総理《しゅうそうり》も「勇気《ゆうき》ある行動《こうどう》の人」でした。

国境《こっきょう》問題で中国とインドの★17「平和五原則《ごげんそく》」が崩《くず》れそうになった時、対話《たいわ》による解決《かいけつ》のため、周総理がインドを訪問《ほうもん》したことがありました。

当時《とうじ》は、空港《くうこう》から会見場《かいけんじょう》まで、数メートルに一人ぐらい警官《けいかん》が立たねばならないほど、インドには反中国感情《はんちゅうごくかんじょう》が満《み》ちていました。

しかし、二人は、お互《たが》いに尊敬《そんけい》し合い、和平《わへい》へ向けて両国を動かしました。それは、二人とも、大衆《たいしゅう》のために命がけで行動《こうどう》され、根底《こんてい》では深い信頼《しんらい》で結《むす》ばれていたからだと思います。

チャンドラ　ネルー首相《しゅしょう》も周総理《しゅうそうり》も、「文化交流《ぶんかこうりゅう》」に強い関心《かんしん》をもっていたことでも共通《きょうつう》していました。

池田　父君《ちちぎみ》は、中国の文化を守るためにも戦われましたね。

チャンドラ　はい。中国は、漢字《かんじ》を廃止《はいし》し、ローマ字を使用《しよう》することを考えていましたが、父は自国《じこく》の大切《たいせつ》な文化を捨《す》てることがあってはならないと、これに強く反対しました。中国の首《しゅ》脳《のう》にも直接《ちょくせつ》、働《はたら》きかけました。

父は、インドがイギリス支配《しはい》のもとで、長く文化的な圧迫《あっぱく》を受けていたことへの強い反省《はんせい》があったのです。

幸《さいわ》い、中国社会科学院《しゃかいかがくいん》の方々《かたがた》の応援《おうえん》などもあって、結果《けっか》として、漢字《かんじ》はローマ字化《じか》されることなく、簡素化《かんそか》されたにとどまりました。

池田　文化にかける大情熱《だいじょうねつ》を感じさせるお話です。

仏典《ぶってん》を求《もと》めインドから中国へ

チャンドラ　ネルー首相《しゅしょう》が父を周総理《しゅうそうり》に紹介《しょうかい》してくださり、それで、周総理から父が招待《しょうたい》を受けて、三カ月にわたって中国に滞在《たいざい》しました。その時に周総理は、父にこう述《の》べたそうです。

「あなたはネルー首相の『教授《きょうじゅ》』と伺《うかが》っています」。また「古代《こだい》には、中国人が経典《きょうてん》を求《もと》めてインドを訪《おとず》れましたが、歴史上《れきしじょう》、インド人がこのように仏教《ぶっきょう》の文献《ぶんけん》を求めて中国を訪問《ほうもん》するのは初《はじ》めてのことです。あなたは現代《げんだい》の『インドの玄奘《げんじょう》★18』です」とも言われたそうです。

池田　父君《ちちぎみ》が、ネルー首相《しゅしょう》を通して、ソ連から「法華経《ほけきょう》」を譲《ゆず》り受けられたのも、そうした文《ぶん》化的《かてき》ネットワークの賜《たまもの》だと思います。

モノや情報《じょうほう》の交換《こうかん》だけでは、本当《ほんとう》の文化交流《ぶんかこうりゅう》はできません。身命《しんみょう》をかけて、体制《たいせい》や国家《こっか》の枠《わく》を超《こ》えて文化交流を推進《すいしん》される一人の人間がいなければ、できるものではありません。

ネルー首相や周恩来《しゅうおんらい》総理と父君との交流の話を聞くと、「一流《いちりゅう》」は「一流」と結《むす》びつくことを痛感《つうかん》します。

チャンドラ　池田先生の友人を見れば、より一層《いっそう》、そのことが明確《めいかく》です。

池田　恐《おそ》れいります。世界との友情は、私の宝《たから》です。

現代《げんだい》は地球全体《ちきゅうぜんたい》が一つとなったグローバルな社会です。そのなかにあって、対話《たいわ》を重《かさ》ね、問《もん》題意識《だいいしき》を高め合い、知恵《ちえ》を出し合うことこそ、何よりも大切《たいせつ》なことである、というのが私の信《しん》念《ねん》です。

チャンドラ　現代《げんだい》は開かれた世界です。交通《こうつう》やコミュニケーション手段《しゅだん》の発達によって、距離《きょり》が短縮《たんしゅく》され、意識《いしき》が拡張《かくちょう》されています。古い伝統《でんとう》と新しい未来《みらい》が混在《こんざい》しています。

そこで何よりも大切《たいせつ》になるのが、これらの調和《ちょうわ》を図《はか》り、導《みちび》く「英知《えいち》の人」です。

私は、池田先生こそ、その人である、と断言《だんげん》します。

人々の生命は、川の流れと同じです。もし、水が二つの堤防《ていぼう》の間を流れず、あふれ出してしまえば、流れをなさない。また、堤防があっても、水そのものが流れなければ水は腐《くさ》ってしまいます。

池田先生のメッセージには、〝流れ〟と〝堤防〟の両方《りょうほう》がある。無限《むげん》の向上心《こうじょうしん》と人間の生きるべき道があるのです。

池田　重《かさ》ねて恐縮《きょうしゅく》です。

私こそ、偉大《いだい》なインドの英知《えいち》であられる博士《はくし》とともに、さらに向上《こうじょう》の道を進んでまいりたい。

人類《じんるい》の未来《みらい》という沃野《よくや》を潤《うるお》すために、永遠《えいえん》の精神《せいしん》の大河《たいが》を滔々《とうとう》と流し、広げていきましょう！

注

1　**五戒や十戒**　五戒《ごかい》は小乗教《しょうじょうきょう》で説《と》く在家《ざいけ》男女の持《たも》つべき①不殺生戒《ふせっしょうかい》②不偸盗戒《ふちゅうとうかい》③不邪婬戒《ふじゃいんかい》④不《ふ》妄語《もうご》戒《かい》⑤不《ふ》飲酒戒《おんじゅかい》。十戒《じっかい》は出家《しゅっけ》のうち二十歳未満の男女が受持《じゅじ》すべき戒律《かいりつ》で、①不殺生戒②不偸盗戒③不《ふ》婬泆戒《いんいっかい》④不妄語戒⑤不飲酒戒⑥不《ふ》塗《ず》飾香鬘戒《しきこうまんかい》⑦不歌舞観聴戒《ふかぶかんちょうかい》⑧不《ふ》坐高広大床戒《ざこうこうだいしょうかい》⑨不《ふ》非《ひ》時《じ》食戒《じきかい》

⑩不蓄金銀宝戒《ふちくこんごんほうかい》。

2　**諸行無常……**　涅槃経《ねはんぎょう》に説《と》かれている文《もん》。「諸行《しょぎょう》は無常《むじょう》にして是《こ》れ生滅《しょうめつ》の法なり。生滅滅《めつ》し已《おわ》って寂滅《じゃくめつ》を楽《らく》と為《な》す」と読む。「この世のあらゆる存在《そんざい》は常に変化して、生と死を繰《く》り返《かえ》している。この生滅の現象《げんしょう》に対する執着《しゅうちゃく》を滅するところに無上《むじょう》の安楽《あんらく》がある」との意。

3　**帝国主義**　さまざまな意味に使われているが、一般的には、軍事《ぐんじ》的《てき》、経済的《けいざいてき》に他の国家・民族を支配《しはい》して大国家を形成《けいせい》しようとする傾向《けいこう》をいう。レーニンは、資本主義《しほんしゅぎ》の最高段階《さいこうだんかい》（独占《どくせん》資本主義状態《じょうたい》）を帝国主義として規定《きてい》した。

4　**ガルトゥング博士**　（一九三〇年〜）。ノルウェー・オスロ生まれ。オスロ大学で数学博士《はくし》号《ごう》と社会学博士号を取得《しゅとく》。「平和学」という学問分野《がくもんぶんや》を開拓《かいたく》し、世界的権威《けんい》として知られる。池田ＳＧＩ会長との対談集『平和への選択《せんたく》』をはじめ、『平和研究論集』『平和への新思考《しんしこう》』など多くの著作《ちょさく》がある。

5　**植民地主義**　一つの国家が、自国の軍事力、政治力などを用《もち》いて、他国の独立《どくりつ》を踏《ふ》みにじり、植民地《しょくみんち》（本国の属領《ぞくりょう》として統治《とうち》を受ける地域）として支配下におく主義、政策をいう。

6　**賠償請求権**　主権国家間の戦争が終結《しゅうけつ》した場合、戦勝国は敗戦国に対して、戦争によって生じた損害《そんがい》について金銭《きんせん》、物品《ぶっぴん》などで賠償《ばいしょう》を請求《せいきゅう》する慣行《かんこう》があり、日本によって侵略《しんりゃく》され、抗日《こうにち》戦争を起こし、勝利した中国には、この賠償を請求する権利があった。

7　**三障四魔**　仏道修行《ぶつどうしゅぎょう》を妨《さまた》げる三つの障《さわ》り（煩悩障《ぼんのうしょう》、業障《ごうしょう》、報障《ほうしょう》）と四つの魔《ま》（陰魔《おんま》、煩悩魔、死魔、天子《てんし》魔《ま》）。

8　**「俗間の経書……」**　法華経法師《ほっし》功《く》徳品《どくほん》第十九に説《と》かれる文《もん》。法華経を持《たも》つ者は、一般世間にある書物や社会を治《おさ》める思想、生活のための仕事のことなどを説いても、すべてが正法に適《かな》っていく、との意。

9　**ペトロフスキー本**　ペトロフスキー（一八三七年～一九〇八年）は、ロシアのカシュガル駐在《ちゅうざい》総領事《そうりょうじ》を務め、貴重《きちょう》な仏教文献《ぶんけん》を集めた。そのサンスクリット（梵語《ぼんご》）の法華経写本《しゃほん》は重要《じゅうよう》な文献として知られる。

10　**フルシチョフ**　（一八九四年～一九七一年）。旧ソ連の政治家。スターリンの死後、ソ連の最高《さいこう》指導者《しどうしゃ》としての地位を確立《かくりつ》。一九五六年二月の第二十回党大会の秘密報告《ひみつほうこく》でスターリン批判《ひはん》を行い、世界に衝撃《しょうげき》を与えた。党第一書記、首相として活躍《かつやく》した。

11　**ブルガーニン**　（一八九五年～一九七五年）。旧ソ連の政治家。フルシチョフが第一書記として、国政を指導《しどう》した時期に閣僚会議《かくりょうかいぎ》議長（首相）の地位に就任《しゅうにん》。ユーゴスラビア、インドを訪問し、平《へい》和共存《わきょうぞん》の道を開いた。

12　**モンゴルの国連加盟**　国連は一九四五年十月に発効《はっこう》した国際連合憲章《こくさいれんごうけんしょう》に基《もと》づき、五十一の加盟《かめい》国《こく》で活動を開始。モンゴルは一九六一年十月に加盟した。

13　**バンドン会議**　バンドンはインドネシア共和国の都市で、ジャワ島内陸部《ないりくぶ》の高原にある。一九五五年四月、ここでアジア・アフリカ地域から二十九カ国の代表が参加して「アジア・アフリカ会議」が開催《かいさい》された。この会議を「バンドン会議」という。

14　**ウー・ヌ首相**　（一九〇七年～九五年）。ビルマ（現ミャンマー）の政治家。一九四八年一月、独立《どくりつ》ビルマの初代首相《しょだいしゅしょう》に就任《しゅうにん》。六二年に軍部クーデターで首相の座を奪《うば》われた。小説家、戯曲作家《ぎきょくさっか》としても知られている。

15　**スカルノ大統領**　（一九〇一年～七〇年）。インドネシアの政治家。オランダ植民地主義《しょくみんちしゅぎ》と戦い、独立後《どくりつご》、初代《しょだい》の大統領《だいとうりょう》に就任《しゅうにん》した。以後、約二十一年間、その地位にあって、インドネシアを指導《しどう》した。

16　シアヌーク殿下　（一九二二年〜）。王国時代のカンボジアの国王。第二次世界大戦後、フランスから独立《どくりつ》したカンボジアの建設《けんせつ》に尽力《じんりょく》し、国家元首《こっかげんしゅ》として活躍《かつやく》した。

17　平和五原則　中国の周恩来総理《しゅうおんらいそうり》とインドのネルー首相《しゅしょう》の間で確認《かくにん》された国際関係規制《こくさいかんけいきせい》の原則《げんそく》。①領土《りょうど》・主権《しゅけん》の尊重《そんちょう》、②対外不侵略《たいがいふしんりゃく》、③内政不干渉《ないせいふかんしょう》、④平等互恵《びょうどうごけい》、⑤平和的共存《へいわてききょうぞん》の五原則を掲《かか》げた。

18　玄奘　（六〇二年〜六六四年）。中国・唐代《とうだい》初期の僧。西域《せいいき》、インドへの大旅行家。その見聞録《けんぶんろく》『大唐西域記《だいとうさいいきき》』で有名。また多くの経典《きょうてん》を持ち帰り翻訳《ほんやく》した。

第五章
世界市民の哲学

アショーカ王の「法」による政治

池田　古代《こだい》からの歴史《れきし》を詳細《しょうさい》に顧《かえり》みる時、現代人《げんだいじん》の想像以上《そうぞういじょう》に東洋《とうよう》と西洋《せいよう》が一体《いったい》であったことに気づきます。

チャンドラ　そうです。むしろ、現代《げんだい》のほうが対立《たいりつ》と分断《ぶんだん》は大きくなっています。

池田　世界史上《せかいしじょう》、初《はじ》めて、仏教《ぶっきょう》の平和精神《へいわせいしん》と〝法（ダルマ）〟によって諸文明《しょぶんめい》との対話《たいわ》を実現《じつげん》したのが、博士《はくし》の国、インドの[★1]マウリヤ王朝《おうちょう》のアショーカ王でした。

チャンドラ　アショーカ王は、息子《むすこ》（あるいは弟）をスリランカに派遣《はけん》したのをはじめ、西隣《にしどなり》の[★2]セレウコス朝《ちょう》シリアをはじめ、ギリシャ人が多く住むヘレニズム文化圏《ぶんかけん》、さらにスリランカ、ネパールなどに使節《しせつ》を派遣し、〝法（ダルマ）〟のメッセージを弘《ひろ》めていきました。

北京《ペキン》から張家口《ちょうかこう》に向かう街道《かいどう》の街《まち》、居庸関《こようかん》には六つの言語《げんご》による碑文《ひぶん》があります。

池田　モンゴル語や漢語《かんご》、ウイグル語などによる刻文《こくぶん》ですね。まさしく、それはアショーカ王の存在《そんざい》そのものが、多文化共存《たぶんかきょうぞん》の証《あかし》であることを示すものです。

チャンドラ　まさに、おっしゃる通りです。そこには、次のように述べられています。

「偉大《いだい》なる、輝《かがや》かしい大帝《たいてい》、[★3]転輪聖王阿育王《てんりんじょうおうあいくおう》は、偉大なる功徳《くどく》をもった仏さまの舎利《しゃり》（遺骨《いこつ》）を集めて、偉大なる土地を、諸塔《しょとう》によって美しく飾《かざ》って、偉大なる教を、世界に大いに輝かした」

（村田治郎編著『居庸關』第一巻、京都大学工学部）

世界宗教への展開に貢献《こうけん》

池田　アショーカ王は歴史的《れきしてき》に稀有《けう》の存在《そんざい》です。彼は世界を仏教《ぶっきょう》によって輝《かがや》かせたのです。「精《せい》神《しん》の大国」インドならではの、「精神の王者《おうじゃ》」です。

アショーカ王は、領土《りょうど》の多くの場所に、仏塔《ぶっとう》のほかに、この法の精神を宣言《せんげん》する法勅《ほうちょく》★4を据《す》えました。

しかも、彼は領土の境界《きょうかい》を越《こ》えて、その精神を弘《ひろ》めようとしたのです。

法勅《ほうちょく》には、アラム語★5やコイネー★6（共通語《きょうつうご》）で書かれたものがあります。キリスト教の祖《そ》・イエスも使ったとされるアラム語は、当時の地中海東部地域《ちちゅうかいとうぶちいき》やシルクロードの「リンガ・フランカ」（通商《つうしょう》・交易《こうえき》のための共通語）であり、イラン地域の官庁《かんちょう》の公用語《こうようご》として伝統的《でんとうてき》に用いられていたものです。

その文字《もじ》は、中央アジア、インドで広く用いられていた諸文字群《しょもじぐん》の起源《きげん》であり、現在《げんざい》の西欧《せいおう》アルファベットのもとに連《つら》なっています。

ローマ字	ギリシャ文字		フェニキア文字	アラム文字	古代イラン パフラヴィ文字	古代インド カロシュティ文字
	現代	古代				
A	A	Δ	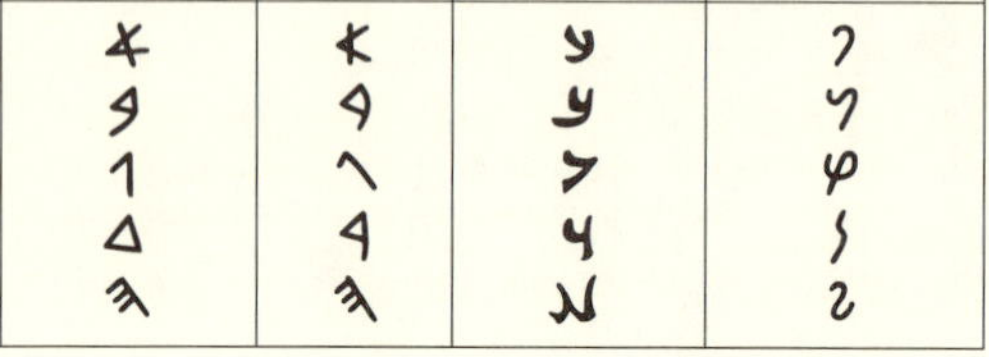			
B	B	ꓤ				
C G	Γ	Γ				
D	Δ	Δ				
E	E	E				

※参考文献「世界の文字の図典」(吉川弘文館)から

またコイネーは、旧約聖書《きゅうやくせいしょ》★7の七十人訳《しちじゅうにんやく》(セプトゥアギンタ)や、後《のち》に新約《しんやく》聖書が書かれた言葉でもあります。

ここにも、仏教を軸《じく》に、東西《とうざい》の諸文明が邂逅《かいこう》した一例《いちれい》を見ることができるのではないでしょうか。

この「開《ひら》かれた心」がアショーカ王の思想《しそう》・哲学《てつがく》に通底《つうてい》するものでしょう。

チャンドラ 同感《どうかん》です。王は、インドの一宗教であった仏教《ぶっきょう》を世界宗教へと高めるのに貢献《こうけん》した、偉大《いだい》な擁護者《ようごしゃ》でした。

今言われた「法」についてですが、私の古い友人であり、偉大なインド学者であった故《こ》・中村元博士《なかむらはじめはくし》は、アショーカ王のいう「法」とは、「人間の理法《りほう》」としての法であり、それは仏教によって正しく説かれていると王は信じていた、と述べていました。

アショーカ王は、一般的《いっぱんてき》な仏教を語ったというより、むしろ「法」そのものを語ったのではないでしょうか。

彼の思想は仏教に由来《ゆらい》しますが、それを一般的な言葉で普遍的《ふへんてき》な価値《かち》として人々に示したのです。それは、まさしく池田先生が現代に行っていることです。

池田　恐縮《きょうしゅく》いたします。仏教は人類《じんるい》すべての共有財産《きょうゆうざいさん》です。法は万人《ばんにん》のための叡智《えいち》の資産《しさん》です。宗派《しゅうは》の狭《せま》い枠《わく》に収《おさ》まるものではありません。

チャンドラ　その信念《しんねん》に基《もと》づいて、先生はイデオロギーや宗教の枠《わく》を超《こ》えた対話《たいわ》を続けておられます。

民衆の「利益《りえき》」と「安楽《あんらく》」のために

池田　私が対談《たいだん》した、トインビー博士《はくし》、カレルギー伯《はく》、キッシンジャー博士、ヨハン・ガルトゥング博士をはじめ、多くの識者《しきしゃ》が、アショーカ王を「世界第一の王」として挙《あ》げていました。

チャンドラ　その評価《ひょうか》は正しいでしょう。王は、紀元前《きげんぜん》三世紀にすでに、国家《こっか》の枠《わく》を超《こ》えて、「民衆《みんしゅう》の精神《せいしん》と生活の向上《こうじょう》のため」を最高《さいこう》の政治理念《せいじりねん》としたのです。

そのことは、法勅《ほうちょく》に「バフジャナ・ヒターヤ」（多くの人々の利益《りえき》のために）、「バフジャナ・スッカーヤ」（多くの人々の安楽《あんらく》のために）と記《しる》されていることで、明白《めいはく》です。

池田　その二つの句は、「釈尊《しゃくそん》の伝道宣言《でんどうせんげん》」として有名な言葉に含《ふく》まれているものです。

釈尊は最初《さいしょ》の弟子《でし》たちにこう語ります。
「人々の幸福《こうふく》のために、利益《りえき》のために、安楽《あんらく》のために、諸国《しょこく》を遍歴《へんれき》せよ！」と。
釈尊は、既成《きせい》の宗教的・思想的権威者《しそうてきけんいしゃ》とは異《こと》なり、自《みずか》らの悟《さと》りを自分だけのものにせず、多くの人々に教え示して、ともどもに〝勝利《しょうり》の人生《じんせい》〟を歩ませよう、と決意《けつい》し、それを宣言《せんげん》したのです。

この言葉は、サンスクリットの法華経にも、たびたび登場《とうじょう》します。★8 鳩摩羅什《くまらじゅう》は妙法蓮華経で「衆生《しゅじょう》を饒益《にょうやく》し安楽ならしめたもう所多《ところおお》き」（法華経一六九ページ）等と訳《やく》しています。

今、ご紹介《しょうかい》した個所《かしょ》は、方便品《ほうべんぼん》の一節《いっせつ》です。十方《じっぽう》の諸仏《しょぶつ》が、皆《みな》を成仏《じょうぶつ》という絶対的幸福境涯《ぜったいてきこうふくきょうがい》へと導《みちび》くことを常に目的としていることを示した言葉です。

釈尊はじめ諸仏《しょぶつ》の心は、〝皆を幸福に〟という一大事にあります。アショーカ王の法勅《ほうちょく》はその心に直結《ちょっけつ》するものです。

チャンドラ　ほぼ半世紀《はんせいき》にわたり、池田先生は、アショーカ王と同様《どうよう》、また法華経に示された心のままに、人類《じんるい》の幸福《こうふく》と世界平和の推進《すいしん》を、わが事《こと》として、熱心《ねっしん》に取り組んでこられました。世界平和実現《じつげん》のために、各界《かっかい》の指導者《しどうしゃ》たちと広範《こうはん》な交流《こうりゅう》を重《かさ》ね、平和こそが人類の未来に不可《ふか》欠《けつ》であることを訴《うった》えておられます。本当に感動《かんどう》いたします。勇気《ゆうき》づけられます。

新しい世紀《せいき》の「核《かく》」となるものは、先生が広げられている〝平和〟と〝新《あら》たな価値観《かちかん》〟であると思います。

池田　重《かさ》ね重《がさ》ね、大変《たいへん》に恐縮《きょうしゅく》です。ただ私は、恩師《おんし》の心を引《ひ》き継《つ》いで、ひたすらまっすぐに進んでまいりました。大聖人《だいしょうにん》の、また釈尊《しゃくそん》の、そして大乗仏教《だいじょうぶっきょう》の精神《せいしん》のままに行動《こうどう》しようと努《つと》めてまいりました。平和こそ人類《じんるい》の繁栄《はんえい》の基盤《きばん》であり、幸福《こうふく》の礎《いしずえ》です。

アショーカ王は、東南インドの、かつてのカリンガ★9に現存《げんぞん》する法勅《ほうちょく》の第一章に、次のように宣言《せんげん》しています。

「すべての人は私の子である。私は王子《おうじ》のために同様《どうよう》に、〔かれらが〕現世《げんせ》と来世《らいせ》の、すべての利益《りえき》と安楽《あんらく》を得《え》ることを願う。また、私は同じことを、すべての人びとのために願う」（塚本啓祥著『アショーカ王碑文』第三文明社）

民族《みんぞく》や文化の違いを超《こ》えて、同じ人間として、一つの世界に生き、ともどもに幸福を願う――これこそが、アショーカ王の行動《こうどう》を支《ささ》えた人間《にんげん》観《かん》であり、世界観《せかいかん》です。世界市民の哲学《てつがく》といえるでしょう。

チャンドラ　まったく同感《どうかん》です。

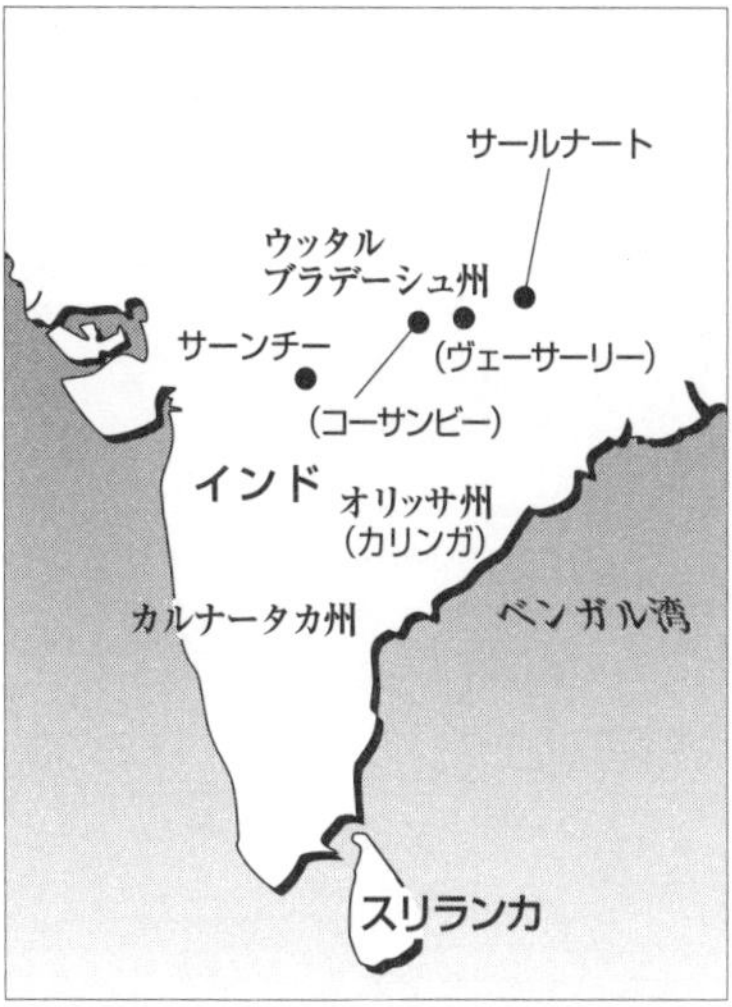

（　）は古名です

ベンガル湾《わん》に沿《そ》うカリンガ地方はアショーカ王が最後《さいご》に征服《せいふく》した国です。それによって、全インドの統一《とういつ》が成《な》し遂《と》げられました。

その征服戦争《せいふくせんそう》は熾烈《しれつ》を極《きわ》め、法勅《ほうちょく》には、〝十万人が捕虜《ほりょ》として移送《いそう》され、十万人がそこで殺され、またその幾倍《いくばい》の人が死んだ〟と記《しる》されています。

アショーカ王はこの事実を強く嘆《なげ》いて、深く反省《はんせい》・懺悔《ざんげ》し、「熱心《ねっしん》な法の遵奉《じゅんぽう》、法に対する愛慕《ぼ》、法の教誨《きょうかい》を行う」ことを宣言《せんげん》しました。

池田　「暴虐《ぼうぎゃく》のアショーカ」から「寛仁《かんじん》なるアショーカ」へ、「悪王」から「大王」への転換《てんかん》です。

チャンドラ　そして社会も、「戦争から平和へ」の大転換《だいてんかん》へ踏《ふ》み出《だ》したのです。法勅《ほうちょく》には、「戦争のドラムは、法のドラムに転《てん》じた」と記《しる》されています。また、「法勅《ほうちょく》」という呼《よ》び名自体《なじたい》も、〝法の実現《じつげん》を希求《ききゅう》するゆえ〟でした。

「法による勝利」こそ最上《さいじょう》の勝利

池田　アショーカ王は、「武力《ぶりょく》による征服《せいふく》」では得《え》られなかった、真《しん》の統一《とういつ》を「法の遵守《じゅんしゅ》」によって勝ち取ろうとしたのですね。

多くの人命《じんめい》を奪《うば》った〝カリンガの地〟に建《た》てられた法勅《ほうちょく》には、「すべての人間」への慈《いつく》しみの心が謳《うた》われています。

しかも、「現世《げんせ》と来世《らいせ》の、すべての利益《りえき》と安楽《あんらく》を得《え》ることを願う」と、〝現実的《げんじってき》な幸福〟とともに〝宗教的な幸福〟を目指《めざ》すことが宣言《せんげん》されています。

すべての人を平等《びょうどう》に、現実的《げんじってき》にも、また宗教的《しゅうきょうてき》、精神的《せいしんてき》にも救済《きゅうさい》しようとする――これこそ、有名《ゆうめい》な「法《ほう》（ダルマ）による勝利《しょうり》（ヴィジャヤ）」です。

チャンドラ　そうです。「武力《ぶりょく》による征服《せいふく》」から「法《ほう》による勝利《しょうり》」になったのです。征服は外部《がいぶ》からの強制《きょうせい》であり、勝利（ヴィジャヤ）は人間自身の内面的《ないめんてき》な勝利です。

一九九九年八月、南インドのカルナータカ州のサナティで、仏塔《ぶっとう》が見つかりました。破損《はそん》はひどかったのですが、かつてその仏塔を荘厳《そうごん》していたと思われる彫刻《ちょうこく》も発見《はっけん》され、そこに王の肖像《しょうぞう》のレリーフと「アショーカ王（ラージャ・アショーカ）」と読める文字《もじ》が刻《きざ》まれていました。

また、これも最近のことですが、オリッサ州でアショーカ王の名を刻印《こくいん》した碑文《ひぶん》が見つかったという報道《ほうどう》がありました。

池田　アショーカ王については、最近でもそのように、多くの発見《はっけん》がなされているのですね。これからもそうでしょう。それほど王は偉大《いだい》な業績《ぎょうせき》を残したということです。また、王の偉大な事跡《じせき》を、過去《かこ》の歴史《れきし》に埋《う》もれさせてはならないでしょう。

仏典《ぶってん》には、「戦場《せんじょう》において百万の敵《てき》に勝つとも、唯一《ただひと》つの自己《じこ》に克《か》つ者こそ、実《じつ》に不敗《ふはい》の勝利《しょうり》者《しゃ》である」（ウダーナヴァルガ、第二十三章、中村元訳）とあります。

「暴虐《ぼうぎゃく》のアショーカ」は「戦場《せんじょう》の勝利者」でしたが、「寛仁《かんじん》なるアショーカ」は、「自己《じこ》の勝利《しょうり》者《しゃ》」であり、人類《じんるい》の歴史《れきし》に燦然《さんぜん》と輝《かがや》く「不敗《ふはい》の勝利者」となったのです。

チャンドラ　その通りです。同感《どうかん》です。ところで、アショーカ王について、日蓮大聖人は、南《なん》条時光《じょうときみつ》という地頭宛《じとうあて》★10の一通《いっつう》の書簡《しょかん》でこう述《の》べていますね。

「インドにアショーカ王という王がいた。一閻浮提《いちえんぶだい》の四分の一を統治《とうち》した」

また、続いて日蓮大聖人は、アショーカ王は、なぜそのような偉大《いだい》な王になったのかについての理由を述べています。

すなわち、過去《かこ》において徳勝《とくしょう》という名の子どもであった時に、深い信《しん》のゆえに砂《すな》の餅《もち》を仏《ほとけ》に供養《くよう》した功徳《くどく》によって、大王として生まれた、と指摘《してき》されています。

日蓮大聖人が例示《れいじ》した信仰《しんこう》深きアショーカ王の姿《すがた》は、幕府《ばくふ》の迫害《はくがい》による困窮《こんきゅう》と、当時の日本を襲《おそ》った深刻《しんこく》な飢饉《ききん》のために、衣食《いしょく》にも事欠《ことか》く状況《じょうきょう》のなかで、大聖人にさまざまな食べ物を供《く》養《よう》した南条時光《なんじょうときみつ》にとって、どれほどの励《はげ》みになったことでしょう。

池田　おっしゃる通りです。日蓮仏法に対する、博士の造詣《ぞうけい》深いご指摘《してき》に感銘《かんめい》いたしました。

「破和合僧《はわごうそう》の聖職者《せいしょくしゃ》を追放《ついほう》せよ！」

池田　サーンチーやサールナートには、アショーカ王が建立《こんりゅう》した石柱《せきちゅう》が残っています。
そこには、★11「小石柱《しょうせきちゅう》　法勅《ほうちょく》」と呼《よ》びならわされている法勅が刻《きざ》まれています。
破損《はそん》の度合《どあ》いなどの違いによって、判読《はんどく》されている文は少し異《こと》なりますが、大体《だいたい》、同趣旨《どうしゅし》です。

サーンチーの石柱《せきちゅう》には、こうあります。

「王子《おうじ》・曽孫《そうそん》が〔統治《とうち》する限《かぎ》り〕、日月が〔輝《かがや》く限り〕、比丘《びく》あるいは比丘尼《びくに》の和合《わごう》が命《めい》じられた。比丘あるいは比丘尼にして★12僧伽《そうぎゃ》を破《わか》つものは、白衣《びゃくえ》を着《き》せしめて、住処《じゅうしょ》(精舎《しょうじゃ》)でない所に、住《じゅう》せしめなければならない。なぜならば、私の願うところは、和合《わごう》した僧伽《そうぎゃ》を永続《えいぞく》せしめることであるから」（前出『アショーカ王碑文』）

また、サールナートにある碑文《ひぶん》には、続けてこう刻《きざ》まれています。

「これと同じ法勅《ほうちょく》の写《うつ》し一通《いっつう》を、役所《やくしょ》に預《あずか》って、卿等《けいら》のてもとに保管《ほかん》しなければならない。また、これと同じ法勅の写し一通を、★13優婆塞《うばそく》のてもとに保管しなければならない。そこでまた、これらの優婆塞は★14布薩《ふさつ》日《び》毎《ごと》に規則正《きそくただ》しく、この教勅《きょうちょく》〔が実行《じっこう》されているか〕を確認《かくにん》するために、

〔布薩に〕行かなければならない」（同）

チャンドラ　「白衣《びゃくえ》を着《き》せしめる」とは在家《ざいけ》に戻《もど》すということです。

池田　そうですね。★15破和合僧《はわごうそう》の動きをなす聖職者《せいしょくしゃ》を還俗《げんぞく》させて、追放《ついほう》せよ。そのために、在家《ざいけ》者《しゃ》が聖職者《せいしょくしゃ》を厳《きび》しく監視《かんし》せよ、とアショーカ王は命《めい》じているのです。

一つお伺《うかが》いしたいのですが、王がこのように厳《きび》しく破和合僧《はわごうそう》を戒《いまし》めたのは、どのような理由なのでしょうか。特に、聖職者に対して厳しい戒めとなったのは、なぜでしょうか。

チャンドラ　それはアショーカ王の精神《せいしん》そのものにかかわる問題です。法勅《ほうちょく》からも分かるように、王の統治《とうち》の理念《りねん》は、ダイナミックな有徳《ゆうとく》の行為《こうい》を強調《きょうちょう》するもので、煩瑣《はんさ》な形而上学的問題《けいじじょうがくてきもんだい》をもてあそぶものではありませんでした。

王は、人々に智慧《ちえ》と慈悲《じひ》という聖《せい》なる徳《とく》を付与《ふよ》しようと努《つと》めました。ゆえに、精神的《せいしんてき》、世俗《せぞく》的《てき》を問《と》わず進歩《しんぽ》を妨《さまた》げるような分裂《ぶんれつ》・分派《ぶんぱ》の動きは、決《けっ》して見逃《みのが》すことができなかったのです。仏法者《ぶっぽうしゃ》として尊《とうと》ぶべき、★16三宝《さんぽう》の一つである和合僧団《わごうそうだん》の破壊《はかい》は、人々に聖《せい》なる徳《とく》を与《あた》える発展《はってん》の道を断《た》つ「衰退《すいたい》への道」です。だから、王は破和合僧を厳《きび》しく戒《いまし》め、在家者《ざいけしゃ》に教団分裂《きょうだんぶんれつ》の兆《きざ》しを見逃《みのが》さないように監視《かんし》の権限《けんげん》を与《あた》えたのです。

在家者は、僧侶階級《そうりょかいきゅう》に糧《かて》を供養《くよう》していたので、それだけ発言力《はつげんりょく》があったのです。破和合僧を防《ふせ》ぐことが可能《かのう》だったのです。

「善《ぜん》の勢力」として在家《ざいけ》に期待

池田　だから、分裂《ぶんれつ》を防《ふせ》ぎ、衰退《すいたい》を阻止《そし》する「善《ぜん》の勢力《せいりょく》」として、アショーカ王は在家《ざいけ》に期待《きたい》したのですね。よく分かりました。

さて、よく知られているように、仏教教団《ぶっきょうきょうだん》は「根本分裂《こんぽんぶんれつ》」★17により改革的《かいかくてき》な大衆部《たいしゅうぶ》と保守的《ほしゅてき》な上座部《じょうざぶ》に分裂《ぶんれつ》し、さらに、「枝末分裂《しまつぶんれつ》」★18により多くの部派《ぶは》に分裂しました。スリランカに伝《つた》わる『ディーパ・バンサ（島史《とうし》）』では、部派への分裂が始まったのは、アショーカ王以前として位置《いち》づけられています。

部派の分裂には、いろいろな意見があり、まだ最終確定《さいしゅうかくてい》には至《いた》っていませんね。

チャンドラ　そうですね。パーリ語の律蔵《りつぞう》★19やスリランカの文献《ぶんけん》、漢訳《かんやく》文献など、さまざまな資《し》料《りょう》で記述《きじゅつ》が違います。

池田　歴史《れきし》というのは、そう単純《たんじゅん》なものではありません。一つの出来事《できごと》や事件で、急に教団《きょうだん》が分裂《ぶんれつ》するということはない。

さまざまな見解《けんかい》の違い、さまざまな事件が積《つ》み重《かさ》なり、次第《しだい》に対立《たいりつ》ができてきて、分裂が起きる。

その意味でも、アショーカ王は在家《ざいけ》にしっかりと教団を監視《かんし》するように言ったのですね。

先《さき》ほど博士が言われたように、和合僧《わごうそう》は、三宝《さんぽう》の一つであり、それがあって初《はじ》めて、教えが社会に流れるのですから、絶対《ぜったい》に分裂《ぶんれつ》や抗争《こうそう》は避《さ》けねばなりません。

チャンドラ　そうです。教団分裂《きょうだんぶんれつ》の危機《きき》はいつもありました。律蔵大品《りつぞうだいほん》（第十章）の記述《きじゅつ》によれば、釈尊在世《しゃくそんざいせ》でも、コーサンビーという地域《ちいき》の出家者《しゅっけしゃ》たちが、教団の和合《わごう》を脅《おびや》かしました。その破和合僧《はわごうそう》の動きは結局《けっきょく》、潰《つい》えましたが。

池田　コーサンビーにも、〝破和合僧《はわごうそう》を企《くわだ》てる出家《しゅっけ》を、在家《ざいけ》が監視《かんし》せよ〟というアショーカ王の碑文《ひぶん》がありますね。

チャンドラ　そうです。しかし、釈尊滅後《しゃくそんめつご》、ヴェーサーリーで開かれた第二回[★20]の会議では、ヴァッジ族[★21]の比丘《びく》たちが行《おこな》っていた十事《じゅうじ》[★22]が戒律違反《かいりついはん》であると評定《ひょうてい》され、ヴァッジ族の比丘たちが教団《きょうだん》とたもとを分かったのです。

池田　「根本分裂《ぶんれつ》」に至《いた》るこの事件のあらましは、律蔵《りつぞう》にでてきますね。十事《じゅうじ》というのは、厳格《げんかく》で保守的《ほしゅてき》な人々からみると、逸脱《いつだつ》と考えられた十種の考えです。

ともかく、さまざまな見解《けんかい》の対立《たいりつ》により、釈尊滅後《しゃくそんめつご》百年ぐらいから仏教教団は分裂《ぶんれつ》を始めました。

チャンドラ　そうです。そして、さらに次の一世紀に分裂《ぶんれつ》が進み、やがて大衆部《たいしゅうぶ》には五つの部《ぶ》派《は》、上座部系統《じょうざぶけいとう》には十一の部派ができました。

池田　★23「南伝《なんでん》」の説ですね。★23「北伝《ほくでん》」では大衆部系統《たいしゅうぶけいとう》に九つ、上座部《じょうざぶ》系統に十一の部派《ぶは》を挙《あ》げています。

チャンドラ　いずれにしろ、アショーカ王は固《かた》い決意《けつい》で教団破壊《きょうだんはかい》の企《くわだ》てを阻《はば》もうとしました。仏教教団が発展《はってん》するにつれて、さまざまな色合《いろあ》いの人が出家《しゅっけ》しました。

それにともなって、先《さき》ほど、池田先生が言われたように、さまざまな考え方の違いが表面化《ひょうめんか》し、律《りつ》の条文《じょうぶん》に規定《きてい》されているほど厳密《げんみつ》には、戒律《かいりつ》を順守《じゅんしゅ》することもできなくなりました。

池田　それはある意味《いみ》では無理《むり》からぬことであり、教団《きょうだん》の広まりという意味からは認《みと》められることです。

不殺生戒《ふせっしょうかい》などは、どんなに時代が変わっても、地域《ちいき》がどこであっても、絶対《ぜったい》に守り抜《ぬ》かねばならない戒《かい》です。

しかし、例《たと》えば、インドの暑《あつ》い地域《ちいき》で規定《きてい》された衣服に関しての戒律《かいりつ》は、寒《さむ》いヒマラヤ地方などでは、非人間的《ひにんげんてき》なものとなるでしょう。

宗教の教義《きょうぎ》も、戒律《かいりつ》にしても、人を幸福《こうふく》にするためにあるのです。人間の幸福のための教えであり、戒律です。それが、杓子定規《しゃくしじょうぎ》に戒律の文に固執《こしつ》しては、その文の心を失ってしまいます。

チャンドラ　おっしゃる通りです。だからこそ、和合僧《わごうそう》、すなわち教団《きょうだん》の団結《だんけつ》が大切なのです。和合僧のなかで、法（ダルマ）の尊厳《そんげん》が維持《いじ》されることが必要なのです。ゆえに、アショーカ王は、教団の和合《わごう》が守られているかどうかを在家者《ざいけしゃ》に監視《かんし》させたのです。

各地に仏法の伝道師《でんどうし》を派遣《はけん》

池田　アショーカ王碑文《ひぶん》にあるように、王は暴力《ぼうりょく》による支配《しはい》を捨《す》てて、法（ダルマ）の宣布《せんぷ》を行《おこな》ったと言われます。南方《なんぽう》と北方《ほっぽう》の伝承《でんしょう》には少し違いがありますが、アショーカ王の時代に、ガンダーラ、ヨーナローカ（ギリシャ人の住むところ）、ヒマラヤ地方、スリランカなど、各地に仏法の伝道師《でんどうし》が派遣《はけん》されたのは事実です。この時、仏教は大きな広がりをもったのです。この「法《ほう》の宣布《せんぷ》」は決《けっ》して、王権《おうけん》という世俗的権力《せぞくてきけんりょく》による「宗教の強制《きょうせい》」ではありませんでした。ブッダ自身《じしん》も弟子《でし》たちに「人々の幸福のために伝道《でんどう》せよ！」と強く勧《すす》めています。伝道、布教《ふきょう》は生きた宗教の生命線《せいめいせん》です。それは勢力《せいりょく》の拡大《かくだい》ではなく、一人でも多くの人に価値《かち》ある人生を送ってもらいたいとの悲願《ひがん》からでたものです。アショーカ王の「法の宣布」もおなじものだったでしょう。

チャンドラ　ウッタル・プラデーシュ州のカールシーにある法勅《ほうちょく》の第十三章には、シリアのアンティオコス二世、エジプトのプトレマイオス二世フィラデルフォス、マケドニアのアンティゴノス二世ゴナタス、キュレネ王マガス、コリントス王アレクサンドロスなどの諸王《しょおう》の領土《りょうど》に、法《ほう》(ダルマ)が流布《るふ》していったことが記《しる》されています。南方《なんぽう》はスリランカまで、王は法を弘《ひろ》めました。

今、池田先生が言われたように、彼の法が広まったのは、武力《ぶりょく》などのゆえにではなく、彼の法が人類《じんるい》に普遍的《ふへんてき》な価値《かち》をもっていたからです。だから、誰《だれ》にでも共有《きょうゆう》できたのです。

池田　まったく同感《どうかん》です。「法《ほう》の宣布《せんぷ》」は、理想的《りそうてき》な人間としての生き方、政治のあり方を、全世界に向けて宣言《せんげん》し、その考え方を弘《ひろ》めようとしたものといえましょう。それゆえに、博士が今おっしゃったように、普遍性《ふへんせい》を有《ゆう》することができたのです。

王によって各地《かくち》に派遣《はけん》された人々は、在家《ざいけ》の人々であり、王の官吏《かんり》たちでした。もちろん、その基盤《きばん》には王自身《じしん》が信仰《しんこう》していた仏教が存在《そんざい》していました。

チャンドラ　おっしゃる通りです。彼にとっての法《ほう》(ダルマ)とは、年長者《ねんちょうしゃ》を敬《うやま》うこと、朋友《ほうゆう》と親戚《しんせき》への礼儀《れいぎ》、揺《ゆ》るぎなき信仰《しんこう》、すべての宗教の尊重《そんちょう》、自制《じせい》、公正《こうせい》と親切《しんせつ》です。人間関係のなかで、人が果《は》たすべき義務《ぎむ》のことです。

池田　[★24]「七章 石柱 法勅《しちしょうせきちゅうほうちょく》」の第二章によれば、「法《ほう》」とは善《ぜん》であり、煩悩《ぼんのう》が少なく、善なる行為《こうい》が多いことであり、愛情《あいじょう》であり、施《ほどこ》しであり、真実《しんじつ》であり、清浄《せいじょう》であるとされます。

これらは、もちろん深い仏教への信仰《しんこう》に基《もと》づくものとはいえるでしょうが、広い意味で人間として正しいことを行うことという意味でしょう。

チャンドラ　アショーカ王の没後《ぼつご》、仏教はやがて中国、朝鮮《ちょうせん》、そして日本へと伝播《でんぱ》していきました。中国は新《あら》たに流入《りゅうにゅう》する精神文化《せいしんぶんか》によって豊《ゆた》かさを増《ま》していきました。「夷狄《いてき》」と「中華《ちゅうか》」という思想《しそう》も変化《へんか》しました。

仏教の説く、多様《たよう》な理想世界《りそうせかい》、仏教哲学《てつがく》の精緻《せいち》さと非常《ひじょう》に抽象化《ちゅうしょうか》された哲学概念《てつがくがいねん》、そして社会のあらゆる部分を調和《ちょうわ》させる社会的価値観《しゃかいてきかちかん》など、思想面《しそうめん》と生活面での多くの新しい様式《ようしき》は、東アジアの人々の精神《せいしん》に一つの新《あら》たな世界観《せかいかん》をもたらしたのです。

文化創造の源泉《げんせん》として各地に伝播《でんぱ》

池田　仏教《ぶっきょう》は、アジアの各地域《かくちいき》に大きな精神文化《せいしんぶんか》の花を咲《さ》かせました。仏教は、文化の創造《そうぞう》を伝播《でんぱ》していったのです。

チャンドラ　先ほども触《ふ》れましたが、アショーカ王は、スリランカにも伝道使節《でんどうしせつ》を派遣《はけん》しました。

また各地《かくち》の伝承《でんしょう》によれば、スヴァルナブフーミ（黄金《おうごん》の大地）として知られる東南アジア各地にも、伝道使節を派遣しました。
　これらの地域の部族的習俗《ぶぞくてきしゅうぞく》は、仏教の影響《えいきょう》を受け、発達《はったつ》した形態《けいたい》へと変化《へんか》しました。そして、宗教、文化、文明の豊《ゆた》かな発達をみたのです。
　仏教は、哲学思想《てつがくしそう》の母体《ぼたい》となり、芸術《げいじゅつ》と詩歌《しいか》にあらゆる影響《えいきょう》を及《およ》ぼし、これらの影響は以後《いご》二千年間にわたり、無数《むすう》の人々の知的《ちてき》・精神的《せいしんてき》生活を決定《けってい》づけています。

池田　おっしゃる通りです。「南伝《なんでん》」にせよ、「北伝《ほくでん》」にせよ、多くの人によって伝えられた仏教は、民族《みんぞく》や文化の違いを超《こ》えて人々の精神《せいしん》の深層《しんそう》に浸透《しんとう》していき、その地域《ちいき》の文化的創造力《ぶんかてきそうぞうりょく》を開花《かいか》させていきました。
　私も、タイなど、この地域《ちいき》の国々を何度も訪問《ほうもん》しましたが、礼節《れいせつ》を尊《とうと》ぶことや質素《しっそ》な生活態《せいかつたい》度《ど》など、仏教の精神《せいしん》が人々の生活の根本《こんぽん》にまで影響《えいきょう》を及ぼしていることに、感銘《かんめい》しました。

チャンドラ　仏教は、途方《とほう》もなく巨大《きょだい》な文化の源泉《げんせん》となったのです。そして、アショーカ王は、その偉大《いだい》な運動の先駆《さきが》けとなったのです。その運動は、池田先生の生命のなかで、未来《みらい》の新《あら》たなイメージとして再《ふたた》び蘇《よみがえ》ったのです。
　アショーカ王は、仏教のなかにヒューマニズムをもたらし、仏教は宗教の枠《わく》をも超《こ》えたのです。王のメッセージは人類愛《じんるいあい》となったのです。

池田　私のことはともかく、まことに鋭《するど》い洞察《どうさつ》です。狭《せま》い「宗教」的な価値《かち》だけでは、対立《たいりつ》の原因《げんいん》となる場合があります。
真《しん》の宗教的価値は、文化や教育など多元的《たげんてき》な精神《せいしん》の領域《りょういき》を潤《うるお》すものです。
アショーカ王は、偉大《いだい》な精神の営《いとな》みとしての仏教という視座《しざ》を私たちに与《あた》えてくれているのです。
チャンドラ　まさに、日蓮大聖人の伝統《でんとう》を真《しん》に継承《けいしょう》する池田先生の「創価《そうか》」とは、革新《かくしん》を通じての精神的向上《せいしんてきこうじょう》ということでしょう。
池田　深いご理解《りかい》に感謝《かんしゃ》します。
チャンドラ　何千年にもわたり伏流水《ふくりゅうすい》として流れてきたアショーカ王の見えざる地下水脈《ちかすいみゃく》から、希望《きぼう》の泉《いずみ》がわき出てきて、池田先生の思想《しそう》を通じて、人類《じんるい》を潤《うるお》すのです。
未来において、人類の心は、池田先生の智慧《ちえ》の泉《いずみ》から流れ出る、「精神《せいしん》の内《うち》なるきらめき」によって荘厳《そうごん》されるに違《ちが》いありません。
池田　恐縮《きょうしゅく》です。その信念《しんねん》で、これからも平和のため、文化のため、人類《じんるい》のために闘《たたか》い続けることを誓《ちか》います。

注

1　**マウリヤ王朝**　古代インドのマガダ国を支配《しはい》した王朝《おうちょう》(前三一七年~前一八〇年ごろ)。首都《しゅと》はパータリプトラ。チャンドラグプタが建国《けんこく》。第三代アショーカ王（生没年不明《せいぼつねんふめい》。在位《ざいい》は前二六八年ごろ~前二三二年ごろとされる）の時代に最盛期《さいせいき》を迎《むか》え、インド史上最初《しじょうさいしょ》の統一国家《とういっこっか》を築いた。

2　**セレウコス朝**　アレキサンダー大王の武将《ぶしょう》であったセレウコスが建国《けんこく》した王朝《おうちょう》（前三一二年~前六四年ごろ）。インダス川から地中海《ちちゅうかい》までの広い地域《ちいき》を支配下《しはいか》に置き、ヘレニズム国家のなかで最大の版図《はんと》を誇《ほこ》った。首都《しゅと》はアンティオキア（トルコ南部の都市）。

3　**転輪聖王阿育王**　「転輪聖王《てんりんじょうおう》」は全世界を統治《とうち》するとされる理想《りそう》の王。阿育王《あいくおう》は古代インドの賢《けん》王《おう》アショーカ王のこと。

4　**法勅**　アショーカ王の信条《しんじょう》や業績《ぎょうせき》を銘刻《めいこく》した碑文《ひぶん》で、その形態《けいたい》や内容によって①十四章摩崖法《まがいほう》勅《ちょく》、②小摩崖法勅、③七章石柱《せきちゅう》法勅、④小石柱法勅、など数種に分けられている。

5　**アラム語**　西南アジアのセム語系の言語《げんご》で、アラム人の貿易活動《ぼうえきかつどう》などによって、前九世紀には地中海《ちちゅうかい》東部からシルクロード一帯《いったい》で広く用いられた。

6　**コイネー**　ヘレニズム時代に諸方言《しょほうげん》が混《ま》ざってできたギリシャ語の共通語《きょうつうご》。「コイネー」は「共通の」という意。

7　**七十人訳**　「セプトゥアギンタ」の原意は「七十」。一説には、旧約聖書《きゅうやくせいしょ》の訳業《やくぎょう》に七十二人の学者が当たったとの伝説《でんせつ》に由来《ゆらい》するとされている。

8　**鳩摩羅什**　(三四四年~四一三年)。生没年《せいぼつねん》については三五〇年~四〇九年とする説もある。中央アジアの亀茲国《きじこく》の生まれ。七歳の時、母とともに出家《しゅつけ》し、諸国を遊歴《ゆうれき》して仏法を学び、中国の長《ちょう》安《あん》で「妙法蓮華経」など多くの経典《きょうてん》を漢訳《かんやく》した。

9 **カリンガ**　インド東南部、ベンガル湾《わん》に沿った海岸地方に位置していた国で、現在のオリッサ州の大部分とマドラス州北部を含んだ地域に相当する。

10 **一通の書簡**　「上野殿御返事《うえのどのごへんじ》」（建治《けんじ》四年二月二十五日）のこと。「月氏《がっし》に阿育大王《あそかだいおう》と申《もう》す王をはしき、一閻浮提《いちえんぶだい》四分の一を・たなごころ《掌》ににぎり《握》……」（一五四四ジペ）と認《したた》められている。

11 **小石柱法勅**　小石柱《しょうせきちゅう》に刻《きざ》まれたアショーカ王の法勅《ほうちょく》。釈尊の初転法輪《しょてんぽうりん》の地であるサールナート、釈尊の誕生《たんじょう》の地であるネパールのルンビニー、アフガニスタンのラグマーンなど数カ所で発見されている。僧伽《そうぎゃ》（和合僧《わごうそう》）を破《やぶ》ってはいけないことなどが教示《きょうじ》されている。

12 **僧伽**　梵語《ぼんご》「サンガ」の音写《おんしゃ》。仏道修行《ぶつどうしゅぎょう》をする人々の集団。

13 **優婆塞**　仏教を信ずる在家《ざいけ》の男性のこと。

14 **布薩日**　「布薩《ふさつ》」は梵語《ぼんご》「ウパヴァサタ」の音写《おんしゃ》。半月ごとに同一地域内《ちいきない》の僧が集まり、互《たが》いに自己反省《じこはんせい》をして罪過《ざいか》を告白《こくはく》し、懺悔《ざんげ》を行う儀式《ぎしき》。「布薩日」は「布薩」が行われる日。

15 **破和合僧**　五逆罪《ごぎゃくざい》の一つで「和合僧《わごうそう》を破《は》す」と読む。「和合僧」とは仏道修行《ぶつどうしゅぎょう》に励《はげ》み、仏法を流《る》布《ふ》する人々の集まりのこと。

16 **三宝**　仏教徒《ぶっきょうと》が敬《うやま》うべき三つの宝《たから》。仏宝《ぶっぽう》・法宝《ほうぼう》・僧宝《そうほう》をいう。ここでいう「僧」とは、「僧伽《そうぎゃ》」「和合僧《わごうそう》」を意味する。

17 **根本分裂**　釈尊滅後《しゃくそんめつご》、戒律《かいりつ》を厳密《げんみつ》に解釈《かいしゃく》し、変更《へんこう》は許《ゆる》されないとする長老派《ちょうろうは》と、時代・社会の変化《へんか》とともに変わるべきだとする進歩派《しんぽは》が対立《たいりつ》し、第二回仏典結集《ぶってんけつじゅう》の後に分裂《ぶんれつ》したこと。

18 **枝末分裂**　前記《ぜんき》の「根本分裂《こんぽんぶんれつ》」の後に長老派《ちょうろうは》（上座部《じょうざぶ》）と進歩派《しんぽは》（大衆部《だいしゅうぶ》）の両派からさらに

多くの分派《ぶんぱ》が生じたこと。

19　律蔵　釈尊《しゃくそん》が説いた修行上《しゅぎょうじょう》の戒律《かいりつ》を集めた仏典《ぶってん》のこと。法理《ほうり》を集めたものは「経蔵《きょうぞう》」という。

20　第二回の会議　第二回仏典結集《ぶってんけつじゅう》のこと。釈尊滅後《しゃくそんめつご》、百年ごろにヴェーサーリーの重閣講堂《じゅうかくこうどう》で、仏典結集のための会議が開かれたことが多くの経典《きょうてん》に書き残されている。第一回は、釈尊入滅後、直《ただ》ちに行われている。

21　ヴァッジ　古代インドの十六大国の一つで、中インドの北部、ガンジス川の北にあった。ヴァッジ族など八つの部族《ぶぞく》からなる連合国家。共和政治を行い、商工業が盛んであった。

22　十事　仏教教団の分裂《ぶんれつ》の原因となったとされる戒律《かいりつ》に関する十種の考え方。その内容は諸説《しょせつ》あるが、食に関する制限《せいげん》や、金銀の蓄積《ちくせき》など、それまでの戒律を緩《ゆる》めたものとなっている。

23　南伝・北伝　仏教が、インドから南のスリランカに伝《つた》えられ、ビルマ、タイなど東南アジア方面に広《ひろ》まったものを「南伝《なんでん》」といい、インドから、北方の西域《せいいき》地方を経《へ》て、中国、チベット、日本へ伝《つた》わったものを「北伝《ほくでん》」という。

24　七章石柱法勅　全部で七章の法勅《ほうちょく》が刻《きざ》まれているもので、インドのデリーや、アフガニスタン南部のカンダハールにある。

第六章　ミリンダ王と大乗仏教

仏教とギリシャ思想《しそう》との出合《であ》い

池田　博士《はくし》との哲学対話《てつがくたいわ》も「アショーカ」を語《かた》り終《お》えて、いよいよ大乗仏教《だいじようぶつきよう》へと進んできました。

私は、これまで仏法者《ぶつぽうしゃ》として、大乗仏教の根本精神《こんぽんせいしん》に立ちつつ、ヒンズー教、キリスト教、イスラム教、ユダヤ教、儒教《じゆきよう》、道教《どうきよう》などの思想的基盤《しそうてききばん》をもつ東西《とうざい》の幾多《いくた》の「賢人《けんじん》」と語り合ってきました。博士も、そのお一人であり、「賢人《けんじん》」のなかの「賢人」であると深く尊敬《そんけい》しております。

さて、「賢人の対話《たいわ》」といえば、人類史上《じんるいしじよう》、初《はじ》めて東西《とうざい》の思想《しそう》、文明――東の仏教と西のギリシャ思想――が邂逅《かいこう》した「ミリンダ王[★1]とナーガセーナ[★2]との対話」を語《かた》らずにはいられません。

チャンドラ　私にとっても、大変《たいへん》に興味深《きようみぶか》いテーマです。

池田　そこで、この「対話《たいわ》」が行われた時代背景《はいけい》をたどっておきますと、釈尊滅後《しやくそんめつご》百年ごろ、アショーカ王の治世《ちせい》より少し前の時代と思われますが、仏教教団《ぶつきようきようだん》は、大きく二つに分《わ》かれます。前回、触《ふ》れましたが、いわゆる「根本分裂《こんぽんぶんれつ》」といわれるものです。

そして、その後百年から二百年の間に「枝末分裂《しまつぶんれつ》」と称《しよう》される分裂が進み、多くの部派《ぶは》に分

ミリンダ王の肖像《しょうぞう》が描かれた貨幣《かへい》（『バクトリア王国の興亡《こうぼう》』前田耕作著、第三文明社刊）

かれていきます。

この分裂の時期《じき》などについて諸説《しょせつ》があることも、前回、触れましたが、ここでは「北伝《ほくでん》」の説に従《したが》って述《の》べたいと思います。

この「枝末分裂《しまつぶんれつ》」が進んでいた時代、すなわち紀元前《きげんぜん》二世紀の中ごろに、ギリシャ人の哲人王《てつじんおう》・メナンドロスと、仏教の修行者《しゅぎょうしゃ》・ナーガセーナの哲学対話《てつがくたいわ》がありました。

このメナンドロスが、サンスクリットで「ミリンダ」と表記《ひょうき》されている王で、対話の模様《もよう》は、西暦紀元《せいれきき》前後に「ミリンダ王の問い」という題名《だいめい》でまとめられ、仏教聖典《せいてん》として今日《こんにち》に伝《つた》わっています。

ミリンダは、ギリシャの神々《かみがみ》を信奉《しんぽう》し、ギリシャの哲学の素養《そよう》を身につけていたと思われます。彼は智慧《ちえ》を愛し探究《たんきゅう》するという★3「フィロソフィア」（哲学《てつがく》）の心から、しばしば仏教徒《ぶっきょうと》に深い疑問《ぎもん》を投げかけ、真剣《しんけん》な議論《ぎろん》をしていたようです。

ミリンダの哲学対話《てつがくたいわ》は、文明間《ぶんめいかん》の対話の先駆《せんく》として、極《きわ》めて興《きょう》味深《みぶか》いものです。

チャンドラ　インド古来《こらい》の伝統《でんとう》においては、哲学的対話《てつがくてきたいわ》は、教師《きょうし》と生徒《せいと》、すなわち師弟《してい》の間で行われていました。

池田　伝統的《でんとうてき》対話では、母鳥《ははどり》が雛《ひな》に餌《えさ》を運ぶように、師が弟子《でし》に思想《しそう》をもたらすのです。

チャンドラ　師匠《ししょう》と弟子《でし》の人格《じんかく》が触《ふ》れ合う、直接的《ちょくせつてき》な「対話《たいわ》」ですね。

チャンドラ　そうです。しかも、師《し》は、思想《しそう》そのものを教えるのではなく、思想へと導《みちび》くのです。

また、弟子《でし》が師の思想の何を受け入れるかは、弟子次第《しだい》です。弟子にとって分からないところがあると、師に質問《しつもん》するのです。

池田　できあがった思想《しそう》を伝《つた》えるのではなく、思想へと至《いた》る道を示し、その道をたどらせる。ソクラテスの対話法である★4〝産婆術《さんばじゅつ》〟にも通じるものです。

釈尊《しゃくそん》に教えを求《もと》めた王たち

チャンドラ　対話《たいわ》は、皮相《ひそう》の言葉《ことば》を超《こ》えることが大事《だいじ》です。

対話を意味する英語「ダイアログ（dialogue）」は、ギリシャ語の「ディアロゴス」が語源《ごげん》です。「言葉《ことば》（ロゴス）を通して（ディア）」ということです。言葉を尽《つ》くして、その向こうにある真理《しんり》の世界へと至《いた》ろうとする、真摯《しんし》な営《いとな》みなのです。
その英知《えいち》の営みが、世俗《せぞく》の権力者《けんりょくしゃ》である王と出家者《しゅっけしゃ》の間で行われた点が、非常《ひじょう》に意義《いぎ》深《ぶか》いと感じます。

池田　私もそう思います。法《ほう》・正義《せいぎ》のもとに、万人《ばんにん》は平等《びょうどう》です。いわんや、対話《たいわ》の場《ば》に、地位《ちい》や権力《けんりょく》などを持ち込んではなりません。
古来《こらい》、インドでは、王《おう》が優《すぐ》れた出家者《しゅっけしゃ》を訪《たず》ねて教えを請《こ》うというのが、礼儀《れいぎ》とされていたようですね。
釈尊《しゃくそん》のもとにも、当時《とうじ》の王たちが、弟子《でし》としての礼《れい》を尽《つ》くして、教えを請いに来ていました。

チャンドラ　そうです。法華経《ほけきょう》にも登場《とうじょう》するマガダ国のアジャータシャトル★5（阿闍世《あじゃせ》）王も、その一人です。

池田　アジャータシャトル王は、隣国《りんごく》・ヴァッジ連盟《れんめい》を攻《せ》めようと考えた時にも、大臣《だいじん》を釈尊《しゃくそん》のもとに遣《つか》わして、意見《いけん》を聞いています

インド古代略図

ね。その結果《けっか》、アジャータシャトル王は、ヴァッジへの侵攻《しんこう》を踏《ふ》みとどまることになります。

アジャータシャトルの父・ビンビサーラ★6（頻婆舎羅《びんばしゃら》）王も、釈尊に師事《しじ》しました。それから、コーサラ国のプラーセナジット★7（波斯匿《はしのく》）王も有名です。

さてミリンダ王との対話《たいわ》で、ナーガセーナは、〝「王者《おうじゃ》の論《ろん》」ではなく、「賢者《けんじゃ》の論」をしよう〟と呼《よ》びかけています。

「王者《おうじゃ》の論《ろん》」とは、異論《いろん》・反論《はんろん》が出て気《き》に食《く》わなければ、相手《あいて》を罰《ばっ》するものです。

それに対して、「賢者《けんじゃ》の論《ろん》」とは、論題《ろんだい》について解明《かいめい》され、解説《かいせつ》され、また批判《ひはん》・修正《しゅうせい》されるけれども、それに感情《かんじょう》をまじえないものであるとされます。

ナーガセーナは、自他《じた》ともに真理《しんり》をより深く探究《たんきゅう》できること自体《じたい》を喜びとする対話《たいわ》を、要求《ようきゅう》したわけです。これに対し王も、謙虚《けんきょ》に「賢者《けんじゃ》の論」をもって対話することを誓《ちか》っています。

「我《が》」をめぐる「賢者《けんじゃ》の対話《たいわ》」

チャンドラ　ナーガセーナの呼《よ》びかけは、重要《じゅうよう》なことです。対話《たいわ》こそが、地域的《ちいきてき》、文明的《ぶんめいてき》な垣《かき》根《ね》を取り払《はら》う手段《しゅだん》となり、世界的、人類的《じんるいてき》な視野《しや》を与《あた》えてくれるからです。

画一的《かくいつてき》・独善的《どくぜんてき》な「ドグマ（教条《きょうじょう》）の押《お》しつけ」と「対話」は、対極《たいきょく》の関係《かんけい》にあります。対話は民主的《みんしゅてき》であり、ドグマは独裁《どくさい》に通《つう》じます。

池田　その通《とお》りです。一方的《いっぽうてき》に、教条《きょうじょう》を押《お》しつけるのは、人間性《にんげんせい》に反《はん》します。互《たが》いを理解《りかい》し、互いの内に普遍的《ふへんてき》なもの、また共有《きょうゆう》できるものを見いだし、一つひとつ積《つ》み重《かさ》ねていくことが大切《たいせつ》です。

自分と異《こと》なる立場《たちば》の人々を排除《はいじょ》しようとする偏狭《へんきょう》さ――それは新《あら》たなミレニアム（千年紀《せんねんき》）にも持《も》ち越《こ》され、現在《げんざい》も世界のそこここで紛争《ふんそう》を引《ひ》き起《お》こしています。

その克服《こくふく》こそが、二十一世紀初頭《しょとう》の最大《さいだい》の課題《かだい》といえるでしょう。

チャンドラ　悲《かな》しい現実《げんじつ》です。しかし、池田先生が進められている「賢者《けんじゃ》の対話《たいわ》」こそが、新世紀《しんせいき》において、種々《しゅじゅ》の問題を解決《かいけつ》する有効《ゆうこう》な手段《しゅだん》だと考えます。

池田　「ミリンダ王の問《と》い」によると、ナーガセーナは、〝常住不変《じょうじゅうふへん》の実体《じったい》は、ものごとには存在《そんざい》しない〟ことを明《あ》かした、「無我《むが》」という高度《こうど》に哲学的《てつがくてき》な命題《めいだい》を、冒頭《ぼうとう》から論《ろん》じました。そして、王にこうも語りかけています。

「人《ひと》は、自分《じぶん》や他者《たしゃ》に執着《しゅうちゃく》し、生老病死《しょうろうびょうし》から解放《かいほう》されることができないでいます。賢者《けんじゃ》は自己《じこ》や他者《たしゃ》に執着しないのです。涅槃《ねはん》にいたるとは、憂《うれ》い無《な》く、嘆《なげ》き無く、心《こころ》の痛《いた》みを感じることもありません」

自己や他者に執着しないとは、エゴイズムにとらわれないということです。小さなエゴの自《じ》我《が》を乗《の》り越《こ》えて、自他《じた》を包含《ほうがん》する大《おお》いなる境地《きょうち》に立脚《りっきゃく》することです。
「小我《しょうが》」を超《こ》えることが「無我《むが》」であり、この大境涯《だいきょうがい》が開かれれば、憂いも、嘆きも、心の痛みにも一喜《いっき》一憂《いちゆう》することなく、苦楽《くらく》のすべてを悠々《ゆうゆう》と見下《みお》ろしていける〝不動《ふどう》の境地《きょうち》〟となる。涅槃《ねはん》とは、このような大境涯を指《さ》しているのですね。

チャンドラ　そう考えていいと思います。

「幸福《こうふく》の追求《ついきゅう》」に応《こた》える哲学《てつがく》

池田　このようなナーガセーナの応答《おうとう》を見ていますと、深遠《しんえん》な教理《きょうり》を説《と》いていながら、それが「議論《ぎろん》のための議論」「理論《りろん》のための理論」に陥《おちい》っていないことに気づきます。

人を幸福《こうふく》にするための問答《もんどう》、人間を苦《く》から解放《かいほう》するための対話《たいわ》がなされているのです。

それゆえに、ミリンダ王は仏教《ぶっきょう》に帰依《きえ》するところとなったと、経典《きょうてん》は伝《つた》えています。

「幸福」――それが、人間の永遠《えいえん》の課題《かだい》です。

時代・社会とともに、見かけの価値観《かちかん》・幸福観は移《うつ》り変《か》わります。しかし、いずれの時代、いずこの社会にあっても、幸福を追求《ついきゅう》し、価値を創造《そうぞう》しようとの人間の根底《こんてい》の志向《しこう》はゆるぎないものでしょう。

その不変《ふへん》の要請《ようせい》に応《こた》えるものこそ、真《しん》の「フィロソフォイ」★8（哲学者《てつがくしゃ》）であり、真の「ジナ」★9（勝利者《しょうりしゃ》）といえるでしょう。

チャンドラ　そのお考えに、全面的《ぜんめんてき》に賛同《さんどう》します。

どのような時代にも、その時代の中核《ちゅうかく》になる思想《しそう》があります。その時代の生き方があり、その基盤《きばん》となる原理《げんり》があります。

価値観《かちかん》の多様化《たようか》が進む現代世界《げんだいせかい》においては、より高みへと導《みちび》いてくれる優《すぐ》れた思想が求められています。

「方便《ほうべん》」と「智慧《ちえ》」――その両方《りょうほう》が必要《ひつよう》です。この二つが調和《ちょうわ》する時、精神《せいしん》と身体《しんたい》の変革《へんかく》がもたらされるのです。

池田　法華経でも、仏《ほとけ》の特徴《とくちょう》として端的《たんてき》に「方便《ほうべん》、知見波羅蜜《ちけんはらみつ》」（法華経一五四ページ）すなわち〝深い智慧《ちえ》による洞察《どうさつ》（知見）と、教え導《みちび》く手立《てだ》て（方便）の完成《かんせい》〟を挙《あ》げています。

チャンドラ　池田先生の思想《しそう》と行動《こうどう》は、まさにその要請《ようせい》に応《こた》えるものです。仏教に基《もと》づく深い智慧《ちえ》に裏《うら》づけられつつ、民衆《みんしゅう》にも実践可能《じっせんかのう》な具体的《ぐたいてき》な振《ふ》る舞《ま》いを、自《みずか》らの生きる姿《すがた》で示されています。

先人《せんじん》の深い英知《えいち》を、現代人の心に分《わ》かるように、整然《せいぜん》とした思想と行動に翻訳《ほんやく》されています。

池田　あまりにも過分《かぶん》なお言葉です。

さて、先《さき》に述《の》べましたように、「ミリンダ王の問《と》い」が仏教聖典《ぶっきょうせいてん》として成立《せいりつ》したのは、紀元前《きげんぜん》後《ご》とされています。ちょうど大乗《だいじょう》仏教が興《おこ》ってきた時期《じき》です。

「ミリンダ王の問い」のなかにも、大乗仏教的な特色《とくしょく》が現《あらわ》れてきています。その一例《いちれい》を挙《あ》げてみましょう。

王は問います。

「仏《ほとけ》はすべてを知っているのに、なぜそれを一時に弟子《でし》たちに説かないのか」と。

ナーガセーナは答《こた》えます。

「名医《めいい》がすべての薬《くすり》の効能《こうのう》を知っていても、すべての薬を一人の病人《びょうにん》に与《あた》えないように、仏もその人の機根《きこん》に応《おう》じて、教えを説くのである」と。

この問答《もんどう》は、「法華経《ほけきょう》」で説《と》かれる「方便《ほうべん》」(ウパーヤ・カウシャルヤ＝巧《たく》みな手立《てだ》て)の思想《しそう》に類似《るいじ》しています。このやりとりは、「対話《たいわ》の名手《めいしゅ》」であった釈尊《しゃくそん》の姿《すがた》を彷彿《ほうふつ》させます。

釈尊在世《ざいせ》の時代と、大乗仏典《だいじょうぶってん》が登場《とうじょう》する時代との間《あいだ》には、数世紀《すうせいき》のへだたりが横《よこ》たわっていますしかし、その二つを結《むす》び、さらに未来《みらい》へと続《つづ》く一本《いっぽん》の「精神《せいしん》の大道《たいどう》」がつながっています。

その途上《とじょう》に、「開かれた対話《たいわ》」「生きた言葉《ことば》」で万人《ばんにん》を救《すく》おうとした釈尊の精神に続く、権威《けんい》・権力《けんりょく》を恐《おそ》れぬ、ナーガセーナのような仏法実践者《ぶっぽうじっせんしゃ》がいたに違《ちが》いありません。

「人間《にんげん》主義《しゅぎ》」こそ仏法《ぶっぽう》の原点《げんてん》

チャンドラ　私は、仏教《ぶっきょう》の永遠性《えいえんせい》を人類《じんるい》の未来《みらい》と関連《かんれん》づける、池田先生の仏教解釈《かいしゃく》に深い感銘《かんめい》を受けてきました。

釈尊《しゃくそん》は、「人間」に最大《さいだい》の関心《かんしん》をもっていたと思います。

涅槃《ねはん》を迎《むか》えるにあたり、釈尊は弟子《でし》に言い残《のこ》します。

★10「汝自身《なんじじしん》を島《しま》（よりどころ）とせよ」と。

それは、神聖《しんせい》な至高《しこう》の存在《そんざい》からの命令《めいれい》ではなく、人間自身《じしん》の内面《ないめん》から発《はっ》するものに、最大《さいだい》の価値《かち》を見いだした者の言葉《ことば》です。

釈尊は、人間を世界の中心《ちゅうしん》に位置《いち》づけた、人類《じんるい》の精神《せいしん》の先駆者《せんくしゃ》である、と私は考えます。そして、この「人間主義《にんげんしゅぎ》」こそ、仏教の重要《じゅうよう》な特質《とくしつ》の一つであると信じます。

池田　私も同感《どうかん》です。ＳＧＩの「人間主義《にんげんしゅぎ》」の思想的《しそうてき》基盤《きばん》も、そこにあります。

しかし、釈尊《しゃくそん》の滅後《めつご》、弟子《でし》たちは釈尊の「人間主義」を見失《みうしな》っていきました。

彼らは、釈尊の教えを整理《せいり》しました。教えの全体像《ぜんたいぞう》を知り、さまざまな教理《きょうり》の相互《そうご》の関係《かんけい》を理解《りかい》する点で、それは必要《ひつよう》なことでしたが、その時、出家者《しゅっけしゃ》を中心《ちゅうしん》とした編集者《へんしゅうしゃ》たちが、整理のために理論上《りろんじょう》つくりあげた分類項目《ぶんるいこうもく》を、やがて実体視《じったいし》するようになっていったのです。

いわゆる部派仏教《★11ぶはぶっきょう》の多くが、理論分析《りろんぶんせき》に専念《せんねん》するようになっていきました。

そこには、大きな落《お》とし穴《あな》がひそんでいました。つまり、「仏《ほとけ》」をも〝分析《ぶんせき》の対象《たいしょう》〟にしてしまったのです。

チャンドラ　その結果《けっか》、〝人間〟釈尊《しゃくそん》を神格化《しんかくか》していくことになりました。

池田　そうですね。

釈尊《しゃくそん》の在世《ざいせ》、その教えは、釈尊その人の生《い》き方《かた》を通《とお》して、弟子《でし》たちの心に刻《きざ》まれていきました。

その姿《すがた》を心に刻んだ人々は「いかにして、私もあの偉大《いだい》な人のように生きることができるのか」と、自身の生き方の問題《もんだい》としてとらえることができていました。

ところが、部派仏教《ぶはぶっきょう》は、仏《ほとけ》が到達《とうたつ》した境地《きょうち》を理論的分析《りろんてきぶんせき》の対象《たいしょう》とし、また、それに至《いた》る過程《かてい》を細分化《さいぶんか》し、段階的《だんかいてき》にとらえて実体化《じったいか》・定式化《ていしきか》し、硬直化《こうちょくか》させていったのです。

菩薩《ぼさつ》の叫《さけ》び——釈尊《しゃくそん》に帰《かえ》れ！

チャンドラ　確《たし》かに、部派仏教《ぶはぶっきょう》の哲学《てつがく》は精緻《せいち》を極《きわ》めています。しかし、民衆《みんしゅう》から遊離《ゆうり》したものになったことは否《いな》めません。

理解《りかい》の便宜上《べんぎじょう》、仮《かり》につくりあげた概念《がいねん》を実体視《じったいし》し、それにとらわれている部派の思想《しそう》を打《う》ち破《やぶ》るために、大乗《だいじょう》仏教で強調《きょうちょう》されたのが、「空《くう》」の思想です。


池田　「空《くう》」の思想《しそう》は、煩瑣《はんさ》な議論《ぎろん》で袋小路《ふくろこうじ》に陥《おちい》りつつあった部派《ぶは》の思想を、根本的《こんぽんてき》に打《う》ち破《やぶ》るものでした。

あらゆるものごとには、固定的実体《こていてきじったい》などなく、常《つね》に豊《ゆた》かな可能性《かのうせい》に満《み》ちており、その点において、平等《びょうどう》である――「空」の思想は、こう教えています。

これは、仏《ほとけ》は仏、凡夫《ぼんぷ》は凡夫という固定的な見方《みかた》を打ち破る理論的基盤《りろんてききばん》でもあります。

ブッダ（仏）が指《さ》し示《しめ》したのは、救済《きゅうさい》の道です。

部派仏教の学者たちは、生きた仏の人格《じんかく》と思想を解剖《かいぼう》・分析《ぶんせき》することによって、その精神を殺してしまったきらいが否《いな》めません。

このような傾向《けいこう》に対して、もう一度、〝釈尊《しゃくそん》に帰《かえ》れ！〟と主張《しゅちょう》して登場《とうじょう》したのが大乗仏教《だいじょうぶっきょう》でした。

チャンドラ　そうです。その通《とお》りです。大乗仏教《だいじょうぶっきょう》は、まさしく〝釈尊《しゃくそん》の本質《ほんしつ》に迫《せま》れ！〟〝釈尊が生きたように生きよ！〟という運動です。そこから大乗の[★12]〝仏身観《ぶっしんかん》〟が生まれ、[★13]〝波羅蜜《はらみつ》〟を特《とく》徴《ちょう》とする大乗の菩薩道《ぼさつどう》が生まれました。

池田　大乗仏教《だいじようぶつきよう》では、仏弟子《ぶつでし》の自分たちを「菩薩《ぼさつ》」★14と位置《いち》づけました。

部派仏教《ぶはぶつきよう》では、「菩薩」とは釈尊《しやくそん》の前世《ぜんせ》の姿《すがた》を指《さ》す言葉《ことば》です。偉大《いだい》な師・釈尊の記憶《きおく》を伝承《でんしよう》する教団《きようだん》では、その偉大さを畏敬《いけい》し、稀有《けう》のものとしてとらえていました。

ところが、稀有の存在《そんざい》という位置《いち》づけが硬直化《こうちよくか》して、劣《おと》った自分たちは到底《とうてい》、仏《ほとけ》には成《な》れない、と思うようになったのでしょうか。自分たちを菩薩と呼《よ》ぶことを避《さ》けていたようです。

そこには、謙虚《けんきよ》なようで、実《じつ》は〝自分たちは所詮《しよせん》、偉大《いだい》な師とは違《ちが》う〟という「卑屈《ひくつ》さ」があり、〝万人《ばんにん》を自分と同じ境地《きようち》に立たせたい〟と願《ねが》う釈尊の心を無視《むし》する「慢心《まんしん》」すら、うかがえます。

これに対して、〝自分たちはまだ未熟《みじゆく》だが、将来《しようらい》、釈尊と同じ仏に成る菩薩である〟ととらえる人々がいました。

〝いかなる困難《こんなん》があろうとも、釈尊の歩《あゆ》んだ道を自分も歩もう！〟と決意《けつい》し、誓願《せいがん》した人々です。それが、大乗《だいじよう》の菩薩道《ぼさつどう》を主張《しゆちよう》した人々です。

チャンドラ　その通《とお》りです。そして、仏《ほとけ》という目標《もくひよう》の完成《かんせい》への実践《じつせん》である〝波羅蜜《はらみつ》の修行《しゆぎよう》〟に励《はげ》むのです。

その際《さい》、自身《じしん》の向上《こうじよう》よりもなお、皆《みな》の幸福《こうふく》を願《ねが》う利他《りた》の精神《せいしん》が優先《ゆうせん》されます。

釈尊《しゃくそん》の原点《げんてん》への回帰《かいき》

池田　大乗《だいじょう》の人々は、釈尊《しゃくそん》の原点《げんてん》に立《た》ち返《かえ》りました。生き生きとして、幸福《こうふく》への軌道《きどう》に民衆《みんしゅう》を導《みちび》いた釈尊の精神《せいしん》のルネサンス（再生《さいせい》、復興《ふっこう》）を図《はか》ったのです。

そして、原点としての釈尊へ立ち返ろうとした彼らの追究《ついきゅう》は、偉大《いだい》なブッダとなった釈尊の精神に回帰《かいき》することにとどまることなく、さらなる原点、すなわち、釈尊が仏となった原因《げんいん》へと向かっていったのです。

日蓮仏法の言葉でいえば、[★15]「本果《ほんが》」にとどまらず[★16]「本因《ほんいん》」を志向《しこう》したといえるでしょう。

それは、万人《ばんにん》の苦悩《くのう》を根源《こんげん》から解決《かいけつ》したいという願《ねが》いであり、その解決法《かいけつほう》を徹《てっ》して探究《たんきゅう》するという誓《ちか》いです。

その誓願《せいがん》が、大乗《だいじょう》の菩薩《ぼさつ》に共通《きょうつう》するとされる[★17]「四弘誓願《しぐせいがん》」としてまとめられています。

その根本《こんぽん》であり、第一に挙《あ》げられているのが「衆生無辺誓願度《しゅじょうむへんせいがんど》」、つまり〝あらゆる人々をあまさず救《すく》いたい〟という、人類救済《じんるいきゅうさい》への誓いです。

チャンドラ　万人救済《ばんにんきゅうさい》の志向性《しこうせい》のゆえに、大乗仏教《だいじょうぶっきょう》は、外《そと》に開かれていました。それぞれの地《ち》域《いき》の要因《よういん》も吸収《きゅうしゅう》・消化《しょうか》し、それ自体《じたい》が進化《しんか》していきました。

それによって、釈尊《しゃくそん》から継承《けいしょう》した思想《しそう》を、より豊《ゆた》かに花開《はなひら》かせることができたのです。

池田　悩《なや》める人の友として生きた釈尊《しゃくそん》。その人生を考えた時、自分はどのような人生を歩むべきか――その点を深く考えた人たちが、大乗《だいじょう》の運動《うんどう》を大きく広《ひろ》げました。

そのなかには、クシャーン朝《ちょう》の[★18]カニシカ王とも親交《しんこう》があったという偉大《いだい》な仏教詩人《しじん》・[★19]アシュヴァゴーシャ（馬鳴《めみょう》）がいます。

また、南インドの出身《しゅっしん》で、[★20]「中論《ちゅうろん》」等を著《あらわ》し、「空《くう》」の思想《しそう》を豊《ゆた》かに展開《てんかい》して後世《こうせい》に大きな影響《えいきょう》を与《あた》え、八宗《はっしゅう》の祖《そ》と称《しょう》されている[★21]ナーガールジュナ（竜樹《りゅうじゅ》）がいます。

さらに、西北インドのガンダーラ出身《しゅっしん》で、もとは部派仏教《ぶはぶっきょう》の理論家《りろんか》であり、後《のち》に[★22]唯識理論《ゆいしきりろん》を大成《たいせい》した[★23]アサンガ（無著《むじゃく》）、[★24]ヴァスバンドゥ（世親《せしん》）の兄弟《きょうだい》も、そうでした。

彼らは、菩薩《ぼさつ》として徹《てっ》して生きて、仏《ほとけ》の境地《きょうち》を得《え》た先駆者《せんくしゃ》たちに続こうと誓願《せいがん》し、その誓《ちか》いに生き抜《ぬ》きました。

略年表

紀元前	
二六八年	アショーカ王即位（一説）
一六〇年ごろ	ミリンダ王即位
紀元	
一二九年	カニシカ王即位（一説）
一四〇年ごろ	アシュヴァゴーシャ（馬鳴《めみょう》）が活躍
一五〇年ごろ	ナーガールジュナ（竜樹《りゅうじゅ》）が生まれる
三九五年	アサンガ（無著《むじゃく》）が生まれる（一説）
四〇〇年ごろ	ヴァスバンドゥ（世親《せしん》）が生まれる（一説）

チャンドラ　私は大乗仏教《だいじょうぶっきょう》の重要《じゅうよう》な要素《ようそ》として、今《いま》、語り合ってきた「誓願《せいがん》」とともに「廻向《えこう》」と「授記《じゅき》」を挙《あ》げたいと思います。

「廻向」とは、万人救済《ばんにんきゅうさい》の誓願《せいがん》を果《は》たすため、見返《みかえ》りを求《もと》めることなく、他の人々に種々《しゅじゅ》、捧《ささ》げ、尽《つ》くすことです。

池田　そうです。「廻向《えこう》」の本来《ほんらい》の意義《いぎ》は、菩薩《ぼさつ》が自《みずか》らの善業《ぜんごう》の結果《けっか》としての功徳《くどく》に執着《しゅうちゃく》せず、それを悩《なや》める人々に振《ふ》り向《む》けるという、利他《りた》の行為《こうい》を指《さ》しています。

ところが、残念《ざんねん》なことに、日本では「廻向《えこう》」の意義《いぎ》が、亡《な》くなった人に対して僧侶《そうりょ》が読経《どきょう》したり、儀式《ぎしき》を行ったりすることに矮小化《わいしょうか》され、生きた意味《いみ》を失《うしな》ってしまいました。

「如我等無異《にょがとうむい》」の精神《せいしん》

チャンドラ　「授記《じゅき》」とは「成仏《じょうぶつ》の保証《ほしょう》」です。誓願《せいがん》が実《み》を結《むす》び、実感《じっかん》できる時、人々は深《ふか》く納得《なっとく》し歓喜《かんき》します。先駆者《せんくしゃ》の実践《じっせん》の姿《すがた》を通《とお》し、その人が語《かた》る「保証《ほしょう》」を確信《かくしん》し、自《みずか》らも、その運《うん》動《どう》へと喜《よろこ》び勇《いさ》んで参加《さんか》するものです。

「誓願《せいがん》」「廻向《えこう》」「授記《じゅき》」の三つは、大乗仏教《だいじょうぶっきょう》の運動《うんどう》が展開《てんかい》されるうえで、重要《じゅうよう》な要素《ようそ》であったと考えます。

池田　哲学的《てつがくてき》で深遠《しんえん》でもあり、しかも人情《にんじょう》の機微《きび》にふれる深い洞察《どうさつ》です。

大乗《だいじょう》の諸経典《しょきょうてん》のなかでも、「如我等無異《にょがとうむい》」（我《わ》が如《ごと》く等《ひと》しくして異《こと》なること無《な》からしめん）と説《と》いた「法華経」こそが、〝万人《ばんにん》を釈尊《しゃくそん》と等しい仏に高めたい〟との精神《せいしん》が横溢《おういつ》している経典《きょうてん》であると、私は考えています。

チャンドラ　私も同意《どうい》します。

法華経の★25勧持品《かんじほん》には、先ほど触《ふ》れた「誓願《せいがん》」「廻向《えこう》」「授記《じゅき》」という重要《じゅうよう》な要素《ようそ》がすべて示《しめ》されています。

池田　そうですね。勧持品《かんじほん》は、釈尊滅後《しゃくそんめつご》に困難《こんなん》に耐《た》えて弘通《ぐつう》することを、弟子《でし》が誓《ちか》った章《しょう》です。

法華経には、滅後《めつご》の無仏《むぶつ》の世に、仏教者《ぶっきょうしゃ》はどのような存在《そんざい》であるべきかが明示《めいじ》されています。

勧持品と並《なら》んで滅後の弘通《ぐずう》の姿勢《しせい》を説く★26法師品《ほっしほん》には、釈尊と「同じ行いをする」「仏《ほとけ》の使《つか》い」として、民衆《みんしゅう》のなかで、法《ほう》を説《と》き弘《ひろ》める者となるべきことが説かれています。

チャンドラ　滅後《めつご》に民衆《みんしゅう》を救《すく》う仏《ほとけ》の使《つか》いは、★27神力品《じんりきほん》で、世《よ》の中《なか》の深《ふか》い闇《やみ》を消《け》し去《さ》る「太陽《たいよう》」に譬《たと》えられています。

池田　その神力品《じんりきほん》で滅後弘教《めつごぐきょう》を託《たく》されたのが、「地涌《じゆ》の菩薩《ぼさつ》」です。

私どもが信奉《しんぽう》する日蓮大聖人は、その地涌《じゆ》の菩薩《ぼさつ》の先駆《さきが》け、リーダー（棟梁《とうりょう》）であると自《みずか》ら表《ひょう》明《めい》され、まさに経文《きょうもん》のままの弘通《ぐずう》を展開《てんかい》し、〝末法《まっぽう》の太陽《たいよう》〟として、人類《じんるい》の未来に赫々《かくかく》たる希望《きぼう》の光《ひかり》を掲《かか》げてくださいました。

そして、私の恩師《おんし》・戸田第二代会長は、第二次大戦末期《まっき》、不当《ふとう》な弾圧《だんあつ》によって閉《と》じ込《こ》められた獄中《ごくちゅう》で、地涌の菩薩であるとの自覚《じかく》を得《え》られ、今日の創価学会、SGIの基礎《きそ》を築《きず》きました。

チャンドラ　そして、今、その精神《せいしん》を、池田先生がすべて受《う》け継《つ》がれています。

池田先生は、七百年前の日蓮大聖人の行動《こうどう》を、そのまま現代世界《げんだいせかい》で実践《じっせん》され、広く世界に希《き》望《ぼう》のメッセージを送られているのです。

注

1　**ミリンダ王**　生没年不明《せいぼつねんふめい》。紀元前《きげんぜん》二世紀後半《せいきこうはん》、アフガニスタン、西北インド一帯《いったい》を支配《しはい》したギリシャ人の王・メナンドロスのこと。漢訳仏典《かんやくぶってん》では、弥蘭陀王《みらんだおう》、弥蘭王などと音写《おんしゃ》されている。

2　**ナーガセーナ**　仏教僧《ぶっきょうそう》。漢訳仏典《かんやくぶってん》には「那先比丘《なせんびく》」の名で出てくる。ミリンダ王と仏教の教理《きょうり》について問答《もんどう》を行い、王は仏教徒となったといわれる。この問答は、ギリシャ文明と仏教の出合《であ》いとして知られる。

3　**フィロソフィア**　ギリシャ語で「フィロ」は、「愛する、好む」という意味の接頭辞《せっとうじ》、「ソフィア」は「知」を意味している。したがって「愛知《あいち》の学」の意味で、この言葉がもとになった英語の

「フィロソフィ」の訳語《やくご》として明治時代の学者、西周《にしあまね》が「哲学《てつがく》」という言葉をつくった。

4 **産婆術** ギリシャの哲学者《てつがくしゃ》ソクラテス（前三九九年没）が用いた問答法《もんどうほう》。問答で、相手の知識《ちしき》の矛盾《むじゅん》などを指摘《してき》して、無知《むち》の自覚《じかく》を促《うなが》し、正しい認識《にんしき》に導《みちび》く過程《かてい》を助産婦《じょさんぷ》の仕事に譬《たと》えたもの。

5 **アジャータシャトル（阿闍世王）** 釈尊在世《しゃくそんざいせ》から滅後《めつご》にかけて中インド・マガダ国の王であった。提婆達多《だいばだった》に心を寄せ、釈尊や弟子《でし》たちを殺そうとするなどの悪業《あくごう》を犯《おか》したが、後に悔《く》いて釈尊に帰依《きえ》し、仏法を外護《げご》した。

6 **ビンビサーラ（頻婆舎羅王）** 中インド・マガダ国の王。釈尊《しゃくそん》が出家《しゅっけ》したことを知って、それをひるがえして、父のもとに帰るようにすすめたが、その志《こころざし》が固いことを知って、悟《さと》りを得た時には導《みちび》いてくれるよう請《こ》うたといわれる。釈尊の成道後《じょうどうご》は深く帰依《きえ》し、竹林精舎《ちくりんしょうじゃ》を供養《くよう》した。

7 **プラーセナジット（波斯匿王）** マガダ国とともに当時の強国《きょうこく》であったコーサラ国の王。夫人の勧《すす》めで釈尊《しゃくそん》に帰依《きえ》し、教団《きょうだん》の外護《げご》にあたった。

8 **フィロソフォイ** ギリシャ語で「知を愛する者」の意。

9 **ジナ** サンスクリットで「勝利者《しょうりしゃ》」の意。「一切《いっさい》の煩悩《ぼんのう》に打《う》ち勝《か》った人」という意味で、仏《ほとけ》も「ジナ」と呼ばれた。

10 **「汝自身を島とせよ」** 釈尊《しゃくそん》は入滅《にゅうめつ》の直前《ちょくぜん》に「自《みずか》らを島《しま》とし、自らを依処《えしょ》として他を依処とせず、法を島とし、法を依処として他を依処とせず住《じゅう》せよ」と説《と》いた。

11 **部派仏教** 釈尊滅後《しゃくそんめつご》、百年ごろから、仏説《ぶっせつ》の解釈《かいしゃく》や教理《きょうり》について種々《しゅじゅ》の異論《いろん》が生じて、インドの仏教教団が、多くの部派《ぶは》に分裂《ぶんれつ》し、煩瑣《はんさ》な教理解釈を展開《てんかい》していった。

12 **仏身観** 釈尊滅後《しゃくそんめつご》、釈尊への尊崇《そんすう》の思いから仏の身に永遠性《えいえんせい》を見る考えが生まれ、二身、三身、五身、十身説など種々《しゅじゅ》の説《せつ》が立てられた。大乗仏教《だいじょうぶっきょう》の法身《ほっしん》・報身《ほうしん》・応身《おうじん》の三身説が有力で、法華経では、この三身は久遠《くおん》から常住《じょうじゅう》しており、生命のなかに存在《そんざい》すると説《と》く。

13 **波羅蜜**　サンスクリットの「パーラミター」の音写《おんしゃ》。「到彼岸《とうひがん》」と訳される。苦悩《くのう》に満《み》ちた現実《げんじつ》社会《しゃかい》を「此岸《しがん》」とし、悟《さと》りの境地《きょうち》を「彼岸」として、「彼岸」へ渡る「修行の完成」を「波羅蜜」という。

14 **菩薩**　サンスクリットの「ボーディサットヴァ」の音写《おんしゃ》である「菩提薩埵《ぼだいさった》」の略。「菩提」は「悟《さと》り」、「薩埵」は「有情《うじょう》、生命あるもの」の意。大乗仏教《だいじょうぶっきょう》では、自《みずか》らの成仏《じょうぶつ》を目指《めざ》すだけでなく、一切衆生《いっさいしゅじょう》を救済《きゅうさい》する誓《ちか》いを立てて修行《しゅぎょう》する者をいう。

15 **本果**　法華経如来寿量品《にょらいじゅりょうほん》第十六に釈尊が五百塵点劫《じんてんごう》という久遠の昔に成仏した仏であると明かされたこと。本因《ほんいん》に対する言葉《ことば》。「本地《ほんち》の仏果《ぶっか》」の意味。

16 **本因**　成仏《じょうぶつ》のための根本《こんぽん》の因となる修行《しゅぎょう》のこと。日蓮大聖人の仏法では寿量品《じゅりょうほん》の文底《もんてい》に秘沈《ひちん》された事《じ》の一念三千《いちねんさんぜん》・三大秘法《さんだいひほう》の南無妙法蓮華経をいう。

17 **四弘誓願**　すべての菩薩《ぼさつ》が初発心《しょほっしん》の時に起こす四種の誓願《せいがん》。①衆生無辺誓願度《しゅじょうむへんせいがんど》（一切《いっさい》衆生をすべて悟《さと》りの彼岸《ひがん》に渡《わた》すと誓《ちか》うこと）②煩悩無量誓願断《ぼんのうむりょうせいがんだん》（一切の煩悩を断《た》つと誓うこと）③法門無尽《ほうもんむじん》誓願知《せいがんち》（仏の教えをすべて学び知ると誓うこと）④仏道無上誓願成《ぶつどうむじょうせいがんじょう》（仏道において無上の悟りを成就《じょうじゅ》すると誓うこと）。

18 **カニシカ王**　二世紀中ごろ活躍《かつやく》したクシャーナ朝の王。その領土《りょうど》はトルキスタンから北インド一帯《いったい》に及《およ》んだ。晩年《ばんねん》、仏教《ぶっきょう》を保護《ほご》し、伝説《でんせつ》では第四回の仏典結集《ぶってんけつしゅう》を行ったという。

19 **アシュヴァゴーシャ（馬鳴）**　二世紀ごろに活躍《かつやく》した、中インド舎衛国《しゃえこく》の大乗論師《だいじょうろんし》。

20 **中論**　四巻。竜樹の著作。根本中頌《こんぽんちゅうじゅ》と呼ばれる竜樹の偈頌《げじゅ》と青目《しょうもく》の注釈とからなる。

21 **ナーガールジュナ（竜樹）**　一五〇年～二五〇年ごろ活躍《かつやく》した大乗論師《だいじょうろんし》。小乗　教《しょうじょうきょう》を破折《はしゃく》して大乗教を宣揚《せんよう》した。「大智度論《だいちどろん》」「十住毘婆沙論《じゅうじゅうびばしゃろん》」などを著《あらわ》し、中国、日本の仏教界にも多大《ただい》な影響《えいきょう》を与《あた》えた。「中論」は代表的著作。

22 **唯識理論**　「唯識《ゆいしき》」とは、己心《こしん》の外にあると思っている事物・事象《じしょう》は、真の「外界《がいかい》」ではなく、ただ心によって認識《にんしき》されたものであるとの意。一種《いっしゅ》の唯心論《ゆいしんろん》といえる。

23 **アサンガ(無著)**　四～五世紀ごろのインドの大乗唯識論師《だいじょうゆいしきろんし》。大乗教を宣揚《せんよう》し、諸大乗経を釈《しゃく》して多くの論疏《ろんしょ》を著《あらわ》している。

24 **ヴァスバンドゥ（世親）**　天親ともいう。アサンガの弟。初《はじ》め小乗 教《しょうじょうきょう》を習学《しゅうがく》し、後《のち》に兄の勧《すす》めで大乗教《だいじょうきょう》に帰依《きえ》し、弘教《ぐきょう》に努めた。

25 **勧持品**　法華経勧持品《かんじほん》第十三のこと。釈尊滅後《しゃくそんめつご》に法華経を弘《ひろ》める者には「三類《さんるい》の強敵《ごうてき》」が競《きそ》い起《お》こることが説《と》かれ、諸菩薩《しょぼさつ》が、その迫害《はくがい》に耐《た》えて弘教《ぐきょう》する誓《ちか》いを述《の》べている。

26 **法師品**　法華経法師品《ほっしほん》第十のこと。釈尊滅後《しゃくそんめつご》、一人のためにも法華経の一句《いっく》をも説《と》く人は、「如《にょ》来《らい》の使《つか》いなり。如来の所遣《しょけん》として如来の事を行《ぎょう》ずるなり」と説かれている。

27 **神力品**　法華経如来神力品《にょらいじんりきほん》第二十一のこと。釈尊が滅後《めつご》の弘教《ぐきょう》を上行菩薩《じょうぎょうぼさつ》を中心とする地涌《じゆ》の菩薩に託《たく》すことが説《と》かれ、「日月の光明《こうみょう》の　能《よ》く諸《もろもろ》の幽冥《ゆみょう》を除《のぞ》くが如《ごと》く　斯《こ》の人世間《せけん》に行《ぎょう》じて　能く衆生《しゅじょう》の闇《やみ》を滅《めっ》す」と述《の》べられている。

第七章

鳩摩羅什《くまらじゅう》と仏教東漸《とうぜん》

東アジアに流布《るふ》した「法華経《ほけきょう》」

池田　前回は、大乗仏教《だいじょうぶっきょう》の登場《とうじょう》について語り合いましたが、いよいよ、仏教がインドから世界に広がっていった「仏教東漸《とうぜん》」について語り合いたいと思います。

多くの大乗経典《きょうてん》が漢訳《かんやく》され、東アジアに広く流布《るふ》しましたが、そのなかでも「法華経《ほけきょう》」は多くの人々に親《した》しまれた経典です。

「法華経」は、日本においても、古くから『源氏物語《げんじものがたり》』[★1]や『梁塵秘抄《りょうじんひしょう》』[★2]などの文学作品《ぶんがくさくひん》に大きな影響《えいきょう》を与《あた》えています。特に、「久遠実成《くおんじつじょう》」[★3]（本門《ほんもん》）[★4]や「一乗真実《いちじょうしんじつ》」[★5]（迹門《しゃくもん》）[★6]などの法理《ほうり》が、重《じゅう》大《だい》な影響《えいきょう》を及《およ》ぼしています。

そうした文学作品のモチーフ（中心思想《ちゅうしんしそう》）ともなった「法華経」は、鳩摩羅什《くまらじゅう》の訳した「妙法《みょうほう》蓮華経《れんげきょう》」でした。天台大師《てんだいだいし》も、日蓮大聖人も、鳩摩羅什訳を用《もち》いて、自《みずか》らの法理《ほうり》を展開《てんかい》されております。私どもが使っているのも、この「妙法蓮華経」です。

チャンドラ　鳩摩羅什《くまらじゅう》といえば、池田先生は、彼の生誕地《せいたんち》・クチャ（亀茲《きじ》）の亀茲石窟研究所《せっくつけんきゅうしょ》から、若き日の鳩摩羅什像《ぞう》を贈《おく》られましたね。「法華経とシルクロード」展の会場で、その像を拝見《はいけん》しました。

池田　贈《おく》っていただいた、あの鳩摩羅什像《くまらじゅうぞう》は、生誕《せいたん》千六百五十周年《しゅうねん》を記念《きねん》して、二《に》体造《たいつく》られたもののうちの一体です。もう一体は、有名《ゆうめい》なキジル千仏洞《せんぶつどう》★7の前に置かれていると伺《うかが》っています。

蓮華《れんげ》をかたどった台座《だいざ》に、深く思索《しさく》をする鳩摩羅什《くまらじゅう》が据《す》えられております。

チャンドラ　亀茲石窟研究所《きじせっくつけんきゅうしょ》が、池田先生を顕彰《けんしょう》し、法華経による平安《へいあん》の恩恵《おんけい》と歓喜《かんき》のしるしとして、若き鳩摩《くま》羅什《らじゅう》の像《ぞう》を贈呈《ぞうてい》したのは、クチャからの深遠《しんえん》なる声によるものです。

「法華経」には、時代を超《こ》えて連《つら》なる五人の偉大《いだい》な師がいると、私は思います。釈尊《しゃくそん》、天台大師《てんだいだいし》、伝教大師《でんぎょうだいし》、日蓮大聖人、そして現代《げんだい》の偉大《いだい》な池田大作先生です。この五人は、法華経の五本の指《ゆび》を構成《こうせい》しています。

池田　あまりにも過分《かぶん》なお言葉《ことば》をいただき、恐縮《きょうしゅく》です。

チャンドラ　絶《た》えざる努力《どりょく》によって法華経を現代《げんだい》に蘇《よみがえ》ら

せた池田先生の功績《こうせき》を、亀茲石窟研究所《きじせっくつけんきゅうしょ》が顕彰《けんしょう》したことは、至極《しごく》、当然《とうぜん》のことです。今後《こんご》も、亀茲石窟研究所とＳＧＩとの間で、さらなる交流《こうりゅう》が行われるべきです。

仏典《ぶってん》漢訳者《かんやくしゃ》の最高峰《さいこうほう》・鳩摩羅什《くまらじゅう》

池田　さて、日本では、「法華経《ほけきょう》」というと、ほとんど鳩摩羅什《くまらじゅう》が訳《やく》した「妙法蓮華経《みょうほうれんげきょう》」と同義《どうぎ》になっていますが、実際《じっさい》には全部で六種類《しゅるい》の漢訳本《かんやくぼん》があります。しかし、現存《げんぞん》しているのは三種類の訳本《やくほん》であるところから「★8六訳三存《ろくやくさんぞん》」といわれます。

チャンドラ　「法華経《ほけきょう》」の初《はじ》めての漢訳《かんやく》は、二八六年の★9竺法護《じくほうご》による翻訳《ほんやく》でした。彼は多くの仏教経典《きょうてん》を訳していますが、訳経史《やくきょうし》からみれば初期《しょき》のころです。

彼《かれ》が開《ひら》いた訳経の道は、鳩摩羅什《くまらじゅう》に至《いた》って完全《かんぜん》に花開《はなひら》きました。そして、仏教の精緻《せいち》な哲学《てつがく》体系《たいけい》の頂点《ちょうてん》に達《たっ》したのが、★10玄奘《げんじょう》の時代でした。玄奘は、偉大《いだい》な思想家《しそうか》であり、著名《ちょめい》な哲学者《てつがくしゃ》でした。

これら三人の巨匠《きょしょう》は、卓越《たくえつ》した徳《とく》によって際立《きわだ》った存在《そんざい》となりましたが、実践的《じっせんてき》な東アジア仏教の中核《ちゅうかく》に位置《いち》しているのは、鳩摩羅什です。

池田　竺法護《じくほうご》と鳩摩羅什《くまらじゅう》の二人には、どのような共通点《きょうつうてん》がありますか。

チャンドラ　竺法護《じくほうご》も鳩摩羅什《くまらじゅう》も、ともに中央《ちゅうおう》アジアの出身《しゅっしん》です。

彼らの時代の翻訳者《ほんやくしゃ》たちは、官僚機構《かんりょうきこう》に近接《きんせつ》した環境《かんきょう》のなかで仕事をしていたのではないかと推察《すいさつ》されます。それは、経典《きょうてん》の翻訳に使用《しよう》された用語《ようご》が、当時《とうじ》の官庁《かんちょう》が使用していたものを借用《しゃくよう》していることからも分かります。

例《たと》えば、「僧院《そういん》」「寺院《じいん》」を意味する「寺《じ》」という語は、漢《かん》時代にはある種《しゅ》の役所《やくしょ》を意味する言葉《ことば》でした。

また、仏典《ぶってん》のなかでサンスクリットの単語《たんご》を音訳《おんやく》するために使った漢字《かんじ》は、漢の政府が外国語の転写《てんしゃ》のために使用を認《みと》めた漢字でもありました。

池田　つまり、彼らの翻訳《ほんやく》が国家的事業《こっかてきじぎょう》に近い役割《やくわり》を担《にな》っていたということでもありますね。

チャンドラ　そうした面《めん》があったと思われます。

竺法護《じくほうご》は、★11敦煌《とんこう》生まれの★12月氏人《げっしじん》です。

月氏人は、中国の国境地帯《こっきょうちたい》に定住地《ていじゅうち》をもち、中国に馬などを売ったり、経典《きょうてん》を伝《つた》えたりしました。当時《とうじ》は、馬は「軍事《ぐんじ》」を、経典は「徳《とく》」を象徴《しょうちょう》するものとされていたため、中国人にとって、月氏人は、辺境《へんきょう》の野蛮人《やばんじん》ではなく、「権力《けんりょく》」と「徳」をもたらしてくれる高い文化をもった存在《そんざい》とみられていました。

池田　法華経の翻訳《ほんやく》で比較《ひかく》されることの多い竺法護《じくほうご》と鳩摩羅什《くまらじゅう》ですが、その翻訳の違《ちが》いは、法

鳩摩羅什《くまらじゅう》の生地・クチャにある亀茲石窟《きじせっくつ》研究所から、池田ＳＧＩ会長に贈られた銅製の「若き羅什像」。

華経の題号《だいごう》に顕著《けんちょ》に表《あらわ》れているのではないでしょうか。

法華経のサンスクリット原本《げんぽん》の題《だい》名《めい》は「サッダルマ・プンダリーカ・スートラ」ですが、「サッツ」は「正《ただ》しい」「善《よ》い」という意味なので、「サッダルマ」は「正しい法」といった意味になります。それゆえに、竺法護は題号を「正《しょう》法華経」と名づけましたが、鳩摩羅什はこの部分をあえて「妙《みょう》」と訳《やく》しています。

チャンドラ　当時《とうじ》流行《りゅうこう》していた中国の老子《ろうし》の思想《しそう》に、〝宇宙《うちゅう》の根本的真理《こんぽんてきしんり》は、そこからさまざまな妙《みょう》なるものが現《あらわ》れてくる門《もん》である〟という言い方があります。

つまり、根本的真理から出てくるものが「妙」であり、われわれの感覚《かんかく》では計《はか》り知《し》ることのできない不可思議《ふかしぎ》なもの、という意味が込《こ》められていたのです。

池田　鳩摩羅什《くまらじゅう》は「妙《みょう》」と訳《やく》すことによって、釈尊《しゃくそん》の覚知《かくち》した宇宙《うちゅう》の根本的真理《こんぽんてきしんり》を表現《ひょうげん》しようとしたのですね。

チャンドラ　この「妙法蓮華経《みょうほうれんげきょう》」の表題《ひょうだい》を受けて、天台大師《てんだいだいし》は「妙《みょう》」の字に法華経のエッセンスがあるととらえて、本迹二門《ほんじゃくにもん》★13の十妙《じゅうみょう》など、「妙」についてかなり詳細《しょうさい》な解釈《かいしゃく》をしています。

池田　もし、鳩摩羅什《くまらじゅう》が「妙法《みょうほう》」と訳《やく》していなければ、法華経《ほけきょう》の説く深い宇宙《うちゅう》の真理《しんり》、生命の哲理《てつり》は、これほど精密《せいみつ》に展開《てんかい》されることはなかったかもしれませんし、中国の人々にも魅力《みりょく》ある経典《きょうてん》として支持《しじ》されなかったかもしれません。翻訳《ほんやく》というものが、いかに微妙《びみょう》で、重《おも》い役割《やくわり》をもつかが、うかがいしれます。

鳩摩羅什の父・鳩摩羅炎《くまらえん》は、インドの宰相《さいしょう》でしたが、出家《しゅっけ》して亀茲国《きじこく》に来て国師《こくし》となり、還《げん》俗《ぞく》してクチャの国王の妹《いもうと》を娶《めと》りました。

鳩摩羅什の生《お》い立《た》ちと、経典翻訳者《きょうてんほんやくしゃ》としての素養《そよう》には、どのような関連性《かんれんせい》があると思われますか。

チャンドラ　彼《かれ》が王族《おうぞく》の血統《けっとう》を引いていたことは、当時《とうじ》の中国の宮廷《きゅうてい》において、有利《ゆうり》な条件《じょうけん》の一つであったとは思います。皇帝《こうてい》は、翻訳事業《ほんやくじぎょう》にあたる彼に、非常《ひじょう》に高い地位《ちい》とあらゆる便宜《べんぎ》を与《あた》えたのです。

鳩摩羅什《くまらじゅう》はカシミールで小乗教《しょうじょうきょう》★14の説一切有部《せついっさいうぶ》の教義《きょうぎ》をサンスクリットによって学び、さらに、カシュガルで、ヤルカンド出身《しゅっしん》の王子、スーリヤソーマ★15（須利耶蘇摩《しゅりやそま》）について大乗《だいじょう》を学びました。

それ以外《いがい》にも、彼は、カシュガルでヴェーダ聖典《せいてん》、天文学《てんもんがく》、数学《すうがく》、占星術《せんせいじゅつ》、錬金術《れんきんじゅつ》も習得《しゅうとく》しました。サンスクリットで伝《つた》えられたすべての伝統的《でんとうてき》な学問に深く通《つう》じていたといえましょう。

このように多方面《たほうめん》にわたる豊《ゆた》かな教養《きょうよう》という背景《はいけい》を得《え》て、彼は理想的《りそうてき》な翻訳者《ほんやくしゃ》となったのです。

人々の心を動《うご》かす「言葉《ことば》の力」

池田　彼《かれ》が訳《やく》した法華経《ほけきょう》が、後世《こうせい》の文学《ぶんがく》や芸術《げいじゅつ》にも多大《ただい》な影響《えいきょう》を与《あた》えた事実《じじつ》は、彼の訳文《やくぶん》の芸《げい》術的完成度《じゅつてきかんせいど》の高さを示《しめ》すものであり、人々の心を動かしてやまない総合的《そうごうてき》な「言葉《ことば》の力《ちから》」の深さを示しています。

チャンドラ　鳩摩羅什《くまらじゅう》は、玄奘《げんじょう》とともに中国仏教における二大巨匠《にだいきょしょう》といえる訳経僧《やくきょうそう》です。

サンスクリットと中国語に精通《せいつう》した彼らの翻訳《ほんやく》の技量《ぎりょう》は、他に類《るい》を見ないものです。それは、一つの言語《げんご》の言葉《ことば》を、別の言語の言葉に移《うつ》し変えたのではなく、内容《ないよう》を伝《つた》えたのです。

さらに、創造的語感《そうぞうてきごかん》に満《み》ちていたので、言葉自体《じたい》に縛《しば》られることはありませんでした。心に浮かんだ経典《きょうてん》のひらめきを、よどみない流麗《りゅうれい》さで伝えていったのです。

池田　日蓮大聖人は、鳩摩羅什訳《くまらじゅうやく》の法華経が、釈尊《しゃくそん》の精神《せいしん》の内容《ないよう》を如実《にょじつ》に伝《つた》えていることを、次のように示されています。
「月支《がっし》より漢土《かんど》へ経論《きょうろん》わたす人《ひと》一百七十六人なり其《そ》の中《なか》に羅什一人計《らじゅういちにんばか》りこそ教主釈尊《きょうしゅしゃくそん》の経文《きょうもん》に私《わたくし》の言入《げんい》れぬ人にては候《そうら》へ」（御書一〇〇七ページ）と。

鳩摩羅什は天性《てんせい》の語学力《ごがくりょく》と、しかもそれを開花《かいか》させる大いなる目的観《もくてきかん》をもっていました。彼は膨大《ぼうだい》な仏典《ぶってん》の翻訳《ほんやく》という偉業《いぎょう》を成《な》し遂《と》げました。その偉業は「絶後光前《ぜつごこうぜん》」★16（後代《こうだい》に二人《ふたり》となく、前代《ぜんだい》をも照《て》らす）とも言われています。

東方《とうほう》の、古い歴史《れきし》をもつ巨大《きょだい》な中国文明圏《ぶんめいけん》に、鳩摩羅什によって仏教が本格的《ほんかくてき》にもたらされました。いわば、彼によって、仏教が文化の違《ちが》いを超《こ》えた〝普遍性《ふへんせい》〟をもっていることが、事実《じじつ》として証明《しょうめい》されたのです。

ここに、仏教が中国に受け入れられ、民衆《みんしゅう》に根《ね》づいた重大《じゅうだい》な意義《いぎ》があると思います。

東の大文明国・中国に広まるかどうかが、仏教が真《しん》の世界宗教《せかいしゅうきょう》となるかどうかの分《わ》かれ目《め》であったと私は思います。

インドから「西域経由《せいいきけいゆ》」で中国へ

チャンドラ　インドの仏教《ぶっきょう》は、いきなり中国に入ったわけではありませんでした。中央《ちゅうおう》アジアを経《へ》て、次第《しだい》に入っていったのです。その「西域《せいいき》」と「中国」との一大接点《いちだいせってん》――それが敦煌《とんこう》でした。

池田　砂《さ》漠《ばく》の多い厳《きび》しい風土《ふうど》に、多民族《たみんぞく》が行《ゆ》き交《か》う文明《ぶんめい》の十字路《じゅうじろ》――この中央アジアにおいて仏教は、その「普《ふ》遍的《へんてき》」な「法《ほう》」を、それぞれの文化、民族の「生活」に即《そく》して展開《てんかい》していきました。

チャンドラ　「法《ほう》」も、多くの「芸術《げいじゅつ》」を通《とお》して表現《ひょうげん》されるようになりました。

ギリシャ文明系《ぶんめいけい》の人々、ペルシャ文明系の人々など、異文化《いぶんか》との接触《せっしょく》に鍛《きた》えられて、一部《いちぶ》の僧侶だけが分《わ》かる説《と》き方《かた》ではなく、万人《ばんにん》に分かる具体性《ぐたいせい》をもった説き方が練《ね》り上《あ》げられていったのです。

「目で見て分かる」、そして「耳で聞いて分かる」仏教が、こうして中国内陸《ないりく》に入《はい》っていったのです。

池田　SGIも同様《どうよう》に、より多くの人が理解《りかい》し、実践《じっせん》できる「対話《たいわ》」で「妙法《みょうほう》」を弘《ひろ》めてきました。知恵《ちえ》を出し、工夫《くふう》を重《かさ》ね、心をくだきながら、社会のなかへ、民衆《みんしゅう》のなかへ、そして世界中あらゆるところで「妙法」を弘めています。

本来《ほんらい》、仏教は人々の救済《きゅうさい》という使命《しめい》を教えていますが、具体性《ぐたいせい》がなければ、どのように尊《とうと》い法《ほう》であっても、弘めることはできません。感動《かんどう》しなければ、人は信《しん》じません。納得《なっとく》しなければ、人は本気《ほんき》で動きません。生活の現実《げんじつ》に関係《かんけい》のない話には、民衆は耳《みみ》を貸《か》さない。具体性がなければ、法の素晴《すば》らしさも分かりません。

私たち信徒《しんと》を、信仰《しんこう》の面《めん》でも、人間としても裏切《うらぎ》った悪侶《あくりょ》たちには、その道理《どうり》が分からないのです。それは、真実《しんじつ》の仏教を世界に弘《ひろ》めようとの祈《いの》りもなければ、実践《じっせん》もないからです。彼らは、ただ仏教を利用《りよう》し、金もうけと享楽《きょうらく》の手段《しゅだん》にしているにすぎません。彼らは結局《けっきょく》、仏教の本義《ほんぎ》を何も知らなかったのです。

チャンドラ　その通りだと思います。

仏教は僧侶《そうりょ》の権威《けんい》のためではなく、民衆《みんしゅう》の救済《きゅうさい》のために説《と》かれたのであり、それは仏教の最《さい》大《だい》の真理《しんり》です。それが分からないどころか、そうした仏教の真理に背《そむ》いて、民衆を裏切《うらぎ》った悪《あく》侶《りょ》は、最大《さいだい》の反仏教者《はんぶっきょうしゃ》です。仏教を深く理解《りかい》している国々からも、その反仏教の姿《すがた》は、明《あき》らかになりつつあります。

ところで、鳩摩羅什《くまらじゅう》は経典《きょうてん》を理解《りかい》していたので、個人的《こじんてき》な考えを注入《ちゅうにゅう》するようなことはしませんでした。理解した内容《ないよう》をそのまま伝《つた》えたのです。

鳩摩羅什《くまらじゅう》は、〝詩人《しじん》の手法《しゅほう》〟で法華経を訳《やく》しました。彼は、この経典《きょうてん》を中国語の特質《とくしつ》に合わせて、創造的《そうぞうてき》に翻訳《ほんやく》したのです。彼の、サンスクリットと中国語に対する感性《かんせい》は抜群《ばつぐん》であったに違《ちが》いありません。

池田　私も、鳩摩羅什《くまらじゅう》は偉大《いだい》な詩人《しじん》であったと思います。詩人は、宇宙《うちゅう》の本質《ほんしつ》を洞察《どうさつ》し、その究極《きゅうきょく》の境地《きょうち》から〝智慧《ちえ》の言葉《ことば》〟をつむぎだしてくるものです。

チャンドラ　孔子《こうし》[17]によれば、一枚の絵は一万言《いちまんげん》に匹敵《ひってき》するといいます。

鳩摩羅什《くまらじゅう》が熟慮《じゅくりょ》して訳出《やくしゅつ》した生《い》き生きとした言葉は、一万言にも相当《そうとう》し、一つの訳語《やくご》が精緻《せいち》な思想《しそう》を無数《むすう》の微妙《びみょう》なニュアンスで伝《つた》えています。

彼は、一つの言葉の背後《はいご》にある広大《こうだい》な宇宙《うちゅう》を知っていました。つまり、「一念三千《いちねんさんぜん》」を、です。

池田先生がこの「一念三千」という言葉を用いる時、私は、座《ざ》して瞑想《めいそう》しつつ、法華経を翻《ほん》訳《やく》している鳩摩羅什に思いをいたすのです。

彼は、全部で三十五部二百九十四巻《かん》、または七十四部三百八十四巻ともいわれる膨大《ぼうだい》な数の経典《きょうてん》を翻訳《ほんやく》しました。そのうちの幾《いく》つかは大部《だいぶ》の内容《ないよう》のものです。

例《たと》えば、竜樹《りゅうじゅ》の「大智度論《だいちどろん》」[18]です。これらの翻訳《ほんやく》は、膨大な学識《がくしき》の所産《しょさん》であり、知識《ちしき》の集積《しゅうせき》を超《こ》えたレベル、すなわち完全《かんぜん》な悟《さと》りの域《いき》に達《たつ》していたのです。その学識は、彼自身《かれじしん》の厳《きび》しい研鑽《けんさん》から得《え》られたものでした。

鳩摩羅什《くまらじゅう》は、中国語散文《さんぶん》の名文家《めいぶんか》でもありました。と同時《どうじ》に、当時《とうじ》の東アジアにおける西方《せいほう》世界《せかい》の伝統《でんとう》を代表《だいひょう》する人物《じんぶつ》でした。

彼はクチャの出身《しゅっしん》でしたが、クチャ語はイタリア語とケルト語[19]の特徴《とくちょう》をもっていました。ケルト語は、今日ではアイルランド語に代表《だいひょう》される言語《げんご》です。鳩摩羅什の母国語《ぼこくご》は、インド系の[★20]ブラフミー文字《もじ》で書かれていましたが、いわば西方系《せいほうけい》の言語でもあったのです。

壁画《へきが》に描《えが》かれたクチャ人は、当時のヨーロッパ人の服装《ふくそう》をしていました。彼らの民族名《みんぞくめい》は、「白《はく》」であり、クチャ人の名前のなかには「白」という名字がみられました。

また、彼らは白色系《はくしょくけい》の民族であり、クチャに当たるサンスクリットはシュヴェータドゥヴィーパ、すなわち「白い都城《とじょう》」「白い人の都城」です。

クチャの人々は、一種《いっしゅ》のヨーロッパ語を話し、教育用語《きょういくようご》であったインドの言語・サンスクリットで文献《ぶんけん》を読み、議論《ぎろん》し、中国語でも会話し、書いていました。

豊《ゆた》かな才能《さいのう》を育てた文明《ぶんめい》の十字路《じゅうじろ》

池田　万人《ばんにん》に通じる普遍的《ふへんてき》な翻訳《ほんやく》を成《な》し遂《と》げた鳩摩羅什《くまらじゅう》の才能《さいのう》は、東西《とうざい》の文明《ぶんめい》の十字路《じゅうじろ》であり、多様《たよう》な言語《げんご》を摂取《せっしゅ》できるクチャという地域《ちいき》によって育《はぐく》まれたところが大きいようですね。

チャンドラ　鳩摩羅什《くまらじゅう》は、池田先生のように、国際人《こくさいじん》としての個性《こせい》を発揮《はっき》したのです。

鳩摩羅什は言語能力《げんごのうりょく》において国際的であり、池田先生はその精神《せいしん》において世界的《せかいてき》な広大《こうだい》さをもっておられます。国際性、詩的創造性《してきそうぞうせい》、思想《しそう》・哲理《てつり》とかかわりあった人生――お二人の間には類似点《るいじてん》が極《きわ》めて多いと私は思います。

鳩摩羅什は、今や、人間の本性《ほんせい》とその逞《たくま》しさ、そして優《やさ》しさを基調《きちょう》とした池田先生の偉大《いだい》な著作《ちょさく》のなかで生きています。

先生の詩は、喜びを歌い、静寂《せいじゃく》のなかを逍遥《しょうよう》しつつ、遠景《えんけい》を眺望《ちょうぼう》しながら、希望《きぼう》と幸福《こうふく》を生《う》み出《だ》すものです。

鳩摩羅什は、東アジアの仏教史《ぶっきょうし》において中心的《ちゅうしんてき》な役割《やくわり》を果《は》たし、その言葉《ことば》は今も人々の心に響《ひび》きわたっています。

玄奘《げんじょう》などの訳業《やくぎょう》も、大乗《だいじょう》仏教が広まるうえで大きな役割《やくわり》を担《にな》ったのですが、それが比較的《ひかくてき》、堅牢《けんろう》で哲学的《てつがくてき》であるのに対して、鳩摩羅什の翻訳《ほんやく》は生きた仏教の側面《そくめん》を代表《だいひょう》するもので、民衆《みんしゅう》の心に生き生きと息《い》づいています。

玄奘《げんじょう》らの訳業《やくぎょう》が「知識階級《ちしきかいきゅう》の文化」であるのに対し、鳩摩羅什の訳業は「民衆の文化」といえます。彼らの貢献《こうけん》は、いくつもの大海《たいかい》をおし渡《わた》るほどの波動力《はどうりょく》をもっています。

池田先生も、宮廷文化《きゅうていぶんか》や知識階級の文化ではなく、民衆文化の人です。どちらも、全人類《ぜんじんるい》に多大《ただい》な影響《えいきょう》を及《およ》ぼしています。鳩摩羅什《くまらじゅう》が大いなる霊感《れいかん》の源泉《げんせん》であったように、池田先生も、光彩《こうさい》と活力《かつりょく》に満《み》ちた人類の歴史《れきし》に貢献《こうけん》されています。

「仏法《ぶっぽう》の道」でもあった「絹《きぬ》の道」

池田　恐《おそ》れいります。

鳩摩羅什《くまらじゅう》などの訳経僧《やくきょうそう》がたどった道は、東西交流《とうざいこうりゅう》のいわゆる〝シルク・ロード（絹《きぬ》の道《みち》）〟だったわけですが、同時《どうじ》に〝ブッダ・ロード（仏《ほとけ》の道）〟であり〝ダルマ・ロード（法《ほう》の道）〟でもあったと言えますね。

チャンドラ　今も、中央《ちゅうおう》アジアの地は「辺境《へんきょう》」と思われているところがあります。また、諸民《しょみん》族《ぞく》が対立抗争《たいりつこうそう》する地として認識《にんしき》されている向《む》きもあります。

しかし、この地域《ちいき》は帝国列強《ていこくれっきょう》の対立《たいりつ》によって分断《ぶんだん》されるまで、確かに諸民族の興亡《こうぼう》はあったかもしれませんが、非常《ひじょう》に栄《さか》えた地域でした。

仏教の伝播《でんぱ》ルートに、いわゆる「南伝《なんでん》」と「北伝《ほくでん》」があったことは、すでに話し合いました。

南伝は、南インドからセイロン島、そしてミャンマーやタイなどのインドシナ半島《はんとう》の国々へと向かったルートです。このルートで上座部仏教《じょうざぶぶっきょう》★21が伝《つた》わりました。

北伝は、北インドから中国、朝鮮半島《ちょうせんはんとう》、そして日本というルートですが、詳《くわ》しく見ていくと、このルートは、さらに二つに分《わ》けることができます。

西北《せいほく》インド、ガンダーラから、ヒンドゥー・クシュ山脈《さんみゃく》を越《こ》えて、アムダリア川を渡《わた》り、パミール高原《こうげん》からトルファン盆地《ぼんち》、そして中国に至《いた》る道です。これはインドと中国を結《むす》ぶ古いルートで、大乗仏教《だいじょうぶっきょう》が伝《つた》わりました。

次に、インドからネパールへ向かい、ヒマラヤを越えて、チベット、中国に至る道でした。この街道《かいどう》は新しく、ちょうどインドで七世紀ごろ生まれた仏教の流れ、すなわち密教《みっきょう》が、ここを通《とお》って伝わっていきました。

このうち、経典《きょうてん》の数からいっても、ヒンドゥー・クシュ山脈越《ご》えのルートが、仏教の中国流《る》伝《でん》の最《もっと》も重要《じゅうよう》なルートと言ってもいいでしょう。

池田　そこには、先ほども話題《わだい》になった、「シルクロードの宝石《ほうせき》」といわれる敦煌《とんこう》があります。敦煌については、一九八五年、東京富士美術館《ふじびじゅつかん》で「中国敦煌展《とんこうてん》」を開催《かいさい》いたしました。

また、敦煌研究院名誉院長《けんきゅういんめいよいんちょう》である故《こ》・常書鴻《じょうしょこう》先生と、幾度《いくど》も親《した》しく対談《たいだん》をした思い出があります。その対談は、『敦煌《とんこう》の光彩《こうさい》』と名づけられて、一九九〇年に出版《しゅっぱん》されました。

チャンドラ　敦煌《とんこう》は、当初《とうしょ》は、漢《かん》による〝西域経営《せいいきけいえい》〟の軍事基地《ぐんじきち》として開かれました。そして、中央《ちゅうおう》アジアの安定《あんてい》とともに、東西《とうざい》の文化《ぶんか》がシルクロードを通って、にぎやかに交流《こうりゅう》し、仏教東《とう》漸《ぜん》の揺籃《ようらん》の地として、大いに繁栄《はんえい》しました。

四世紀末までには、シルクロードの住民《じゅうみん》の八〇パーセントが、大乗仏教《だいじょうぶっきょう》を信仰《しんこう》していたといわれ、なかでも法華経を重視《じゅうし》していた形跡《けいせき》がうかがえます。

池田　そうしたなか、敦煌《とんこう》は、数多《かずおお》くの民族《みんぞく》が入りまじり、活気《かっき》あふれる〝自由《じゆう》と平和《へいわ》の天地《てんち》〟でした。

仏教文化、庶民《しょみん》文化の華《はな》も、大きく、絢爛《けんらん》と咲《さ》き誇《ほこ》りました。千仏洞《せんぶつどう》とも言われる、あの有名《ゆうめい》な★22莫高窟《ばっこうくつ》が造営《ぞうえい》されたのも、この時代でしたね。

チャンドラ　莫高窟《ばっこうくつ》は敦煌郊外《とんこうこうがい》、鳴沙《めいさ》山《ざん》と三危《さんき》山《ざん》が相迫《あいせま》るオアシスの断崖《だんがい》に築《きず》かれた石窟寺院《せっくつじいん》で、四世紀（三六六年）に造営《ぞうえい》が始められ、以後《いご》約千年にわたり仏教文化の中心《ちゅうしん》となりました。

その名のごとく、輝《かがや》くばかりに栄《さか》えた敦煌の様子《ようす》は、当時《とうじ》の歴史《れきし》書《しょ》の各所《かくしょ》に記述《きじゅつ》されています。

池田　敦煌《とんこう》の石窟《せっくつ》に残《のこ》された壁画《へきが》は、北周《ほくしゅう》、隋《ずい》の時代から元《げん》の時代まで、歴史《れきし》の幅《はば》をもっています。それぞれの時代を生きた人々の息《いき》づかいが聞こえてきそうなほど、生《い》き生きとしたタッチで描《えが》かれた文物《ぶんぶつ》が数多《かずおお》くあります。

また、敦煌の仏教の特徴《とくちょう》として、多くの「変文《へんぶん》」が残《のこ》されていることが挙《あ》げられるでしょう。「変文《へんぶん》」とは、経典原典《きょうてんげんてん》の逐語《ちくご》的《てき》な解釈《かいしゃく》から離《はな》れ、かなり自由《じゆう》に創作《そうさく》され、絵画《かいが》などを入れて、民衆《みんしゅう》に分《わ》かりやすく説《と》かれた文献群《ぶんけんぐん》です。この「変《へん》」とは、経典《きょうてん》を分かりやすく変更《へんこう》するという意味《いみ》や、神変《しんぺん》（奇跡《きせき》）にまつわることを説《と》くなどの意味《いみ》あいが込《こ》められています。

例《たと》えば、「法華経変《へん》」という壁画《へきが》には、譬喩品《ひゆほん》で説《と》かれた「三車火宅《さんしゃかたく》の譬《たと》え」が描《えが》かれています。

すなわち、ある長者《ちょうじゃ》の邸宅《ていたく》が火事《かじ》になり、それを知らないで遊ぶ長者の子どもたちを救《すく》うために、長者が羊車《ようしゃ》、鹿車《ろくしゃ》、牛車《ごしゃ》の三つの車を与《あた》えて救うという物語《ものがたり》が、一つの絵のなかに描《えが》かれています。

この譬えの意味《いみ》するところは、次のようなものです。煩悩《ぼんのう》の火に包《つつ》まれた人生を顧《かえり》みることなく日常生活《にちじょうせいかつ》に埋没《まいぼつ》している衆生《しゅじょう》を救おうと、仏《ほとけ》が声聞界《しょうもんかい》・縁覚界《えんかくかい》・菩薩界《ぼさつかい》という三種《さんしゅ》の境涯《きょうがい》を目指《めざ》す権教《ごんきょう》の教えで導《みちび》き出《だ》します。しかし、本当《ほんとう》は仏界《ぶっかい》という一仏乗《いちぶつじょう》の境涯を目指す法華経を説くのが仏の目的《もくてき》だということです。

こうした教義《きょうぎ》も、「変文《へんぶん》」では、経文それ自体《じたい》に比《くら》べて、一目《ひとめ》で分かるイメージが力をもっているものです。

私は、敦煌《とんこう》の仏教のもつ最大《さいだい》の特徴《とくちょう》は、こうした分かりやすい〝庶民性《しょみんせい》〟であると思います。

チャンドラ　その通りだと思います。

敦煌《とんこう》は、漢民族《かんみんぞく》の支配《しはい》以後《いご》も、チベット族やウイグル人、タングート族、あるいはモンゴル族などのさまざまな民族によって占領《せんりょう》されましたが、ついに莫高窟《ばっこうくつ》の美《び》の宝庫《ほうこ》を破壊《はかい》することはできませんでした。どの民族《みんぞく》も仏教を尊重《そんちょう》し、芸術《げいじゅつ》の伝持《でんじ》にあたってきた面《めん》もあります。

池田　確《たし》かに、シルクロードの秘宝《ひほう》が今日《こんにち》まで伝《つた》えられているのは、その時代ごとの諸民族《しょみんぞく》の信仰心《しんこうしん》の熱誠《ねっせい》の力でもあったといえます。ただ敦煌《とんこう》に花開《はなひら》いた仏教も、八世紀ごろから、少しずつ衰亡《すいぼう》していきました。そうした衰亡には、さまざまな要因《よういん》が考えられます。

例《たと》えば、①航海技術《こうかいぎじゅつ》の発達《はったつ》により、交易《こうえき》ルートとして、南海路《なんかいろ》（海のシルクロード）の重要性《じゅうようせい》が高まり、相対的《そうたいてき》に陸路《りくろ》（オアシス・ロード）の必要性《ひつようせい》が低下《ていか》したこと、②民族意識《みんぞくいしき》の高まりにより、諸民族融合《しょみんぞくゆうごう》の象徴《しょうちょう》であったシルクロードが分断《ぶんだん》されたこと、③イスラム教徒《きょうと》の侵入《しんにゅう》があったこと、などが考えられます。

チャンドラ　そうした要因《よういん》が重《かさ》なった可能性《かのうせい》もあるでしょうね。

池田　さらに、敦煌《とんこう》の衰亡《すいぼう》の要因《よういん》について、仏教研究者のなかには、仏教内部の「腐敗《ふはい》」と「堕落《だらく》」であったと指摘《してき》する人もいます。

当時《とうじ》の僧侶《そうりょ》が、民衆《みんしゅう》を抑圧《よくあつ》し、蔑視《べっし》し、搾取《さくしゅ》に走ったというのです。彼らの頭のなかには〝仏道《ぶつどう》〟ではなく、〝金《かね》もうけ〟のことばかりになってしまったのでしょう。

「法《ほう》の正邪《せいじゃ》」に対する厳《きび》しさは薄《うす》れ、都合《つごう》のいいように書《か》き換《か》えられた偽《にせ》の経典《きょうてん》が流行《りゅうこう》したといいます。その経典にかこつけて、民衆を脅《おど》し、騙《だま》して、金品《きんぴん》を巻《ま》き上《あ》げた。許《ゆる》されざる「信仰利用《しんこうりよう》」です。

チャンドラ　寺院《じいん》への民衆《みんしゅう》の隷属《れいぞく》を強《し》いるため、「寺戸《じこ》」と呼《よ》ばれる特殊《とくしゅ》な制度《せいど》をもつくりました。「寺戸」は寺《てら》の周囲《しゅうい》に住まわされ、〝移転《いてん》の自由《じゆう》〟も、地域住民《ちいきじゅうみん》との〝結婚《けっこん》の自由〟もないというものでした。寺のために一生《いっしょう》、強制労働《きょうせいろうどう》に従事《じゅうじ》させられたともいわれます。しかも、年を取り、働《はたら》けなくなると、他のオアシスに追《お》い払《はら》われたのです。

敦煌《とんこう》に限《かぎ》らず、当時《とうじ》のさまざまな仏教拠点《きょてん》が衰亡《すいぼう》した原因《げんいん》は、僧侶《そうりょ》の腐敗《ふはい》・堕落《だらく》にあったといわれています。

シルクロード要衝《ようしょう》の地・楼蘭《ろうらん》でも、その衰亡《すいぼう》の最大の要因《よういん》は、大量《たいりょう》の僧《そう》の出現《しゅつげん》にあったといいます。住民《じゅうみん》一万五千人のうち四千人余りが出家者《しゅっけしゃ》という異常《いじょう》な状態《じょうたい》で、自己《じこ》の欲望《よくぼう》の追求《ついきゅう》のために、純朴《じゅんぼく》な民《たみ》から食糧《しょくりょう》や金品《きんぴん》を搾取《さくしゅ》し続け、都《みやこ》を衰亡《すいぼう》させていったのです。

池田　一つには、僧侶《そうりょ》のなかに「教育《きょういく》」が欠如《けつじょ》していたのですね。寺院《じいん》には人を育《そだ》てようという努力《どりょく》が欠落《けつらく》し、衝動《しょうどう》や欲望《よくぼう》のおもむくままの人間ばかりになってしまった。

これは、現在の日顕宗《にっけんしゅう》の堕落《だらく》にも通じる方程式《ほうていしき》です。

いかなる宗教も、いかなる組織《そしき》も、「人」で栄《さか》えもすれば、「人」で滅《ほろ》びもします。ゆえに教育は大切《たいせつ》です。

悪を悪と見抜《みぬ》き、真《ま》っ向《こう》から戦う人、徹《てっ》して民衆《みんしゅう》を守り抜《ぬ》く人――そうした確固《かっこ》たる人間をつくるのが、真《しん》の教育です。

チャンドラ　そうです。一人ひとりが賢明《けんめい》になっていく以外《いがい》に、人類《じんるい》の平和《へいわ》・幸福《こうふく》はありえません。

注

1　『源氏物語』　平安《へいあん》時代中期《ちゅうき》、紫式部《むらさきしきぶ》作の長篇物語《ちょうへんものがたり》。長保《ちょうほう》三年（一〇〇一年）以後《いご》に書き始められたとされるが成立《せいりつ》年代は未詳《みしょう》。

2　『梁塵秘抄』　平安《へいあん》時代末期《まっき》の歌謡集《かようしゅう》。後白河法皇《ごしらかわほうおう》が編者《へんじゃ》。

3　久遠実成　法華経如来寿量品《にょらいじゅりょうほん》第十六に説《と》かれており、釈尊《しゃくそん》が五百塵点劫《じんてんこう》という久遠《くおん》の昔にすでに成仏《じょうぶつ》していたこと。寿量品以前《いぜん》では、釈尊は今世《こんぜ》で初めて成仏した仏《ほとけ》とされていた。

4　本門　仏《ほとけ》の本地《ほんち》を顕《あらわ》した法門《ほうもん》のこと。天台大師《てんだいだいし》は法華経二十八品のうち後半の十四品を本門《ほんもん》としている。

5　一乗真実　一乗《いちじょう》とは一仏乗《いちぶつじょう》のことで、仏《ほとけ》の境地《きょうち》に導《みちび》く教えを乗り物に譬《たと》えて「乗」という。法華経に説《と》かれる一切衆生《いっさいしゅじょう》を等《ひと》しく成仏《じょうぶつ》させる一仏乗が真実《しんじつ》であるとの意。

6　迹門　迹仏《しゃくぶつ》が説《と》いた法門《ほうもん》のこと。迹は「影《かげ》・跡《あと》」の意で、本体《ほんたい》に対する言葉。法華経二十八品《ほん》のうち、前半の十四品をいう。

7　キジル千仏洞　クチャの西北七十キロの山麓《さんろく》に造《つく》られた石窟群《せっくつぐん》。タリム盆地《ぼんち》内《ない》で最大《さいだい》の石窟寺院《じいん》として知られる。

8 **六訳三存**　法華経の漢訳本《かんやくぼん》は、古い順に①法経　三昧経《ほうきょうさんまいきょう》、②薩芸芬陀利経《さつうんふんだりきょう》、③正法華経《しょうほけきょう》、④方等《ほうとう》法華経、⑤妙法蓮華経《みょうほうれんげきょう》、⑥添品《てんぽん》法華経の六種類《しゅるい》の訳があり、そのうち、③⑤⑥の三訳だけが現存《げんそん》する。

9 **竺法護**　生没年不明《せいぼつねんふめい》。竺《じく》は「天竺《てんじく》」すなわちインド人であることを示す。中国・西晋代《せいしんだい》の訳経《やくきょう》僧《そう》。『正法華経《しょうほけきょう》』の訳者。

10 **玄奘**　（六〇二年～六六四年）。中国唐代初期《とうだいしょき》の僧。インド各地を巡《めぐ》り、経典《きょうてん》六百五十部余りを中国に持ち帰って漢訳《かんやく》した。

11 **敦煌**　中国・甘粛省《かんしゅくしょう》の西端《せいたん》、祁連山脈《きれんさんみゃく》の北麓《ほくろく》に位置《いち》するオアシス都市。

12 **月氏人**　月氏《げっし》は月支とも書く。アジアの古民族《こみんぞく》で、前三世紀には祁連山脈《きれんさんみゃく》北側の「河西《かせい》」のステップに遊牧《ゆうぼく》していた。前一七〇年前後に匈奴《きょうど》の攻撃《こうげき》を受け、西方《せいほう》に移動《いどう》した。一部は青海《せいかい》地方に入り、「小月氏《しょうげっし》」と呼ばれ、主力《しゅりょく》はパミールの西に移《うつ》り、アム川中流域《ちゅうりゅういき》に拠《よ》って「大月氏《だいげっし》」と称《しょう》され、後にクシャーナ王朝《おうちょう》を創建《そうけん》した。

13 **十妙**　妙法蓮華経の「妙《みょう》」の一字に十種《じっしゅ》の意義《いぎ》があること。天台大師《てんだいだいし》が説《と》いたもので、迹門《しゃくもん》十妙と本門《ほんもん》十妙がある。

14 **説一切有部**　釈尊滅後《しゃくそんめつご》三百年ごろ、上座部《じょうざぶ》から分《わ》かれた一派。一切《いっさい》は「有《う》」であると説《と》いたところから、この名がある。上座部が経《きょう》・律《りつ》を重視《じゅうし》したのに対し、論《ろん》を重《おも》んじた。

15 **スーリヤソーマ**　西域《せいいき》・沙車国《さしゃこく》（ヤルカンド）の人。鳩摩羅什《くまらじゅう》に大乗《だいじょう》仏教を教えた師で、漢訳《かんやく》仏典《ぶってん》では音訳《おんやく》されて須利耶蘇摩《しゅりやそま》と表記《ひょうき》される。

16 **絶後光前**　鳩摩羅什《くまらじゅう》の漢訳《かんやく》の素晴《すば》らしさを称《たた》える言葉。道宣《どうせん》（五九六年～六六七年）の『律相《りっそう》感通伝《かんつうでん》』にあり、鳩摩羅什の訳経《やくきょう》について「一代の宝なり」とも述べている。

17 **孔子**　（前五五一年～前四七九年）。生没年《せいぼつねん》には異説《いせつ》がある。中国・春秋《しゅんじゅう》時代の思想家《しそうか》。儒教《じゅきょう》の祖。『論語《ろんご》』は、弟子《でし》たちが孔子《こうし》の言行《げんこう》を編集《へんしゅう》したもの。

18　**大智度論**　竜樹《りゅうじゅ》の著《ちょ》と伝《つた》えられる般若経《はんにゃきょう》の解説書《かいせつしょ》。百巻。鳩摩羅什《くまらじゅう》が漢訳《かんやく》した。

19　**ケルト語**　インド・ヨーロッパ語族《ごぞく》の一語派。紀元前《きげんぜん》数世紀のころには、ヨーロッパの中・西部で広く話されていた。

20　**ブラフミー文字**　古代インドの文字で、アショーカ王碑文《ひぶん》は主にこの文字で刻《きざ》まれている。この文字から現在のインド系文字が成立《せいりつ》した。

21　**上座部仏教**　釈尊滅後《しゃくそんめつご》百年ごろ、戒律《かいりつ》の解釈《かいしゃく》をめぐって対立《たいりつ》し、仏教教団《きょうだん》は保守派《ほしゅは》の「上座部《じょうざぶ》」と進歩派《しんぽは》の「大衆部《たいしゅうぶ》」に分裂《ぶんれつ》したと伝《つた》えられる。保守派には長老《ちょうろう》が多かったので「上座部」と称《しょう》された。

22　**莫高窟**　敦煌《とんこう》にある石窟《せっくつ》で、千仏洞《せんぶつどう》とも呼《よ》ばれる。敦煌県城《けんじょう》の東南二十キロ、鳴沙山東端《めいさざんとうたん》の断崖《だんがい》絶壁《ぜっぺき》にある。現存《げんぞん》する窟数《くっすう》は約六百。貴重《きちょう》な仏教美術《びじゅつ》、経典《きょうてん》などの宝庫《ほうこ》として知られる。

第八章 釈尊《しやくそん》の悟《さと》り——人間の宗教

釈尊《しゃくそん》──「内《うち》なる生命《せいめい》を磨《みが》け！」

チャンドラ　私のところに、毎月、「グラフＳＧＩ」が届《とど》けられます。届くと、私は、すぐに先生のメッセージを読むことにしています。

二十一世紀の第一号にはこうあります。

さあ、未到《みとう》の希望《きぼう》の千年へ
共々《ともども》に　勇《いさ》んで出発《しゅっぱつ》しよう！
……………
高《たか》く高く　また高く
仏法《ぶっぽう》の人間主義《にんげんしゅぎ》の旗《はた》を掲《かか》げて！

この詩《し》を読んで私は感銘《かんめい》しました。ＳＧＩこそが、二十一世紀《せいき》を「平和の世紀」としゆく潮《ちょう》流《りゅう》の先頭《せんとう》に立つでしょう。

私は今、渡《わた》り鳥《どり》のように、大地《だいち》に帰ります。私よりも偉大《いだい》な〝生命〟に戻《もど》ってきます。「人間《にんげん》革命《かくめい》」の意味《いみ》を知るために。

池田　博士《はくし》の、SGIの運動に対する深いご理解《りかい》と真心《まごころ》のご声援《せいえん》に、心から感謝《かんしゃ》いたします。ともに「希望《きぼう》の千年」へ出発しましょう。

そこで、今回は、博士も言及《げんきゅう》された「人間革命」の基盤《きばん》をなす〝釈尊《しゃくそん》の悟《さと》り〟をめぐって、世界を代表《だいひょう》する仏教学者《ぶっきょうがくしゃ》であるチャンドラ博士に、種々《しゅじゅ》、ご意見《いけん》をお伺《うかが》いしたいと思います。

チャンドラ　いや、池田先生こそが、仏教の精髄《せいずい》を了解《りょうかい》された「仏教哲学者《てつがくしゃ》」です。釈尊《しゃくそん》について、先生と語り合うことは、むしろ、私のほうこそ光栄《こうえい》であり、名誉《めいよ》なことです。

池田　真実《しんじつ》の知性《ちせい》の人は謙虚《けんきょ》です。博士《はくし》こそ、真の知性です。その世界的知性の博士と語り合うことは、私にとって、この上なく名誉《めいよ》なことです。

さあ、対話《たいわ》を始めましょう。博士のお話を世界の読者《どくしゃ》が待っています。

まず、釈尊《しゃくそん》がインド精神史《せいしんし》に登場《とうじょう》した意義《いぎ》と背景《はいけい》について、話し合いたいと思います。

釈尊の時代までに、バラモン★1教は形式化《けいしきか》し、王族たちはバラモンに儀式《ぎしき》を依頼《いらい》するようになっていました。バラモンたちは儀式を行《おこな》い、神《かみ》に現世的《げんせてき》な利益《りえき》を祈《いの》りました。

チャンドラ　その儀式《ぎしき》では、しばしば動物《どうぶつ》たちがいけにえとして、殺されました。

時代が下《くだ》るにつれ、バラモン教の流れのなかには、堕落《だらく》した聖職者《せいしょくしゃ》が現《あらわ》れました。ヴェーダのサンヒター（ヴェーダ本集《ほんしゅう》のこと）から、その注釈書《ちゅうしゃくしょ》であるブラーフマナ★2文献《ぶんけん》、さらにウパニ★3

シャッドへと続く、真実《しんじつ》の精神的《せいしんてき》、宗教的機軸《しゅうきょうてききじく》は、むしろ、それらの堕落した聖職者にではなく、釈尊《しゃくそん》へとつながっていったのです。

池田 私は、釈尊《しゃくそん》は〝儀式《ぎしき》の内面化《ないめんか》〟を志向《しこう》したと思うのです。

初期《しょき》の仏典《ぶってん》である『サンユッタ・ニカーヤ★4（相応部経典《そうおうぶきょうてん》）』には、火を扱《あつか》う儀式《ぎしき》をしていたバラモンに、釈尊はこう語っています。

「バラモンよ。木片《もくへん》を焼《や》いたら浄《きよ》らかさが得《え》られると考えるな。（中略）バラモンよ。わたしは（外的《がいてき》に）木片を焼くことをやめて、内面的《ないめんてき》にのみ光輝《こうき》を燃焼《ねんしょう》させる」（『ブッダ　悪魔との対話』中村元訳、岩波書店）

チャンドラ 釈尊《しゃくそん》の意図《いと》は明確《めいかく》です。儀式《ぎしき》を精緻《せいち》にしたり、豪奢《ごうしゃ》にしたりするのではなく、〝内《うち》なる生命を磨《みが》け〟――それが釈尊のメッセージだったのです。

このことが、池田先生がおっしゃる〝儀式の内面化《ないめんか》〟ということですね。

池田 そうです。そして、創価学会の理念《りねん》である「人間革命」は、この釈尊《しゃくそん》の心を継《つ》ぐものです。

チャンドラ ここで、創価学会へと受《う》け継《つ》がれる、高貴《こうき》な精神《せいしん》の発展《はってん》の歴史《れきし》を、私なりに振《ふ》り返《かえ》ってみたいと思います。

人類《じんるい》の偉大《いだい》な遺産《いさん》である『リグ・ヴェーダ★5』には、女神《めがみ》★6アディティについてこのように記されています。

「アディティは天《てん》なり、アディティは空界《くうかい》なり。アディティは母なり、彼女《かのじょ》は父なり、彼女は息子《むすこ》なり。アディティは一切《いっさい》の神々《かみがみ》なり、五種族《ごしゅぞく》（編集部注、全民族）なり。アディティは既生《きせい》のものなり、アディティは未生《みしょう》のものなり」（『リグ・ヴェーダ讃歌』辻直四郎訳、岩波文庫）

池田　このアディティとは、すべてを統一《とういつ》し、すべてに遍満《へんまん》する「真理《しんり》」のような存在《そんざい》ですね。

チャンドラ　そうです。そして、ウパニシャッドの哲人《てつじん》たちが主張《しゅちょう》した「根本真理《こんぽんしんり》」「根本法則《ほうそく》」が現《あらわ》れてくるのです。そういう歴史《れきし》の流れのなかで、宗教には儀式《ぎしき》を執行《しっこう》する聖職者《せいしょくしゃ》だけでは不完全《ふかんぜん》であり、人生の見方《みかた》を深める哲人《てつじん》が必要であると考えられてきたのです。

池田　つまり、時代とともに二つの流れが出てきたということですね。一つは、「真理《しんり》」を追究《ついきゅう》する哲学的《てつがくてき》な思考《しこう》。もう一つは、過度《かど》の儀式主義《ぎしきしゅぎ》ですね。

チャンドラ　儀式《ぎしき》を執行《しっこう》するのはバラモンたちでしたが、複雑《ふくざつ》な儀式《ぎしき》の膨大《ぼうだい》な費用《ひよう》を負担《ふたん》したのは、クシャトリア★7（王族《おうぞく》）たちでした。そして、この王族たちが、哲学的《てつがくてき》な〝ブラフマン★8（梵《ぼん》）〟の原理《げんり》を形《かたち》づくり、バラモンたちは、それに関心《かんしん》をはらわざるをえなかったのです。

池田　つまり、以前《いぜん》には、聖職者《せいしょくしゃ》であるバラモンには権威《けんい》があった。バラモンが最高《さいこう》の身分《みぶん》を誇《ほこ》っていた。それがウパニシャッドに見られる哲学思想《てつがくしそう》が現《あらわ》れて、逆転《ぎゃくてん》が始まったのですね。儀式《ぎしき》から哲学へ——。形式《けいしき》から内面《ないめん》へと——。

まさに、その歴史は釈尊《しゃくそん》へと受《う》け継《つ》がれていきますね。

チャンドラ　そうです。今述《の》べた、ウパニシャッドのような偉大《いだい》な思想《しそう》を生み出した精神《せいしん》の大《だい》地《ち》が、釈尊《しゃくそん》を育《はぐく》んだのです。

確《たし》かに、仏教の思想は、ウパニシャッドとは異《こと》なっていますし、ある点では正反対《せいはんたい》です。しかし、仏教へのさまざまな考え方に道を開いたのは事実《じじつ》です。

例《たと》えば、初期《しょき》のウパニシャッドは、人間を超《こ》えた「人格神《じんかくしん》」を否定《ひてい》しています。仏教も、絶《ぜっ》対的《たいてき》な人格神は否定します。また、釈尊《しゃくそん》は、ヴェーダで説かれているような儀式《ぎしき》を拒否《きょひ》しました。

形式主義《けいしきしゅぎ》・儀礼《ぎれい》主義への批判《ひはん》

池田　ヴェーダの儀式中心主義《ぎしきちゅうしんしゅぎ》においては、バラモンに供養《くよう》をして、盛大《せいだい》な儀式を行《おこな》ってもらうことによって、善業《ぜんごう》を積《つ》み、天国《てんごく》に生まれるとされていました。釈尊《しゃくそん》は、その形式《けいしき》主義に立ち向かったのです。

チャンドラ　そうです。また釈尊《しゃくそん》は、煩瑣《はんさ》な形而上学的《けいじじょうがくてき》な議論《ぎろん》に対抗《たいこう》し、現実《げんじつ》の世界で苦悩《くのう》に立ち向かい、生きてゆくための不断《ふだん》の努力《どりょく》を続けたのです。

池田　そういう意味で、仏教は、決《けっ》して現実《げんじつ》の人間苦《にんげんく》を離《はな》れません。仏教は、儀式《ぎしき》で火を燃《も》やして奇跡《きせき》を期待《きたい》するのではなく、自《みずか》らを磨《みが》き続けて、苦悩《くのう》を超克《ちょうこく》しつつ、自分自身が社会を照《て》らす〝灯明《とうみょう》〟となっていくための教えなのです。

チャンドラ　池田先生が指摘《してき》されたように、釈尊《しゃくそん》がわれわれに語りかけているもの、それこそ「人間革命」の思想《しそう》なのです。逆《ぎゃく》に言えば、人類《じんるい》の歴史《れきし》において、釈尊が最初《さいしょ》に「人間革命」の思想を提唱《ていしょう》したと言えるでしょう。

人間を超《こ》えた「神《かみ》」などはありません。奇跡《きせき》を行《おこな》う「儀式《ぎしき》」も無用《むよう》です。まさしく、創価学会は、この釈尊の簡明《かんめい》な精神《せいしん》に直結《ちょくけつ》するものです。

池田　高いご評価《ひょうか》、深いご理解《りかい》、ありがとうございます。

チャンドラ　特に、私が創価学会を評価《ひょうか》するのは、その「社会性《しゃかいせい》」です。空理《くうり》・空論《くうろん》をもてあそぶのではなく、現実《げんじつ》のなかで仏法を展開《てんかい》している点です。

池田　私どもにとって、「社会性《しゃかいせい》」は、釈尊《しゃくそん》や大乗仏教《だいじょうぶっきょう》の菩薩道《ぼさつどう》、また日蓮大聖人の「立正安国《りっしょうあんこく》」の精神《せいしん》に直結《ちょくけつ》する、いわば行動《こうどう》の基軸《きじく》です。いかに素晴《すば》らしい教えでも、現実《げんじつ》のなかで人を救《すく》っていかなければ、それは無用《むよう》です。悩《なや》める友、混迷《こんめい》する社会に対して、積極的《せっきょくてき》にかかわってこそ宗教です。仏教です。

チャンドラ　同感《どうかん》です。『ディーガ・ニカーヤ（長部経典《ちょうぶきょうてん》）』★9のなかの『マハー・パリニッバーナ・

スッタンタ（大般涅槃経《だいはつねはんぎよう》）』に、有名《ゆうめい》なエピソードがあります。釈尊《しやくそん》は社会の安定《あんてい》について、弟《で》子《し》アーナンダにこう述《の》べました。

「アーナンダよ。ヴァッジ人が、しばしば会議《かいぎ》を開き、会議には多くの人々が参集《さんしゆう》する間《あいだ》は、ヴァッジ人には繁栄《はんえい》が期待《きたい》され、衰亡《すいぼう》は無《な》いであろう」

「アーナンダよ。ヴァッジ人が、協同《きようどう》して集合《しゆうごう》し、協同して行動《こうどう》し、協同してヴァッジ族《ぞく》として為《な》すべきことを為す間《あいだ》は、ヴァッジ人には繁栄が期待され、衰亡は無いであろう」（『ブッダ最後の旅』中村元訳、岩波書店）

「他者《たしや》」のなかに尊厳《そんげん》を見る

池田　釈尊《しやくそん》が、ヴァッジ族《ぞく》が末永《すえなが》く繁栄《はんえい》する条件《じようけん》を列挙《れつきよ》した、有名《ゆうめい》な「七不退法《しちふたいほう》」★10の冒頭《ぼうとう》に出てくる一節《いつせつ》ですね。私もその一節を、ハワイの東西《とうざい》センターでの講演《こうえん》で取り上げました。

コロンビア大学のサーマン宗教学部長《しゆうきようがくぶちよう》は、この「七不退法」を高く評価《ひようか》され、「二十一世紀には、講演のなかで言及《げんきゆう》された〝七つの不退法《ふたいほう》〟が世界に流布《るふ》し、実践《じつせん》されていくであろう」と述《の》べられておりました。

チャンドラ　そのことは、よく存《ぞん》じています。

釈尊《しゃくそん》こそ、インドの思想《しそう》と社会的行動《しゃかいてきこうどう》の頂点《ちょうてん》です。釈尊は人間を愛していました。彼は「王子《おうじ》の座《ざ》」を降《お》り、独《ひと》りだけの悟《さと》りの法悦《ほうえつ》の座から立ち上がり、常《つね》に現実《げんじつ》の苦悩《くのう》のなかに飛《と》び込《こ》んだのです。

池田先生、あなたこそ、この釈尊の中道《ちゅうどう》の思想に、人類《じんるい》が実践《じっせん》できる新たな求道《きゅうどう》の道を与《あた》えたのです。人類に、人間を超《こ》えた「神《かみ》」ではなく、自分自身を信じるという道を示《しめ》したのです。蓮華《れんげ》のごとく、ゆっくりと、しかし確実《かくじつ》に花開《はなひら》くイメージをもったものとして、人間の力の可《か》能性《のうせい》に光を与えたのです。

池田　人間を離《はな》れたところに「国家《こっか》」などの「絶対的《ぜったいてき》なもの」を置《お》いてしまうと、どうしても、人と人との関係《かんけい》が分断《ぶんだん》されてしまいます。また、最高《さいこう》の価値《かち》を「自分」のみに置いてしまうと、自己中心主義《じこちゅうしんしゅぎ》（エゴイズム）に陥《おちい》ります。

それに対し、仏教で説く菩薩道《ぼさつどう》は、「他者《たしゃ》」のなかに、尊厳《そんげん》を見いだします。例《たと》えば、法華経の不軽品《ふきょうほん》に出てくる不軽菩薩は、出会《であ》う人に「仏性《ぶっしょう》(仏としての本性)」を見たのです。

チャンドラ　「私――あなた」という、自己《じこ》と他者《たしゃ》を対立的《たいりつてき》にとらえる関係《かんけい》ではなく、「私――私たち」という関係は、人々に人間性を与《あた》えるものです。

「私――私たち」の関係のなかで、人間はより高い次元《じげん》の存在《そんざい》となり、より高い次元の〝共存《きょうそん》〟へと、常《つね》に自《みずか》らを乗《の》り越《こ》えていくのです。

釈尊《しゃくそん》の出家《しゅっけ》の動機《どうき》——仏教《ぶっきょう》の原点《げんてん》

池田　では、いよいよ〝釈尊《しゃくそん》の悟《さと》り〟とは何であったのか、という仏教の核心《かくしん》に話を移《うつ》したいと思います。

チャンドラ　それは、仏教の原点《げんてん》の追究《ついきゅう》でもあります。

池田　仏典《ぶってん》では、王子《おうじ》であった釈尊《しゃくそん》が、出家《しゅっけ》に至《いた》る動機《どうき》を次のようにつづっています。

「わたくしはこのように裕福《ゆうふく》で、このようにきわめて優《やさ》しく柔軟《じゅうなん》であったけれども、次のような思いが起こった、——愚《おろ》かな凡夫《ぼんぷ》は、自分が老《お》いゆくものであって、また、老いるのを免《まぬか》れないのに、他人《たにん》が老衰《ろうすい》したのを見ると、考えこんで、悩《なや》み、恥《は》じ、嫌悪《けんお》している——自分のことを看過《かんか》して。じつはわれもまた老いゆくものであって、老いるのを免れないのに、他人が老衰したのを見ては、考えこんで、悩み、恥じ、嫌悪するであろう、——このことは自分にはふさわしくないであろう、と思って。わたくしがこのように考察《こうさつ》したとき、青年時における青年の意気《いき》（若さの驕《おご》り）はまったく消《き》え失《う》せてしまった」（「アングッタラ・ニカーヤ（増支部経典）」『ゴータマ・ブッダI』所収、中村元訳、春秋社）

「若さの驕《おご》り」への反省《はんせい》です。こののち、「病《びょう》」「死《し》」と考察《こうさつ》は続き、病者《びょうしゃ》に対する「健康《けんこう》であ

釈尊は、王城《おうじよう》の四つの門を出て遊園《ゆうえん》に赴《おもむ》く途中《とちゆう》、生老病死の四苦《しく》を目《ま》の当たりにして出家《しゆつけ》得道《とくどう》の望みを起こしたという。写真は、出家前の釈尊が「遊園に赴く」ところを描《えが》いたもの（サーンチー第１塔の北門門柱、１世紀ころ）

ることの驕《おご》り」、死者《ししや》に対する「生きていることの驕《おご》り」を指摘《してき》するのです。

人間は、すべて、「生老病死《しようろうびようし》」を免《まぬか》れない存在《そんざい》なのに、「老《ろう》」「病《びよう》」、そして「死《し》」から目を背《そむ》けて、これらを嫌悪《けんお》する。私はハーバード大学での講演《こうえん》で、「死」を嫌悪し、逃《のが》れようとする現代文明《げんだいぶんめい》が、逆《ぎやく》に〝大量死《たいりようし》〟を引き起こしている現実《げんじつ》を指摘《してき》しました。人間の心のなかに潜《ひそ》む、これらの「驕《おご》り」――根源的《こんげんてき》エゴイズム――こそ、苦しみの因《いん》であり、社会の混迷《こんめい》の原因《げんいん》だからです。

チャンドラ　その〝驕《おご》り〟とは、先生が講演《こうえん》の際《さい》に言及《げんきゆう》された[★11]『スッタ・ニパータ』に出てくる、人々の心に突《つ》き刺《さ》さった「見えざる一本《いつぽん》の矢《や》」のことですね。

池田　そうです。私は、この「見えざる一本《いつぽん》の矢《や》」を「差異《さい》へのこだわり」と表現《ひようげん》しました。〝根源的《こんげんてき》エゴイズム〟にとらわれて、他者《たしゃ》を差別《さべつ》し、見下《みくだ》し、排除《はいじょ》するはたらきです。仏教的に表現《ひょうげん》すれば、このはたらきこそ、生命内奥《せいめいないおう》の「無明《むみょう》（アヴィディヤー）」です。

チャンドラ　そうです。同感《どうかん》です。

「太陽《たいよう》の仏法《ぶっぽう》」の顕現《けんげん》

池田　釈尊《しゃくそん》は成道《じょうどう》によって、生老病死《しょうろうびょうし》の苦《く》が、この「無明《むみょう》」によるものであり、この無明を滅《ほろ》ぼした時、苦が滅びるという「縁起《えんぎ》の法《ほう》」に目覚《めざ》めていますね。

チャンドラ　「釈尊《しゃくそん》の成道《じょうどう》」というと、何か静寂《せいじゃく》なイメージがつきまとうのですが、実際《じっさい》は、違《ちが》います。――それは命《いのち》がけの闘争《とうそう》でした。

釈尊《しゃくそん》は、成道《じょうどう》に至《いた》るまで、人生の痛《いた》み、苦悩《くのう》、苦労《くろう》、涙《なみだ》について、長い時間熟慮《じゅくりょ》し、深く瞑想《めいそう》しなければなりませんでした。彼は、〝魔《ま》の誘惑《ゆうわく》〟に打《う》ち勝《か》たねばなりませんでした。

池田　そうです。「仏法は勝負《しょうぶ》」です。仏のことを「勝者《しょうしゃ》（ジーナ）」といいます。魔《ま》との戦いを離《はな》れて、悟《さと》りはありません。

多くの仏典《ぶってん》には、禅定中《ぜんじょうちゅう》の釈尊《しゃくそん》に〝魔〟が巧妙《こうみょう》に迫《せま》る様相《ようそう》がつづられていますね。

例えば『サンユッタ・ニカーヤ』の第一編《だいいっぺん》第四章《しょう》は、「悪魔《あくま》についての伝承《でんしょう》の集成《しゅうせい》」と呼《よ》ばれています。

そこでは、魔が「せっかく知りえた真理《しんり》を他人《たにん》に説いてはいけない」と釈尊《しゃくそん》に説法《せっぽう》をやめさせようとしたり、「愛執《あいしゅう》」「不快《ふかい》」「快楽《かいらく》」という名の、魔の三人の娘《むすめ》が釈尊を誘惑《ゆうわく》したりする場面《ばめん》が出てきます。

さらに暴力《ぼうりょく》で命《いのち》をとろうとしたり、釈尊は騙《だま》せないので、弟子《でし》を誑《たぶら》かそうとしたりする場面《ばめん》が描《えが》かれています。

そして、結局《けっきょく》は〝降魔《ごうま》〟——魔の敗退《はいたい》となるのです。

釈尊が「魔」（★12「元品《がんぽん》の無明《むみょう》」）との激闘《げきとう》に勝利《しょうり》した瞬間《しゅんかん》——それは、東天《とうてん》の明《あ》けの明星《みょうじょう》の〝きらめき〟と同時《どうじ》であった、と仏典《ぶってん》には記《しる》されています。

つまり、生命の内奥《ないおう》の闇《やみ》が最《もっと》も深まった「元品の無明」の領域《りょういき》、その闇が「元品の法性《ほっしょう》」★13の光明《こうみょう》によって貫《つらぬ》かれる——釈尊の成道《じょうどう》は、まさに〝依正不二《えしょうふに》〟★14で、大宇宙《だいうちゅう》の暗黒《あんこく》の深まりの極限《きょくげん》における、明《あ》けの明星《みょうじょう》の〝きらめき〟と一体《いったい》でした。

釈尊の生命の〝暗《あん》〟から〝明《めい》〟への転回《てんかい》と、大宇宙の〝闇《やみ》〟から〝光《ひかり》〟への反転《はんてん》の〝同時性《どうじせい》〟こそ、仏《ほとけ》の悟《さと》りが宇宙大《うちゅうだい》の内実《ないじつ》をはらんでいることを示《しめ》しております。

チャンドラ　〝魔《ま》〟は人間の心のなかにあります。釈尊《しゃくそん》の心の内面《ないめん》のすさまじい戦いに思いをはせてみれば、仏は決《けっ》して「神《かみ》」のような存在《そんざい》ではなく、人間として私たちに迫《せま》ってきます。

池田　釈尊《しゃくそん》の〝魔《ま》〟との戦いの最中《さいちゅう》、〝日没《にちぼつ》〟と〝真夜中《まよなか》〟と〝夜明《よあ》け〟にわたって、三つの詩《し》が釈尊の口から発《はっ》せられていますね。

〝日没の時〟の詩には「実《じっ》にダンマ★15が、熱心《ねっしん》に瞑想《めいそう》しつつある修行者《しゅぎょうしゃ》に顕《あら》わになるとき、そのとき、かれの一切《いっさい》の疑惑《ぎわく》は消失《しょうしつ》する。というのは、かれは縁起《えんぎ》の法を知《し》っているから」とあります。しかし、〝真夜中〟には、そのもろもろの縁《えん》も消滅《しょうめつ》します。

そして〝夜明けの詩〟に至《いた》って「かれは悪魔《あくま》の軍隊《ぐんたい》を粉砕《ふんさい》して、安立《あんりつ》している。あたかも太《たい》陽《よう》が虚空《こくう》を輝《かがや》かすがごとくである」と宣言《せんげん》するのです（玉城康四郎『仏教の根底にあるもの』講談社）。釈尊が悪魔の軍隊をことごとく粉砕した〝成道《じょうどう》〟の〝瞬間《しゅんかん》〟です。

この仏典《ぶってん》では、「元品《がんぽん》の法性《ほっしょう》」——仏の大生命《だいせいめい》を〝太陽《たいよう》〟と表現《ひょうげん》しています。人類《じんるい》の闇《やみ》を永劫《えいごう》に照《て》らしゆく「太陽の仏法」が顕現《けんげん》したのです。その瞬間《しゅんかん》、釈尊は、智慧《ちえ》と慈悲《じひ》と歓喜《かんき》の潮流《ちょうりゅう》に満《み》たされた「悟《さと》り」の大境地《だいきょうち》を獲得《かくとく》し、「覚者《かくしゃ》（仏）」の生命を顕《あらわ》したのです。

この「太陽《たいよう》の仏法《ぶっぽう》」は、大乗仏典《だいじょうぶってん》において「法華経」へと結晶《けっしょう》し、さらに日蓮大聖人へと受《う》け継《つ》がれていきました。

チャンドラ　釈尊《しゃくそん》の伝記《でんき》として有名《ゆうめい》な仏典《ぶってん》★16『ラリタ・ヴィスタラ』には、次のような釈尊の師子《しし》吼《く》が出てきます。

「私が激情《げきじょう》とともに住むことは断《だん》じてない。また罪《つみ》とともに住むこともない。私は常《つね》に、その本質《ほんしつ》において、快《こころよ》いものと住むことはなく、また愉快《ゆかい》なものとも、不愉快《ふゆかい》なものとも仲間《なかま》にならない。私の精神《せいしん》は、空《そら》を吹《ふ》く風のように完全《かんぜん》に解放《かいほう》されている。

たとえこの世界が余《あま》す所なくおまえ達（編集部注、魔のこと）のようなもので満《み》たされたとしても、また私が一つのカルパ（劫《こう》）にわたっておまえ達と一緒《いっしょ》になって過ごすことができたとしても、私には悪《あく》も無《な》く、激情《げきじょう》も無く、狂気《きょうき》も無い。ジーナ（勝者《しょうしゃ》、聖者《せいじゃ》）は平等《びょうどう》で、宇宙《うちゅう》の精気《せいき》のような精神《せいしん》を持っておられるのだ」（『ブッダの境涯』溝口史郎訳、東方出版）

池田　「太陽《たいよう》の仏法《ぶっぽう》」に照《て》らされた宇宙大《うちゅうだい》の自由自在《じゆうじざい》の境涯《きょうがい》、「差異《さい》へのこだわり」を超克《ちょうこく》した平等大慧《びょうどうだいえ》の精神《せいしん》、そして生《い》きとし生けるものを包括《ほうかつ》しゆく大慈悲心《だいじひしん》が横溢《おういつ》しています。覚者《かくしゃ》（仏）の「生命空間《せいめいくうかん》」――ニルヴァーナ[17]（涅槃《ねはん》）――を見事《みごと》に描写《びょうしゃ》した文章《ぶんしょう》です。

チャンドラ　仏法の信ずべき言葉《ことば》は、人の心のなかにあります。それは経典《きょうてん》のメッセージによって照《て》らされています。経典は閉《と》ざされたものではなく、そこから、目覚《めざ》めた人生に対する態《たい》度《ど》や行動《こうどう》を喚起《かんき》するインスピレーションが生じてくるのです。

池田　そうです。経典《きょうてん》は決して過去《かこ》の遺物《いぶつ》ではありません。また、考古学的《こうこがくてき》、文献学的《ぶんけんがくてき》な研究《けんきゅう》の対象《たいしょう》だけであっていいはずはありません。日蓮仏法では、経文《きょうもん》の「身読《しんどく》」といいます。正しい経文に説かれた教えを、正しく実践《じっせん》することが最《もっと》も大切《たいせつ》なことなのです。

チャンドラ　仏教のメッセージはこうです。

「あなたの身体《しんたい》は、汝《なんじ》の感覚《かんかく》と尊厳《そんげん》の殿堂《でんどう》であり、そこはあなたが、人間の普遍性《ふへんせい》と、普遍的な人間像《にんげんぞう》を求めるところなのです！　内に目を向けましょう。あなたは仏なのです」

自己《じこ》実現《じつげん》は仏法の真髄《しんずい》です。『サンユッタ・ニカーヤ』には、次のような話が出てきます。林に入った人が古道《こどう》を発見《はっけん》し、その道を行くと遺跡《いせき》となった古都《こと》に至《いた》ります。そして、やがて古都が再興《さいこう》されてゆくという話です。

池田　有名《ゆうめい》な「城邑《じょうゆう》の譬《たと》え」ですね。その譬えは、釈尊《しゃくそん》も永遠《えいえん》の昔からある「真理《しんり》」「法」を発《はっ》見《けん》したことを示しているのです。

つまり、釈尊は新《あら》たな法則《ほうそく》をつくったのではない。真理を発見したのです。ニュートンが発見する前にも、万有引力《ばんゆういんりょく》の法則はありました。それをニュートンが発見した。そして、皆《みな》が利《り》用《よう》できる形《かたち》に公式化《こうしきか》したのです。

同じように、釈尊が「真理」をつくったのではありません。釈尊自身《じしん》が究極《きゅうきょく》の「真理」を「太《たい》陽《よう》の仏法《ぶっぽう》」として体得《たいとく》したのです。

チャンドラ　そうです。仏は天地《てんち》創造《そうぞう》の神《かみ》ではないのです。仏は「真理《しんり》」を発見《はっけん》し、それを皆《みな》が実践《じっせん》できるように、自ら《みずか》率先《そっせん》して実践したのです。

その実践とは、両極端《りょうきょくたん》を捨《す》て、★18戒《かい》・定《じょう》・慧《え》の三つの実践《じっせん》により、至高《しこう》の智慧《ちえ》へと至《いた》る道です。仏教の目標《もくひょう》というのは、「成仏《じょうぶつ》」つまり、自己《じこ》実現《じつげん》、自己完成《かんせい》なのです。

自己実現とは、観念論《かんねんろん》でもなく、気休《きやす》めでもなく、現実《げんじつ》の世界のなかで、わが身に即《そく》して、人間的価値観《かちかん》を経験《けいけん》してゆくことです。また、他者《たしゃ》に奉仕《ほうし》することによって人間的価値観と対話《たいわ》してゆくことです。そして、それは「人間革命」ということです。

カシミールの偉大《いだい》な哲学者《てつがくしゃ》・詩人《しじん》アビナヴァ・グプタ[★19]は述《の》べています。

彼はその山をよく見ていたのに、

初《はじ》めて見たかのように彼は驚《おどろ》きに満《み》ちていた。

瞬間《しゅんかん》、瞬間、新しくなるということは、美《び》の本質《ほんしつ》である。

「価値創造《かちそうぞう》」こそ「幸福《こうふく》の本質《ほんしつ》」

池田　貴国《きこく》は「精神《せいしん》の大国《たいこく》」であり、そして「詩心《しごころ》の大国」です。壮大《そうだい》な叙事詩《じょじし》『マハー・バーラタ』[★20]『ラーマーヤナ』[★21]。そして、カーリーダーサ[★22]、アジア最初《さいしょ》のノーベル文学賞《ぶんがくしょう》を受けた敬愛《けいあい》するタゴール等々の古今《ここん》の大詩人。貴国《きこく》が、どれほど人類《じんるい》に貢献《こうけん》してこられたか。

核兵器《かくへいき》やナパーム弾《だん》の発明《はつめい》は人類《じんるい》の悲惨《ひさん》につながりましたが、インドの詩心《しごころ》は、人類の平和《へいわ》と幸福《こうふく》につながります。

アビナヴァ・グプタも、その詩、詩作《しさく》の理論《りろん》、美学《びがく》理論で、人類の平和と幸福のために、大きな業績《ぎょうせき》を残した人物《じんぶつ》です。

偉大《いだい》な美学者《びがくしゃ》であった彼が、いみじくも言ったように、「瞬間《しゅんかん》、瞬間、新しくなるということは、美《び》の本質《ほんしつ》」であると同時に、それは「幸福の本質」でもあります。

それを、私たちは「価値創造《かちそうぞう》」と呼《よ》んでいます。

チャンドラ　「創価学会」という名に、まさしく、人間の本質的《ほんしつてき》な可能性《かのうせい》を喚起《かんき》し、共鳴《きょうめい》する、尊極《そんごく》の人間的価値《かち》が表《あらわ》れています。

また、別の観点《かんてん》でいえば、仏教で最高《さいこう》の智慧《ちえ》を現《あらわ》す「ボーディ（菩提《ぼだい》）」は、自然《しぜん》の営《いとな》みに参《さん》加《か》することです。

覚醒《かくせい》した心と環境《かんきょう》、つまり人間と自然《しぜん》は、別個《べっこ》の存在《そんざい》ではありません。生命の自然環境を共《きょう》有《ゆう》しています。人間の内部と外の世界は、相互《そうご》に関連《かんれん》しています。

池田　その「真理《しんり》」は、釈尊《しゃくそん》における、宇宙《うちゅう》と一体《いったい》の成道《じょうどう》として示《しめ》されました。「依正不二《えしょうふに》」です。

チャンドラ　「依正不二《えしょうふに》」の思想《しそう》こそ、地球環境問題《ちきゅうかんきょうもんだい》に対して大きな展望《てんぼう》を開くものといえるでしょう。

池田　人類《じんるい》は今こそ、仏教の叡智《えいち》を必要《ひつよう》としているのではないでしょうか。常《つね》に新しい価値《かち》を、その智慧《ちえ》から創造《そうぞう》していけるからです。

チャンドラ　そのお考えに賛同《さんどう》します。釈尊《しゃくそん》の覚醒《かくせい》は、人類《じんるい》に新しい哲学《てつがく》を吹《ふ》き込《こ》みました。それは、次のような思想《しそう》です。

（1）覚醒《かくせい》の智慧《ちえ》とは、身体《しんたい》を持った男性《だんせい》と女性《じょせい》を根本《こんぽん》とする。

（2）覚醒の智慧とは、個人的経験《こじんてきけいけん》を通して想像《そうぞう》できるものであり、具体的《ぐたいてき》な身体によって得られる崇高《すうこう》さである。

（3）覚醒の智慧とは、自《みずか》らの内面《ないめん》と、人間、他の生物《せいぶつ》、環境全体《かんきょうぜんたい》を含《ふく》む外界《がいかい》との相互《そうご》に作用《さよう》する。

池田先生は、常《つね》に未来《みらい》を見つめて思索《しさく》し、行動《こうどう》されている。そのあなたの手のなかに、実《じつ》に具体的《ぐたいてき》で、簡明《かんめい》な、釈尊の「覚醒の智慧」という、内在《ないざい》する光《ひかり》をお持ちです。個人《こじん》の内にありながらも、他者《たしゃ》を照《て》らす光です。

それは、あなたと私、そして人類の生命の真髄《しんずい》です。池田先生は、その真髄を得《え》られるためにどれほどの経験《けいけん》をされたか、苦しみを体験《たいけん》され克服《こくふく》されたことか。

池田　仏典《ぶってん》に「一念《いちねん》に億劫《おくごう》の辛労《しんろう》を尽《つく》せば」（御書七九〇ジペー）とあります。私には偉大《いだい》な師匠《ししょう》がいました。信頼《しんらい》する同志《どうし》がいました。愛する友がいました。師匠の元《もと》で、同志とともに、すべての困難《こんなん》を乗《の》り越《こ》えることができました。

チャンドラ　確《たし》かに人間は、弱く、不完全《ふかんぜん》な存在《そんざい》です。しかし、池田先生は、その限《かぎ》りある人間のなかに、美しき「永遠《えいえん》」を見いだしたのです。

注

1 バラモン教　インド古代《こだい》において、カースト（四姓制度《しせいせいど》）の最上位《さいじょうい》であるバラモンが主体《しゅたい》となった宗教のこと。ヴェーダを聖典《せいてん》とする。

2 ブラーフマナ　「祭式《さいしき》の説明」の意。ヴェーダを構成《こうせい》する要素《ようそ》の一つで、その内容は祭式執行《しっこう》の規定と祭式の神学的説明《しんがくてきせつめい》を主としている。

3 ウパニシャッド　ヴェーダーンタ（ヴェーダの末尾《まつび》）ともいわれ、「奥義書《おうぎしょ》」と訳される。語源《ごげん》については諸説《しょせつ》あるが、本来《ほんらい》は師からひそかに授《さず》けられる奥義・秘伝《ひでん》を意味した。

4 サンユッタ・ニカーヤ　北伝仏教《ほくでんぶっきょう》において漢訳《かんやく》された阿含経典《あごんきょうてん》は、南伝《なんでん》仏教ではパーリ語で記《き》録《ろく》され「ニカーヤ（部）」と称され、五部存在《そんざい》する。漢訳の「雑《ぞう》阿含」に対応するのが「サンユッタ・ニカーヤ」であり、「相応部《そうおうぶ》」と訳される。

5 リグ・ヴェーダ　四種あるヴェーダの一つ。最古《さいこ》の聖典《せいてん》としてバラモン教徒に尊重《そんちょう》された。

6 アディティ　『リグ・ヴェーダ』の神々への讃歌《さんか》のなかで最高神《さいこうしん》として称《たた》えられるインドラを生み出した母神《ぼしん》とされる。

7 クシャトリア　インドのカースト（四姓制度《しせいせいど》）において、バラモン階級《かいきゅう》の次に位置《いち》する王侯《おうこう》・

武士《ぶし》階級の呼称《こしょう》。

8　**ブラフマン**　「梵《ぼん》」と音訳《おんやく》され、宇宙《うちゅう》の「根本原理《こんぽんげんり》」を意味する。

9　**ディーガ・ニカーヤ**　五ニカーヤ（部）の一つで、「長部《ちょうぶ》」と訳される。「ディーガ」とは「長い」の意。比較的《ひかくてき》長い経が収《おさ》められているのでこの名がある。

10　**七不退法**　釈尊《しゃくそん》が門下《もんか》の質問に答えた教えで、共同体《きょうどうたい》を衰《おとろ》えさせないための七つの原則。その内容を現代的にいえば、①「会議・協議」、②「協同《きょうどう》・連帯《れんたい》」、③「法律・伝統」、④「年配者《ねんぱいしゃ》」、⑤「女性や子ども」、⑥「宗教性・精神性」、⑦「文化の人・哲学の人」との交流――以上の七項目を重んじているかどうかということ。

11　**スッタ・ニパータ**　最古《さいこ》の仏教経典《ぶっきょうきょうてん》の一つで、「経集《きょうしゅう》」と訳《やく》される。そのなかには「あたかも、母が自分の独《ひと》り子を命をかけて護《まも》るように、そのようにすべての生きとし生けるものに対して限《かぎ》りない慈《いつく》しみのこころを起こすべきである」と慈悲《じひ》の実践《じっせん》の重要性《じゅうようせい》が説《と》かれている。

12　**元品の無明**　衆生《しゅじょう》の生命に本然《ほんねん》に具《そな》わっている根本《こんぽん》の迷《まよ》いのこと。元品《がんぽん》は根本《こんぽん》、元初《がんじょ》の意。無《む》明《みょう》は迷いのこと。

13　**元品の法性**　「元品《がんぽん》の無明《むみょう》」に対する語で、根本《こんぽん》の悟《さと》りのこと。衆生《しゅじょう》の生命の内奥《ないおう》にある一切《いっさい》の真理《しんり》、智慧《ちえ》の根本《こんぽん》となる法性《ほっしょう》のこと。

14　**依正不二**　「依報《えほう》」（環境《かんきょう》）と「正報《しょうほう》」（生命主体《しゅたい》）が二にして不二であること。「報《ほう》」とは果報《かほう》のこと。果報を受ける主体である衆生《しゅじょう》の身心《しんしん》を「正報」といい、正報のよりどころとなる環境・国土を「依報」という。

15　**ダンマ**　パーリ語で「法《ほう》」と漢訳《かんやく》される。サンスクリットでは「ダルマ」。意味は「真理《しんり》」「理《り》法《ほう》」「秩序《ちつじょ》」「法則《ほうそく》」「本性《ほんしょう》」など多義《たぎ》にわたって用いられる。

16 **ラリタ・ヴィスタラ**　釈尊《しゃくそん》の伝記《でんき》を描《えが》いた経典《きょうてん》で、仏伝文学《ぶつでんぶんがく》の最高傑作《さいこうけっさく》とされる馬鳴《めみょう》の『ブッダ＝チャリタ』と同時代、またはそれ以後のものと考えられている。

17 **ニルヴァーナ**　「涅槃《ねはん》」と音写《おんしゃ》される。煩悩《ぼんのう》の火を「吹《ふ》き消《け》した状態《じょうたい》」をいう。

18 **戒・定・慧**　仏道《ぶつどう》を修行《しゅぎょう》する者が必ず修学すべき「戒学《かいがく》」「定学《じょうがく》」「慧学《えがく》」の三つのことで、「三学」という。

19 **アビナヴァ・グプタ**　インドの思想家《しそうか》。生没年不詳《せいぼつねんふしょう》。九世紀ごろにインドのカシミール地方に成立したシバ派の最も代表的な思想家で十世紀末に活躍《かつやく》した。

20 **マハー・バーラタ**　古代インドの叙事詩《じょじし》で、二つの部族の間の戦争を描《えが》いている。『ラーマーヤナ』とともにインドの国民的叙事詩として知られる。

21 **ラーマーヤナ**　古代インドの叙事詩《じょじし》で、コーサラ国のラーマ王子が鬼の王からシーター妃を奪《だっ》回《かい》する物語。後代の思想、文学に多大な影響《えいきょう》を与《あた》えた。

22 **カーリーダーサ**　インド古典文学史上最高《こてんぶんがくしじょうさいこう》の詩人《しじん》、劇作家《げきさっか》。生没年不詳《せいぼつねんふしょう》。グプタ王朝《おうちょう》の最盛期《さいせいき》、四、五世紀ごろに活躍《かつやく》したと推定《すいてい》されている。最も有名な作品は『シャクンタラー』。

第九章

民衆のために——釈尊の弘教《ぐきょう》の旅

世界の学問《がくもん》の府《ふ》から敬意《けいい》の称号《しょうごう》

チャンドラ　「価値《かち》の法輪《ほうりん》」を展開《てんかい》しておられる池田先生に、世界の全大陸《ぜんたいりく》の大学・学術機関《がくじゅつきかん》から名誉称号《めいよしょうごう》が贈《おく》られました。

先生に授与《じゅよ》された百を超《こ》える名誉博士《はくし》・名誉教授《きょうじゅ》の称号《しょうごう》は、あたかも法華経[★1]の百の幸運《こううん》のしるしに荘厳《そうごん》された世界のようです。それは、まさに先生の「創価の概念《がいねん》」が重要性《じゅうようせい》をもつことの確《たし》かな証《あかし》です。その概念は〝生命《せいめい》の鼓動《こどう》〟であり、生命の本質《ほんしつ》を形成《けいせい》しゆく未来《みらい》の実在《じつざい》となるものなのです。

池田　世界最高峰《さいこうほう》の学者《がくしゃ》であるチャンドラ博士《はくし》に、過分《かぶん》な評価《ひょうか》をいただき、これ以上の光栄《こうえい》はありません。

これらの称号《しょうごう》は、創価学会の牧口初代会長、戸田第二代会長の弟子《でし》として、ただただ師匠《ししょう》の教えのままに生死《しょうじ》を超《こ》えて戦い続けてきた結果《けっか》としての栄誉《えいよ》と思っています。

チャンドラ　先生に名誉《めいよ》博士《はくし》・名誉教授《きょうじゅ》の栄誉《えいよ》を授《さず》ける時、世界中《せかいじゅう》の学問《がくもん》の府《ふ》は、先生の広範《こうはん》な行動《こうどう》と未来《みらい》への展望《てんぼう》に敬意《けいい》をはらっているのです。

池田　博士《はくし》のお言葉《ことば》を、さらなる励《はげ》ましとして、人類《じんるい》のため、民衆《みんしゅう》のために尽《つ》くしてまいります。

チャンドラ　法華経の化城喩品《けじょうゆほん》第七において、十六人の王子たちは、★2大通智勝仏《だいつうちしょうぶつ》に対して、仏《ほとけ》が得《え》た最高《さいこう》の悟《さと》り（菩提《ぼだい》）を、世界の人々に説《と》いてくださるように懇願《こんがん》しています。この仏はまた、生《い》きとし生けるものが胸奥《きょうおう》で思う心を知っているのです。

同様《どうよう》に、先生は法華経の慈《いつく》しみと禅定《ぜんじょう》を生活のなかに示《しめ》し、今やその輝《かがや》きを世界にもたらしておられます。

池田　化城喩品《けじょうゆほん》によれば、大通智勝仏《だいつうちしょうぶつ》の十六番目の王子が、インドに生誕《せいたん》した釈尊《しゃくそん》とされていますね。

そこには「第十六は、我釈迦牟尼仏《われしゃかむにぶつ》なり。★3娑婆国土《しゃばこくど》に於《お》いて、★4阿耨多羅三藐三菩提《あのくたらさんみゃくさんぼだい》を成《じょう》ぜり」（法華経三四〇㌻）と記《しる》されております。この地球上《ちきゅうじょう》において、無上《むじょう》の★5正等覚《しょうとうかく》――すなわち最高《さいこう》の悟《さと》り（菩提《ぼだい》）を成じたとあります。

博士《はくし》との「対話《たいわ》」は、ちょうど、釈尊が魔《ま》との激闘《げきとう》を経《へ》て、宇宙根源《うちゅうこんげん》の法を覚知《かくち》し、成道《じょうどう》したところにまで至《いた》りました。

この後、仏典《ぶってん》は示唆的《しさてき》な話を伝《つた》えています。原始経典《げんしきょうてん》の『★6律蔵《りつぞう》』の「大品《だいぼん》」には、釈尊が菩《ぼ》提樹《だいじゅ》の下《した》で悟りに達《たつ》した後のことが説かれています。

釈尊は悟りの境地《きょうち》に到達《とうたつ》してブッダ（仏陀《ぶつだ》、覚者《かくしゃ》）と成《な》った直後《ちょくご》、五週間、★7結跏趺坐《けっかふざ》したままでありましたが、その時、釈尊の心に次のような思いが生じたというのです。

「苦労《くろう》してわたしが到《いた》り得《え》たものを、いま人々に説く必要《ひつよう》があろうか。貪欲《とんよく》と憎悪《ぞうお》に負けた人々には、この真理《しんり》は了解《りょうかい》することは容易《ようい》ではない」（『原始仏典二』畝部俊英訳、講談社）

チャンドラ　その結果《けつか》、釈尊《しゃくそん》は悟《さと》りの「真理《しんり》」を民衆《みんしゅう》に伝《つた》えようという思いが消失《しょうしつ》していったと、『律蔵《りつぞう》』は述べます。

釈尊《しゃくそん》に弘教《ぐきょう》を勧《すす》めた「梵天《ぼんてん》」

池田　仏典《ぶってん》によると、この時、「世界の主・梵天《ぼんてん》」★8が天界《てんかい》から姿《すがた》を現《あらわ》して、釈尊《しゃくそん》に「真理《しんり》」を人々に説法《せっぽう》するように勧《すす》めたのです。そして、梵天の三度に及《およ》ぶ要請《ようせい》を受けて、釈尊は立ち上がり、民衆《みんしゅう》のなかへの弘教《ぐきょう》を開始《かいし》していきます。

チャンドラ　有名《ゆうめい》な『梵天勧請《ぼんてんかんじょう》』の説話《せつわ》ですね。

釈尊《しゃくそん》は、一度は説法《せっぽう》を拒否《きょひ》します。梵天は二度目の勧請を行い、釈尊はこれも拒否しました。しかし、梵天の勧請が三度におよんだ時、ついに説法の決意《けつい》をするに至《いた》ります。その決意を経《きょう》典《てん》は次のように伝《つた》えています。

「耳ある者たちに不死《ふし》へのもろもろの門は開《ひら》かれた」（同）

池田　釈尊《しゃくそん》は教《おし》えの門を万人《ばんにん》に「開《ひら》いた」のです。仏教には秘伝《ひでん》や秘義《ひぎ》などはありません。バ[9]ラモン教においては、最高《さいこう》の教えは、秘教《ひきょう》でした。一人から一人へと相伝《そうでん》されたのです。しかし、仏教はそうではありません。

釈尊は「わたくしは内外《ないがい》の隔《へだ》てなしに、（ことごとく）理法《りほう》を説《と》いた。完《まった》き人の教えには、何ものかを弟子《でし》に隠《かく》すような、教師の握拳《にぎりこぶし》は、存在《そんざい》しない」（『ブッダ最後の旅』中村元訳、岩波書店）と宣言《せんげん》しています。

チャンドラ　仏教の特質《とくしつ》を示《しめ》した有名《ゆうめい》な言葉《ことば》です。

すでに取り上げましたが、一九九八年十一月、私は、インド文化国際《こくさい》アカデミーの最高名誉《さいこうめいよ》会員《かいいん》の称号《しょうごう》を、池田先生に授与《じゅよ》させていただきました。

池田　あらためて感謝《かんしゃ》します。精神《せいしん》の大国《たいこく》を代表《だいひょう》される研究機関《けんきゅうきかん》からの栄誉《えいよ》は、身にあまる光《こう》栄《えい》です。

チャンドラ　その式典《しきてん》の際《さい》、私は先生のご活動《かつどう》を「ソフト・パワーで世界を結《むす》びつけ、各国の友好の絆《きずな》をつくっておられる」と述べさせていただきました。そして、この「ソフト・パワー」こそ[10]「甘露《かんろ》（アムリタ）」であると述べました。

池田　賞状《しょうじょう》に漢字《かんじ》で記《しる》された鮮《あざ》やかな朱色《しゅいろ》の「甘露《かんろ》」（不死《ふし》）の文字が、私の脳裏《のうり》に焼きついています。その「甘露」の由来《ゆらい》は、『梵天勧請《ぼんてんかんじょう》』を受けて、民衆救済《みんしゅうきゅうさい》に旅立《たびだ》つ釈尊《しゃくそん》の決意《けつい》の言葉《ことば》にあったのですね。

チャンドラ　その通りです。まさに、釈尊《しゃくそん》の「アムリタの教え《おし》」、人々の心の渇《かわ》きを癒《いや》す「甘露《かんろ》」にして、永遠《えいえん》の価値《かち》創造《そうぞう》を続ける不死《ふし》の教えは、今、池田先生によって新たな慈光《じこう》となって世界を照らしているのです。

「梵天《ぼんてん》」は何を意味《いみ》しているのか

池田　博士《はくし》はじめ貴《き》アカデミーからの顕彰《けんしょう》にお応《こた》えすべく、価値《かち》創造《そうぞう》の「甘露《かんろ》」の光を、人類《じんるい》のために掲《かか》げてまいります。

ところで、『梵天勧請《ぼんてんかんじょう》』の説法《せっぽう》が意味するものについては、古来《こらい》、さまざまな解釈《かいしゃく》がなされてきました。

「真理《しんり》」を覚知《かくち》した喜びを独《ひと》り静かに味《あじ》わい続けるのか、それとも、たとえ迫害《はくがい》されても、人々に教《おし》えを説《と》こうとするのか——大いに思い迷《まよ》いつつ、ついには説法を決意《けつい》するに至《いた》るまでの釈《しゃく》尊《そん》の生命内奥《せいめいないおう》の〝葛藤《かっとう》〟を、「釈尊」と「梵天」の対話《たいわ》の形式《けいしき》で表現《ひょうげん》したものであると、私は考えています。博士《はくし》のご意見はいかがでしょうか。

チャンドラ　私も、同意見《どういけん》です。

池田　そして、釈尊《しゃくそん》に「悟《さと》り」の座を立って、人々のために「真理《しんり》」を説《と》くように要請《ようせい》した「梵《ぼん》天《てん》」とは、宇宙《うちゅう》と生命《せいめい》に内在《ないざい》する「根源的《こんげんてき》な創造力《そうぞうりょく》」を、バラモン教の神の姿《すがた》に仮託《かたく》して述べたものでしょう。

恩師《おんし》戸田先生は「宇宙は慈《じ》悲《ひ》の当体《とうたい》である」と話されていました。万物《ばんぶつ》を育《はぐく》み、創造しゆく大慈悲の働きを「梵天《ぼんてん》」は表象《ひょうしょう》しています。

チャンドラ　したがって、『梵天《ぼんてん》の勧請《かんじょう》』とは、釈尊《しゃくそん》が、欲望《よくぼう》に執着《しゅうちゃく》する民衆《みんしゅう》をいかにして救《すく》うかと思慮《しりょ》を重《かさ》ねながら、わが生命《せいめい》に内在《ないざい》し、しかもわが生命を超《こ》えて、宇宙《うちゅう》へと広がる「創造《そうぞう》の力」に促《うなが》され、民衆救済《きゅうさい》という人類的使命《じんるいてきしめい》へと旅立《たびだ》ちゆくことを示《しめ》していると思われます。

池田　「宇宙根源《うちゅうこんげん》の創造力《そうぞうりょく》」とは、宇宙生命《せいめい》に横溢《おういつ》する「大慈悲力《だいじひりょく》」にほかなりません。釈尊《しゃくそん》は「太陽《たいよう》の仏法」からあふれ出る大慈悲力に促《うなが》されて、民衆救済《みんしゅうきゅうさい》へと旅立《たびだ》ったのです。

それにしても、釈尊の成道《じょうどう》から伝道《でんどう》への展開《てんかい》は、仏教史上《しじょう》、最も重要《じゅうよう》な出来事《できごと》の一つですね。もし、その時、釈尊が伝道を決意《けつい》しなければ、この地球上に仏教は出現《しゅつげん》しなかったのですから——。

そこで、博士《はくし》にお伺《うかが》いしたいのですが、宇宙の創造力、慈悲力の表象《ひょうしょう》として、多くのバラモン教の神々のなかで、ほかでもない「梵天《ぼんてん》」が選ばれたのはなぜでしょうか。

チャンドラ　それには、いくつかの理由が考えられるでしょう。

『梵天勧請《ぼんてんかんじょう》』が経典《きょうてん》に記《しる》されたことは、インド思想史《しそうし》においても、画期的《かっきてき》な出来事《できごと》であったと思われます。

「梵天」はバラモン教においては、最高神《さいこうしん》の一つです。その神が、釈尊《しゃくそん》に仏教の創始《そうし》を懇願《こんがん》するのです。それはバラモン教を生んだインドの大地《だいち》から、新たなる偉大《いだい》な思想が生まれ出てゆくことの象徴《しょうちょう》なのです。

池田 つまり『梵天勧請《ぼんてんかんじょう》』の第一の意義《いぎ》は、「精神《せいしん》の大国《たいこく》」インドの精神的土壌《どじょう》から、偉大《いだい》なる思想《しそう》、世界宗教が誕生《たんじょう》することを指《さ》し示《しめ》しているということですね。

「世界が滅《ほろ》ぶ！」――「梵天《ぼんてん》」の嘆《なげ》き

チャンドラ そうです。『アングッタラ・ニカーヤ』[★11]のなかの「聖求経《しょうぐきょう》」には、成道《じょうどう》の後に、教《おし》えを説かないでおこうと考えた釈尊《しゃくそん》の姿《すがた》を見て、「梵天《ぼんてん》」が、こう嘆《なげ》いたと記《しる》されています。

「ああ、世界は滅《ほろ》んでしまう」（『パーリ仏典　中部根本五十経篇』片山一良訳、大蔵出版）

当時《とうじ》は、古いバラモン教の儀式中心《ぎしきちゅうしん》の社会が根本《こんぽん》から崩《くず》れてきた時代でした。前回もバラモンの儀式中心主義を語り合いましたが、いけにえを伴《ともな》う儀式について、その意味が疑《うたが》われ始めた時代です。新しい思想《しそう》を、人々は求めていました。

池田　また当時《とうじ》は、古い部族《ぶぞく》国家が、マガダ国★12やコーサラ国★13の大国によって併合《へいごう》されていく時代でした。たくさんの国が滅《ほろ》んでいきました。まさに「世界は滅んでしまう」と人々が実感《じっかん》した時代だったといえましょう。

そのような時代背景《じだいはいけい》のなかで、人々は「人生の意味」や「目的」について、真剣《しんけん》に考え出しました。

チャンドラ　ですから、この時代には釈尊《しゃくそん》をはじめ、ジャイナ教の開祖《かいそ》のマハーヴィーラ★14など、数多くの思想家《しそうか》、宗教者が出現《しゅつげん》したのです。

池田　「生きる目的《もくてき》」「生きる意味」について、明確《めいかく》に、民衆《みんしゅう》に応《こた》えることができる思想《しそう》、宗教が要請《ようせい》されたのですね。

混迷《こんめい》と動乱《どうらん》、滅亡《めつぼう》の危機《きき》にあった社会を救済《きゅうさい》するために、『梵天《ぼんてん》の要請《ようせい》』に応《こた》え、釈尊《しゃくそん》は禅定《ぜんじょう》の座を立ち、民衆《みんしゅう》のなかに飛《と》び込《こ》んだのです。

釈尊が生きた時代の人々の実感《じっかん》は、二十一世紀に入った今日《こんにち》の世界《せかい》認識《にんしき》とも通底《つうてい》しています。「ああ、世界は滅《ほろ》んでしまう」という「梵天」の嘆《なげ》きは、現代の心ある人々の実感でもあります。

核《かく》、戦争、地球《ちきゅう》生態系《せいたいけい》の破綻《はたん》、エネルギー問題などの課題《かだい》を抱《かか》えた人類《じんるい》の危機《きき》、さらにアイデンティティー・クライシス★15に精神《せいしん》を脅《おびや》かされる現代人にこそ、人生の「目的」「意味」を示す思想が、宗教が要請されているのではないでしょうか。

チャンドラ　おっしゃる通りです。

さて、第二に、「梵天《ぼんてん》」が登場《とうじょう》した理由《りゆう》について言えることは、インドの神話《しんわ》の伝統《でんとう》では、「梵天」は「言語《げんご》」を神格化《しんかくか》した神[★16]「ヴァーチ」と深く関係《かんけい》づけられています。ですから、「言語」と深く関係する「梵天」[★17]サハンパティが、釈尊《しゃくそん》の説法《せっぽう》に臨《のぞ》むことが必要《ひつよう》だったのです。

池田　つまり、『梵天勧請《ぼんてんかんじょう》』の第二の意義《いぎ》は、分かりやすく言えば「言語《げんご》」に深く関係《かんけい》する神が、新たな時代を開く釈尊《しゃくそん》の説法《せっぽう》を聞くことを望《のぞ》み、要請《ようせい》したということですね。そして、仏法の証人《しょうにん》となったのです。

のちに大乗仏教《だいじょうぶっきょう》では、「梵天」は[★18]「帝釈《たいしゃく》（インドラ神）」とともに、諸天善神《しょてんぜんじん》の代表と位置《いち》づけられています。

釈尊は、巧《たく》みなる「言葉《ことば》」を駆使《くし》する達人《たつじん》といわれています。ここに、仏教の弘教《ぐきょう》はあくまで言葉を駆使する「対話《たいわ》」によることが明示《めいじ》されました。

「価値《かち》創造《そうぞう》の道」を要請《ようせい》

チャンドラ　第三に指摘《してき》したいことは、経典上《きょうてんじょう》で、釈尊《しゃくそん》をはじめて「如来《にょらい》」と呼《よ》んだのは「梵《ぼん》天《てん》」です（「聖求経《しょうぐきょう》」など）。

「如来」とは「真如《しんにょ》」、つまり「究極的な本質《きゅうきょくてきなほんしつ》」に到達《とうたつ》した人という意味です。

池田　同時《どうじ》に、「如来《にょらい》」とは、「真如《しんにょ》」（真理《しんり》）の世界から、この現実《げんじつ》世界に人々を救《すく》うために来た人という意味でもありますね。

チャンドラ　その「真如《しんにょ》」の世界とは、はかなく移《うつ》りゆく現象《げんしょう》世界とは違《ちが》う常住《じょうじゅう》の世界です。もちろん、それは、「天国」のように、どこか別のところにあるわけではありません。偉大《いだい》な仏《ほとけ》の生命《せいめい》に内在《ないざい》しているのです。

ところで釈尊《しゃくそん》の成道《じょうどう》の時に現《あらわ》れた「梵天《ぼんてん》」サハンパティは、「地球《ちきゅう》の王」という意味をもっています。つまり、「梵天」サハンパティは、地球上に実現《じつげん》しゆく〝現実《げんじつ》世界の諸価値《しょかち》〟を意味しているのです。

池田　そうしますと、『梵天勧請《ぼんてんかんじょう》』の第三の意義《いぎ》は、「梵天《ぼんてん》」に表象《ひょうしょう》される〝現実世《げんじつせ》界《かい》の諸価値《しょかち》〟が、その源泉《げんせん》の「真如《しんにょ》」として示される〝釈尊《しゃくそん》の智慧《ちえ》〟を要請《ようせい》したということですね。

こうして仏教では、「真如」（真理《しんり》）から顕現《けんげん》する智慧による「価値創造《かちそうぞう》の道」が示されることになるのです。

チャンドラ　その通りです。

『梵天勧請《ぼんてんかんじょう》』の仏伝《ぶつでん》における「梵天」は、昔からのヴェーダの教義《きょうぎ》を超《こ》えた新しい視座《しざ》を象徴《しょうちょう》しています。
ヴェーダやウパニシャッドの伝統《でんとう》である、完全《かんぜん》な宇宙原理《うちゆうげんり》としてのブラフマン[★19]から、解脱《げだつ》、すなわち究極的《きゆうきよくてき》な人間の解放《かいほう》、「人間革命」という高みを示すものへと、「梵天」は質的《しつてき》に飛躍《ひやく》したのです。

池田　「価値創造《かちそうぞう》」の大道《たいどう》とは、まさに「人間革命」にほかなりませんね。

チャンドラ　また、「梵天《ぼんてん》」が釈尊《しやくそん》に説法《せつぽう》するよう嘆願《たんがん》したのは、釈尊が「選《えら》ばれた人」、エリートであったからではありません。社会的地位や経済的状態《じようたい》などによって差別《さべつ》されずに、すべての人類《じんるい》が法《ほう》（真理《しんり》）を受ける権利《けんり》があるという例なのです。
すべての人間が「仏界《ぶつかい》」という、素晴《すば》らしい徳を開花《かいか》させゆく可能性《かのうせい》をもっていることの象徴《しようちよう》なのです。

池田　日蓮大聖人は、「一人を手本《てほん》として一切衆生平等《いつさいしゆじようびようどう》なること是《か》くの如《ごと》し」（御書五六四ページ）と述べられています。すべての人々の「人間革命」を掲《かか》げたところに、『梵天勧請《ぼんてんかんじよう》』の第四の意義《いぎ》がありますね。

チャンドラ　池田先生は、「梵天《ぼんてん》」を、「根源的《こんげんてき》な創造《そうぞう》の力」と表現《ひようげん》されました。類無《たぐいな》き表現《ひようげん》です。その言葉《ことば》ほど、「梵天」を深く言い表したものはありません。
『梵天勧請《ぼんてんかんじよう》』は、釈尊《しやくそん》の説法《せつぽう》の始まりです。

「一人《ひとり》立つ精神《せいしん》」で民衆《みんしゅう》のなかへ

池田　「梵天《ぼんてん》」の要請《ようせい》に応《こた》えて、釈尊《しゃくそん》の弘教《ぐきょう》がいよいよ始まります。この説話《せつわ》に託《たく》された四つの重大《じゅうだい》な意義《いぎ》を実現《じつげん》すべく、世界宗教としての仏教の第一歩が開始《かいし》されたのです。

チャンドラ　示唆的《しさてき》なエピソードが、仏典《ぶってん》にあります。

それは、今度《こんど》は、釈尊《しゃくそん》その人が、弟子《でし》たちに対しては、「梵天《ぼんてん》」の役割《やくわり》を果《は》たしたということなのです。

池田　それは、弟子《でし》への弘教《ぐきょう》の要請《ようせい》のことですね。

チャンドラ　そうです。

それは、ベナレスの郊外《こうがい》、サールナートの鹿《ろく》野苑《やおん》での最初《さいしょ》の段階《だんかい》のさまざまな説法《せっぽう》が終わる

釈尊が弘教に歩いたころのインド

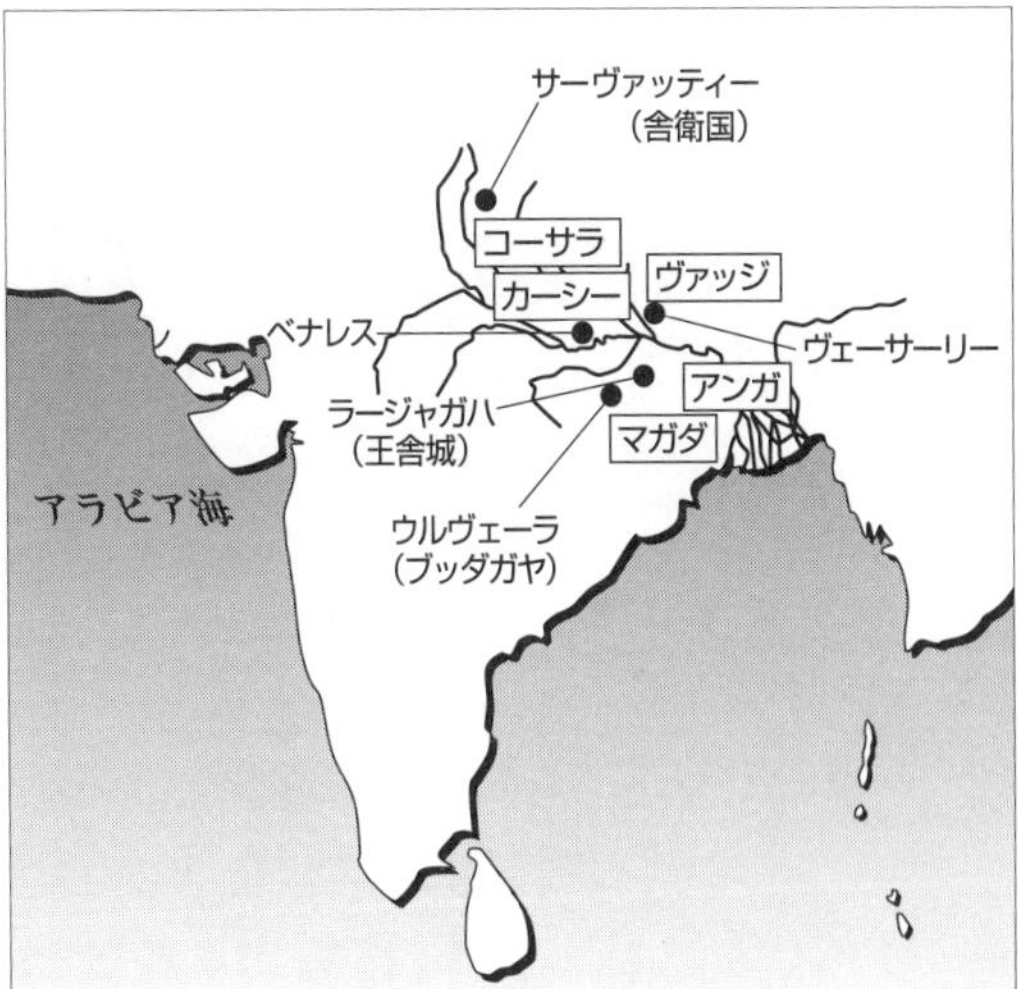

ころのことです。

釈尊《しゃくそん》は弟子《でし》たちに、教えを遠く広く説《と》きに行くよう指示《しじ》しました。

「多くの人々の利益《りやく》のために、多くの人々の幸《しあわ》せのために、世間の人々をあわれむために、神々および人間の利益のために、幸せのために、遍歴《へんれき》をなせ。一つの道を二人《ふたり》で行くな。修行僧《しゅぎょうそう》たちよ。始めもみごとであり、中間《ちゅうかん》もみごとであり、終りもみごとであり、意義《いぎ》があり、文句《もんく》も立派《りっぱ》である教えを説け。完全《かんぜん》で浄《きよ》らかな清浄行《しょうじょうぎょう》を顕示《けんじ》せよ」(『ブッダ　悪魔との対話』中村元訳、岩波書店)

池田　釈尊《しゃくそん》の『伝道宣言《でんどうせんげん》』として、よく知られた言葉ですね。『サンユッタ・ニカーヤ』にあります。

釈尊の弟子《でし》たちに対する「梵天《ぼんてん》の役割《やくわり》」とは、まさに、人々の幸福のための弘教《ぐきょう》、民衆救済《みんしゅうきゅうさい》への促《うなが》しを意味しているのですね。

チャンドラ　同様《どうよう》のことは、『律蔵《りつぞう》』の「大品《だいぼん》」などにも記《しる》されています。

池田　「一つの道を二人で行くな」というのは、弟子《でし》一人ひとりが、自立《じりつ》して、全責任《ぜんせきにん》を担《にな》う存在《そんざい》に成長《せいちょう》してほしい、という釈尊《しゃくそん》の心が託《たく》された言葉《ことば》です。

創価学会において、この釈尊の心、日蓮大聖人の心は、「一人立つ」精神《せいしん》として継承《けいしょう》しています。

そして、弟子《でし》に「人々のなかに飛《と》び込《こ》め」と要請《ようせい》した後に、釈尊の『伝道宣言《でんどうせんげん》』は、次のように続いています。

「私も、また教えを説くためにウルヴェーラ[★20]のセーナ村[★21]に行こう」

チャンドラ　釈尊《しゃくそん》は、自《みずか》ら率先《そっせん》して一人歩《あゆ》んだのです。そして、弟子《でし》たちにも「私と同じように歩もうではないか」と呼《よ》びかけたのです。

雨季《うき》は終わり、森や野原は青々《あおあお》として、もう米も植《う》えられていました。雨季の間寸断《すんだん》されていた道は通れるようになっており、日中《にっちゅう》はほどよく暖《あたた》かく、夜も温暖《おんだん》でした。そのなかを、釈尊は誰《だれ》よりも先に人々のなかを遍歴《へんれき》していきました。男女の弟子たちも、住居《じゅうきょ》も定《さだ》めず、人々の間を「説《と》く人」「救《すく》う人」として、歩み続けたのです。

弘教《ぐきょう》に歩《ある》き続《つづ》けた弟子《でし》たち

池田　さながら、一幅《いっぷく》の名画《めいが》のような光景《こうけい》ですね。

釈尊《しゃくそん》の初転法輪《しょてんほうりん》の場所とされるサールナートにある鹿野苑《ろくやおん》は、生涯《しょうがい》にわたる「衆生救済《しゅじょうきゅうさい》の旅」の、ほぼ中間《ちゅうかん》にあたる都市です。

そこを起点《きてん》にすると、釈尊が何度も何度も足を運《はこ》んだサーヴァッティー[★22]（舎衛国《しゃえこく》）へは、二百数十キロメートル、マガダ国のラージャガハ[★23]（王舎城《おうしゃじょう》）へは、約三百キロメートル。カンマーサダンマという地方へは、七百キロメートル以上もあります。

チャンドラ　それほど、釈尊《しゃくそん》は歩《ある》きに歩いたのです。そして、私にはその姿《すがた》が、世界的規模《せかいてききぼ》で行動《こうどう》をされている池田先生の姿に重《かさ》なって見えるのです。

どこへでも行く——人々のために

池田　博士《はくし》にそういっていただいて、光栄《こうえい》です。私も、「そこに人間がいるから」との思いで、歩《あゆ》んできました。駆《か》け抜《ぬ》いてきました。

さて、当時の人々は、大勢《おおぜい》いるはずの釈尊《しゃくそん》の弟子《でし》たちの姿《すがた》が見えないことを、不思議《ふしぎ》に思ったようです。

「ブッダの弟子《でし》がいない。だれも座《すわ》っていない。どこへ行ったのだろうか？」

「ある人たちはマガダ国に行き、ある人たちはコーサラ国へ行き、ある人たちはヴァッジの人々の地域《ちいき》へ行きました。まるで鹿《しか》のように安住《あんじゅう》の家を持たず、遍歴《へんれき》するのです」（サンユッタ・ニカーヤ）

釈尊の弟子たちは、席《せき》を温《あたた》める暇《ひま》もなく民衆《みんしゅう》のなかに飛び込んでいったのです。例《たと》えば、その弟子たちの行動を象徴《しょうちょう》するのが、プンナ[★24]（富楼那《ふるな》）でした。

彼が生まれたのは、ベナレスから西方へ千キロほども離《はな》れたアラビア海に面する地域《ちいき》でした。この地域は、海洋貿易《かいようぼうえき》で栄《さか》えたところです。プンナも貿易商として、サーヴァッティー（舎衛国《しゃえこく》）に来て商《あきな》いをしていました。そこで釈尊の教えに触《ふ》れ、弟子になったようです。

彼は、仏教がまだ及《およ》んでいない西方の地域への弘教《ぐきょう》の許可《きょか》を、師の釈尊に願い出ています。そして、誓《ちか》い通り、彼は弘教一年目で五百人ほどに仏教を弘《ひろ》めています。

チャンドラ　釈尊《しゃくそん》の一人の女性の弟子《でし》は、五十数年間、当時《とうじ》のアンガ[★25]、マガダ、ヴァッジ、カ[★26]ーシーなどの国々を、遍歴《へんれき》したという記録《きろく》が残っています。

池田　当時《とうじ》、一般社会《いっぱんしゃかい》では、女性《じょせい》は料理《りょうり》と裁縫《さいほう》などの家事《かじ》だけを行うように縛《しば》られていました。社会のなかで行動《こうどう》したり、発言《はつげん》するようなことは、許《ゆる》されなかったのです。そのような非人間的《ひにんげんてき》なあり方《かた》を、釈尊《しゃくそん》の女性の弟子《でし》たちは打《う》ち破《やぶ》ったのですね。

チャンドラ　釈尊《しゃくそん》は、臨終《りんじゅう》が近くなった時、先生が先に引用《いんよう》されたように、「わたくしは内外《ないがい》の隔《へだ》てなしに、ことごとく理法《りほう》を説《と》いた」と語った後に、次のように言い遺《のこ》します。それは釈尊の重大な遺言《ゆいごん》でした。

「[★27]アーナンダよ。今でも、またわたしの死後にでも、誰《だれ》でも自《みずか》らを島《しま》とし、自らをたよりとし、他人をたよりとせず、法を島とし、法をよりどころとし、他のものをよりどころとしないでいる人々がいるならば、かれらはわが修行僧《しゅぎょうそう》として最高《さいこう》の境地《きょうち》にあるであろう、——誰でも学ぼうと望《のぞ》む人々は」（『ブッダ最後の旅』中村元訳、岩波書店）

池田　後の仏教者が、「自島《じとう》（自灯明《とうみょう》）」「法島《ほうとう》（法灯明）」として語り継《つ》いでいる釈尊《しゃくそん》の有名《ゆうめい》な遺言《ゆいごん》ですね。

チャンドラ　このようにアーナンダ（阿難《あなん》）に遺言《ゆいごん》して、釈尊《しゃくそん》はヴェーサーリー[★28]の町のチャーパーラ[★29]という、当時の世間の人々が霊場《れいじょう》としていたところを訪《おとず》れます。そして、ヴェーサーリーの美しさを感慨深《かんがいぶか》げに語ります。その後に、もうこの町には二度と来られないだろう、と語るのです。

池田　「価値創造《かちそうぞう》」の大道《たいどう》を歩む「自己《じこ》」とは、宇宙根源《うちゅうこんげん》の〝法《ほう》〟と一体《いったい》となった「自己」であり、「大我《たいが》」ともいえる自由自在《じゆうじざい》の大境涯《だいきょうがい》を指《さ》しています。生死《しょうじ》の苦難《くなん》に挑戦《ちょうせん》し、見下《みお》ろし、勇敢《ゆうかん》に超《こ》えゆく釈尊《しゃくそん》の「自己」が、悠然《ゆうぜん》と周囲《しゅうい》の情景《じょうけい》を振り返るのですね。

ヴェーサーリーというのは、当時《とうじ》交易《こうえき》で栄《さか》えた町で、また釈尊の教えが広まった町でもありました。そこで釈尊はたいそう尊敬《そんけい》されていました。人生の最期《さいご》をそこで迎《むか》えてもよかったのです。

しかし、釈尊は「生《せい》」と「死《し》」そのものをも超えた大境涯から、先へ先へと進むのです。「もう二度と、ヴェーサーリーの美しい町を見ることはない」という言葉《ことば》に、釈尊の不退《ふたい》の決意が満《み》ちています。

民衆《みんしゅう》に「希望《きぼう》の宗教《しゅうきょう》」を！

チャンドラ　釈尊《しゃくそん》は、愛情と慈悲《じひ》のまなざしで、周囲《しゅうい》を見回《みまわ》しました。釈尊の教えによって、ヴェーサーリーの人々には平和が訪《おとず》れていました。

仏の教えは、人々に平和と繁栄《はんえい》を約束《やくそく》するものであり、その教えは平等《びょうどう》にすべての人々に与《あた》えられるものでした。人間としての責務《せきむ》を教える仏法の倫理性《りんりせい》が、社会のリーダーであるクシャトリア（王族）たちの支持《しじ》を集め、またクシャトリアたちに歩むべき道を教えました。

知識人《ちしきじん》たちには、迷信《めいしん》を排《はい》した合理性《ごうりせい》と卓越《たくえつ》した明晰《めいせき》さが支持を集め、職人たちや労働者たちには、バラモン教の頑迷《がんめい》な差《さ》別主義《べつしゅぎ》に対する仏教の平等主義が、支持を集めました。

仏教は「希望の宗教」でした。仏教は、民衆を慈悲で満《み》たしました。

池田　民衆《みんしゅう》に希望と勇気を与《あた》える宗教が、仏教です。すべての人々に「価値創造《かちそうぞう》の道」を指《さ》し示《しめ》し、「一人立《ひとりだ》つ」自律《じりつ》の強靭《きょうじん》さを養《やしな》うヒューマニズムに徹《てっ》した宗教が、仏教です。

仏教ヒューマニズムの源泉《げんせん》には、人間生命《せいめい》に内在《ないざい》する仏《ほとけ》の智慧《ちえ》と慈悲《じひ》があります。男女を問わず、民族《みんぞく》、人種《じんしゅ》、職業、イデオロギー、文化を超《こ》えて、すべての人々が平等《びょうどう》に、自由自在《じゆうじざい》に、仏の智慧と慈悲を体現《たいげん》し、他者《たしゃ》とともに「共存《きょうぞん》」の道を歩んでいくのです。

しかも、仏教ヒューマニズムは、その基盤《きばん》を「生きとし生けるもの」に置いています。生命尊厳《そんげん》の思想《しそう》です。万物《ばんぶつ》の生命に根《ね》ざしたヒューマニズム――ここに、地球生態系《せいたいけい》とも一体《いったい》となりゆく人類の「共生《きょうせい》」の道が示されるのです。

「価値創造」の道は、人類共存と、万物「共生」の平和への大道《たいどう》なのです。

チャンドラ　仏教の「慈悲《じひ》」は、人間だけではなく、生き物の世界すべてに向けられています。植物《しょくぶつ》にさえも向けられました。正しい生活による〝心の平静《へいせい》さ〟と〝創造的《そうぞうてき》な社会関係〟がもたらされました。釈尊《しゃくそん》の教えは、女性《じょせい》、男性《だんせい》を問《と》わず、すべての人間を解放《かいほう》する力をもっていました。

現在《げんざい》においては、池田先生こそが、世界を遍歴《へんれき》する人です。民族《みんぞく》やイデオロギーの壁《かべ》を超《こ》えて、人々のなかに、仏の教え、「真理《しんり》」を満《み》たされています。「真理《しんり》」は人との交《まじ》わりのなか、お互《たが》いへの奉仕《ほうし》のなか、崇高《すうこう》なヒューマニズムのなか、そして、繊細《せんさい》な文化のなかにあるという釈尊のメッセージを、池田先生、あなたこそが伝《つた》えておられます。

そして、釈尊は、その説法《せっぽう》の終わり、すなわち臨終《りんじゅう》の時、人々に、「より一層《いっそう》、努力しなくてはならない」と言いました。

私はいつも感服《かんぷく》しているのですが、池田先生も、さまざまなスピーチ、対談《たいだん》、提言《ていげん》などを通じて、人類《じんるい》に向かって、すべての悪《あく》の力を超越《ちょうえつ》して堂々《どうどう》と前進《ぜんしん》を続けなさい、というメッセージを発信《はっしん》され続けておられます。

どうか、これからもお元気で、永遠《えいえん》の「価値《かち》創造《そうぞう》のメッセージ」を発信し続けてください。

注

1　法華経の百の幸運のしるし　法華経化城喩品《けじょうゆほん》には、釈尊《しゃくそん》が修行《しゅぎょう》時代に百の福徳《ふくとく》（百福《ひゃくふく》）を積《つ》んだことが「世雄《せおう》は等倫無《とうりんな》し　百福をもって自《みずか》ら荘厳《しょうごん》し　無上《むじょう》の智慧《ちえ》を得たまえり」（法華経三一七㌻）と説《と》かれている。

2　大通智勝仏　三千塵点劫《さんぜんじんてんごう》の昔に出現《しゅつげん》して法華経を説《と》いた仏《ほとけ》。出家前《しゅっけまえ》の国王《こくおう》の時に十六人の王子《おうじ》を持ったが、十六番目の王子が釈尊《しゃくそん》の過去世《かこせ》の姿《すがた》と説かれている。

3　娑婆国土　娑婆《しゃば》とは梵語《ぼんご》「サハー」の音訳《おんやく》で、忍《にん》、能忍《のうにん》と訳す。苦悩《くのう》が充満《じゅうまん》している人間世界のこと。

4　阿耨多羅三藐三菩提　阿耨多羅《あのくたら》は「無上《むじょう》」、三藐《さんみゃく》は「正等《しょうとう》」、三菩提《さんぼだい》は「正覚《しょうかく》」の意。「無上正等覚《むじょうしょうとうかく》」などと訳される。最高《さいこう》の悟《さと》りのこと。

5　正等覚　「三藐三菩提」の訳。等正覚《とうしょうかく》、正覚とも訳され、仏《ほとけ》の平等《びょうどう》で正しい悟《さと》りのこと。

6　律蔵　釈尊《しゃくそん》が説《と》いた修行上《しゅぎょうじょう》の戒律《かいりつ》を集めたもの。三蔵《さんぞう》（経蔵《きょうぞう》・律蔵《りつぞう》・論蔵《ろんぞう》）の一つ。

7 **結跏趺坐**　仏《ほとけ》の座《すわ》り方の一つ。趺《あし》（足の甲《こう》）を左右の腿《もも》の上に置いて座ること。

8 **梵天**　バラモン教で説《と》かれる宇宙《うちゅう》の最高原理《さいこうげんり》であるブラフマン（梵《ぼん》）を神格化《しんかくか》したもので、最《さい》高神《こうしん》とされる。仏教では、大梵天王《だいぼんてんのう》と称され、娑婆《しゃば》世界の主とされる。帝釈天王《たいしゃくてんのう》とともに仏法を守《しゅ》護《ご》する善神《ぜんじん》である。

9 **バラモン教**　インド古代において、カースト（四姓《しせい》制度）の最上位であるバラモンが主体《しゅたい》となった宗教。

10 **甘露**　梵語《ぼんご》（サンスクリット）「アムリタ」の漢訳《かんやく》。諸天《しょてん》（神々）の飲料《いんりょう》とされ、天酒《てんしゅ》とも訳す。甘味《かんみ》の霊液《れいえき》で、これを飲むと苦悩《くのう》を癒《いや》し、不老不死《ふろうふし》になるといわれる。法華経、涅槃経《ねはんぎょう》では、転じて仏《ほとけ》の教法を貴重《きちょう》な甘露《かんろ》の雨に譬《たと》えている。

11 **アングッタラ・ニカーヤ**　北伝《ほくでん》仏教において漢訳《かんやく》された阿含経典《あごんきょうてん》は、南伝《なんでん》仏教ではパーリ語で記録《きろく》され「ニカーヤ（部）」と称され、五部存在《そんざい》する。アングッタラ・ニカーヤはそのなかの一つで、「増支部《ぞうしぶ》」と訳され、漢訳の「増一阿含経《ぞういち》」に対応《たいおう》する。

12 **マガダ国**　古代インドの十六大国の一つ。現在のインド・ビハール州の南部にあたり、伽耶《がや》、王舎城《おうしゃじょう》などがあった古代インド文化の中心地。釈尊在世《しゃくそんざいせ》には浄飯王《じょうぼんおう》、阿闍世王《あじゃせおう》が治《おさ》めていた。

13 **コーサラ国**　古代インドの十六大国の一つ。マガダ国と並ぶ大国で、舎衛城《しゃえじょう》を都とし、釈尊在《しゃくそんざい》世《せ》には波斯匿王《はしのくおう》が統治《とうち》していた。

14 **ジャイナ教**　仏教と同時代にインドに成立《せいりつ》した宗教。仏教と同じく反ヴェーダ、反バラモン的な思想的土壌《しそうてきどじょう》から生まれた。教祖《きょうそ》はマガダ国に生まれたヴァルダマーナで、マハーヴィーラ（偉大《いだい》なる勇者）と尊称《そんしょう》された。

15 **アイデンティティー・クライシス**　自己同一性認識《じこどういつせいにんしき》の危機《きき》。自分の実態《じったい》や所属《しょぞく》が分からなくなり、不安になること。アメリカの精神分析学者《せいしんぶんせきがくしゃ》・エリクソンなどによって提唱《ていしょう》された。

16　ヴァーチ　インド最古の哲学《てつがく》・ヴェーダのなかで説《と》かれる言語《げんご》の女神。

17　サハンパティ　娑婆《しゃば》世界の主を梵語《ぼんご》でサハンパティという。大梵天《だいぼんてん》のこと。

18　帝釈（インドラ神）　ヴェーダ神話《しんわ》上《じょう》の最高神《さいこうしん》で、雷神《らいじん》であった。仏法を守護《しゅご》する諸天善神《しょてんぜんじん》の一つ。

19　ブラフマン　「梵《ぼん》」と音訳《おんやく》され、宇宙《うちゅう》の「根本原理《こんぽんげんり》」を意味する。

20　ウルヴェーラ　ブッダガヤの旧名。釈尊《しゃくそん》はこの地の菩《ぼ》提樹《だいじゅ》の下に座して悟《さと》りを得《え》た。

21　セーナ村　セーナとは軍隊の意。伝《つた》えによれば、その場所には軍隊の住居があったため、セーナ村と呼ばれるようになったという。

22　サーヴァッティー（舎衛国）　古代インドのコーサラ国の都。この都は、豊富《ほうふ》な物資に恵《めぐ》まれ、人心は安定《あんてい》し、人々は求道精神《きゅうどうせいしん》が旺盛《おうせい》であった。王は仏法に帰依《きえ》し、一般の人のなかでも釈尊《しゃくそん》の教《おし》えを受ける者が多かった。

23　ラージャガハ（王舎城）　古代インドのマガダ国の都。現在のビハール州のラージギルにあたる。頻婆娑羅《びんばしゃら》王《おう》、阿闍世《あじゃせ》王《おう》父子が都とし、釈尊《しゃくそん》が説法《せっぽう》した中心地の一つ。第一回の仏典結集《ぶってんけつじゅう》が行われた七葉窟《しちようくつ》や、霊鷲山《りょうじゅせん》、竹林精舎《ちくりんしょうじゃ》などの仏教遺跡《いせき》が多い。

24　プンナ（富楼那）　スナーパランタ国のヴァイシャ（庶民階級《しょみんかいきゅう》）出身《しゅっしん》の比丘《びく》。故郷スナーパランタに弘教《ぐきょう》し、多くの人を帰依《きえ》させたという。釈尊の十大弟子《でし》のバラモン出身の富楼那《ふるな》とは別人。

25　アンガ　古代インドの十六大国のなかで最も東に位置し、西方《せいほう》のマガダ国とはチャンパー川を境《さかい》として接していた。釈尊《しゃくそん》在世にはマガダ国の支配下《しはいか》にあった。

26　カーシー　古代インドの十六大国の一つで、ガンジス川中流に位置していた。ヴァーラーナシー（現在のベナレス）を首都《しゅと》とし、香料《こうりょう》や織物の名産地として知られた。

27 **アーナンダ**　漢訳《かんやく》仏典では阿難《あなん》と音訳《おんやく》される。釈尊《しゃくそん》の十大弟子《でし》の一人で、多聞《たもん》第一といわれた。釈尊入滅《にゅうめつ》までの二十数年の間、常随給仕《じょうずいきゅうじ》し、教説《きょうせつ》の記憶《きおく》において最も優《すぐ》れていた。

28 **ヴェーサーリー**　ヴァッジ国を構成《こうせい》する部族《ぶぞく》の一つであるリッチャヴィ族の首都《しゅと》。

29 **チャーパーラ**　ヴェーサーリーにあった霊樹《れいじゅ》とされた大木の名。釈尊《しゃくそん》は、ここで入滅《にゅうめつ》の決意をしたと伝《つた》えられている。

第十章

古《こ》代《だい》世界の「文明間対話」
――西方への仏教の影響《えいきょう》

ヘレニズム時代の仏教《ぶっきょう》

池田　博士《はくし》からいただいたこの地図《ちず》は、インド、スリランカから西北《せいほく》インド、アフガニスタン、西域《せいいき》に至《いた》る、まことに詳細《しょうさい》な仏教史《ぶっきょうし》地図です。一九二七年（昭和二年）のもので、当時《とうじ》の最高《さいこう》の仏教学者《がくしゃ》が校閲者《こうえつしゃ》として名をつらねています。

★1『大唐西域記《だいとうさいいきき》』に出てくる地名《ちめい》をすべて網羅《もうら》した、第一級《だいいっきゅう》の資料《しりょう》です。あらためて御礼申《おんれいもう》し上《あ》げます。

チャンドラ　いえ、こちらこそ、喜《よろこ》んでおります。ずいぶん、古くなっており、ところどころ破損《はそん》していましたが、池田先生のご配慮《はいりょ》によって、日本の技術《ぎじゅつ》で見事《みごと》に蘇《よみがえ》りました。

池田　博士《はくし》に、修復《しゅうふく》した地図《ちず》の写真版《しゃしんばん》をお届《とど》けすることができ、何よりです。

チャンドラ　大変《たいへん》に美《うつく》しく復元《ふくげん》されていて、うれしいです。先生のところに原本《げんぽん》を保存《ほぞん》していただき、大変に感謝《かんしゃ》しております。

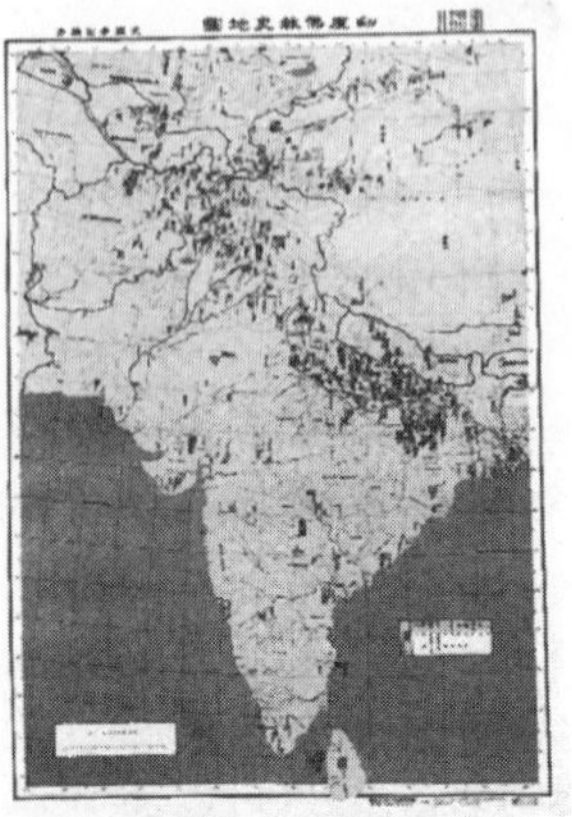

ロケッシュ・チャンドラ博士から池田ＳＧＩ会長に贈られた印度《インド》仏教史地図（タテ110㌢×ヨコ80㌢）

池田　この地図《ちず》も、父君《ちちぎみ》の真心《まごころ》が託《たく》された「最高《さいこう》の宝《たから》」と伺《うかが》っております。この文化の宝によって、多くの研究者《けんきゅうしゃ》が仏教史《ぶっきょうし》を一段《いちだん》と詳細《しょうさい》に学《まな》ぶことができます。

チャンドラ　このように立派《りっぱ》になった写真版《しゃしんばん》で、私も今後《こんご》、大いに研究《けんきゅう》が進みます。

池田　博士《はくし》の研究《けんきゅう》のお役に立てて光栄《こうえい》です。

この仏教史地図《ぶっきょうしちず》にも出てくる西北《せいほく》インド、西域《せいいき》を通って、仏教は、シルクロードに広がっていきました。

さて、これまで仏教流伝《るでん》のルートを、西域、中国にまでたどっていきましたので、今回は、仏教の「西方世界《せいほうせかい》」に与《あた》えた影響《えいきょう》について、「ヘレニズム時代」★2を中心に話し合いたいと思います。

多くの人々は、仏教の東漸《とうぜん》、すなわち西域・中国を経《へ》て日本へと東方《とうほう》へ伝わってきたことについてはよく知っております。

しかし、仏教が、古代《こだい》世界のギリシャ思想《しそう》や、特にキリスト教の形成《けいせい》に影響《えいきょう》を及《およ》ぼしたということについては、あまり知られていません。

チャンドラ　西洋思想《せいようしそう》は、本質的《ほんしつてき》に、ギリシャ起源《きげん》のヘレニズムの伝統《でんとう》を基盤《きばん》に持ち、ユダヤ教から派生《はせい》したキリスト教に育《はぐく》まれたものです。ヘレニズムの伝統とキリスト教という、これら二つの流れが、西洋の哲学《てつがく》、倫理《りんり》の主流《しゅりゅう》をなしております。

池田　インドとギリシャの遭遇《そうぐう》は、歴史上《れきしじょう》、重大《じゅうだい》な事件《じけん》でしたね。

チャンドラ　インドが、中東《ちゅうとう》、近東《きんとう》、アナトリア★3のヘレニズム文化圏《ぶんかけん》、ギリシャの諸国家《しょこっか》と接触《せっしょく》するようになったのは、非常《ひじょう》に古い時代にさかのぼります。この接触の歴史《れきし》の年代《ねんだい》を確定《かくてい》するのは困難《こんなん》なことです。

西方世界《せいほうせかい》への仏教《ぶっきょう》の流伝《るでん》

池田　一般的《いっぱんてき》には、インドとギリシャの交流《こうりゅう》の始まりを、アレクサンドロス大王の遠征《えんせい》（紀元前《きげんぜん》三二七年）としていますが、それより以前《いぜん》に、博士《はくし》がいわれたように、インドとギリシャの接触《せっしょく》があり、ギリシャ人は西北《せいほく》インドにも定着《ていちゃく》していったと思われます。

私は、仏教《ぶっきょう》を中心《ちゅうしん》として、双方《そうほう》の交流を三つの段階《だんかい》に分けて考えております。

第一段階は、ギリシャ人との接触によって、次第《しだい》に、仏教自身《じしん》が自《みずか》ら内包《ないほう》する「寛容性《かんようせい》」を自覚《じかく》していったことです。仏教は、他のインドの諸宗教《しょしゅうきょう》に比《くら》べて、〝普遍的《ふへんてき》宗教〟であることが次第に明らかになっていきました。

その後、第二段階《だんかい》として、アレクサンドロス大王の遠征《えんせい》の後、「ヘレニズム時代」が到来《とうらい》します。この第二段階については、すでに話し合いました。「ミリンダ王とナーガセーナとの対話《たいわ》」

に象徴《しょうちょう》される、仏教とギリシャ思想《しそう》との交流の時期です。

チャンドラ　そして、インドと西方世界《せいほうせかい》との関係《かんけい》は、紀元前《きげんぜん》三世紀、アショーカ王によって活《かっ》性化《せいか》しました。

彼は、仏教伝道師《ぶっきょうでんどうし》たちを、シリアのアンティオコス一世ソテル、エジプトのプトレマイオス二世フィラデルフォス、マケドニアのアンティゴノス二世ゴナタス、キュレネのマガス、エペイロスのアレクサンドロス二世などが統治《とうち》する諸王国《しょおうこく》に派《は》遣《けん》しました。これらの諸国では、広範囲《こうはんい》にわたって仏教が存在《そんざい》していたと思われますが、その証拠《しょうこ》となるものは、ほとんど破壊《はかい》されてしまいました。

池田　その時期《じき》が、私のいう第三段階《だんかい》です。アショーカ王による仏教《ぶっきょう》の伝播《でんぱ》により、多様《たよう》な民族《みんぞく》の相違《そうい》を超《こ》える、仏教の「世界性《せかいせい》」が実証《じっしょう》されていきました。

アショーカ王のギリシャ人の王のもとへの仏教伝道師《でんどうし》の派遣《はけん》は、その後、西方《せいほう》、ヘレニズム世界に大きな精神的影《せいしんてきえい》響《きょう》を与《あた》え、ひいてはキリスト教世界の成立《せいりつ》にも、波動《はどう》を与えることになります。

紀元前２世紀ごろの地中海、中近東周辺

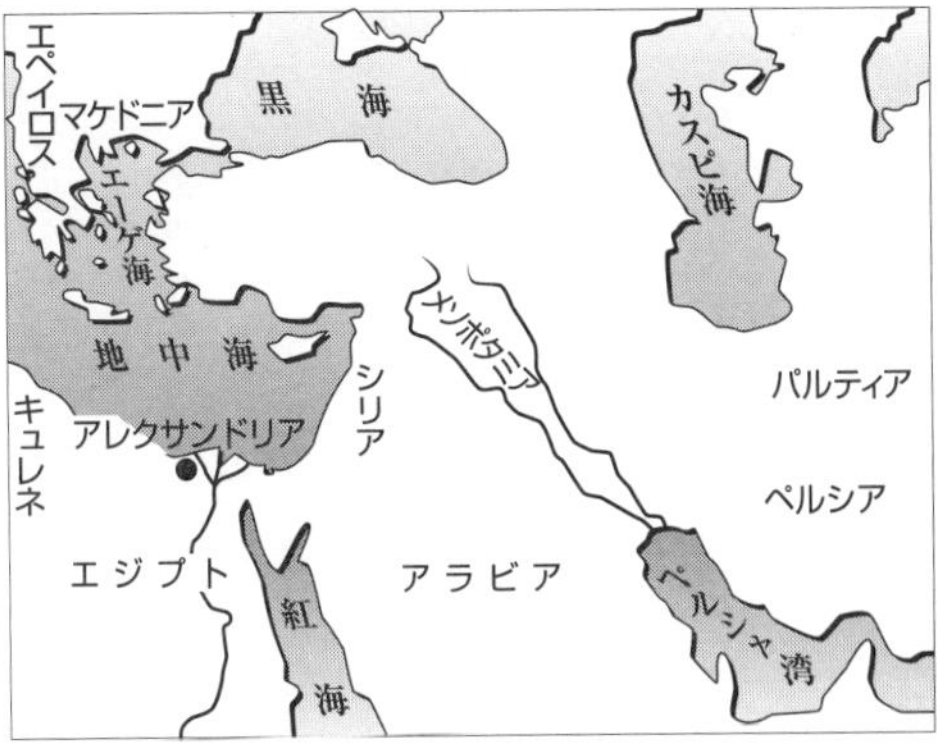

私は、アレクサンドロス大王の出現《しゅつげん》から始まる「ヘレニズム時代」は、旧来《きゅうらい》の思想《しそう》、宗教《しゅうきょう》の権威《けんい》が堕《お》ち、世界宗教としてのキリスト教が出現《しゅつげん》するまでの時代ともいえると考えております。その中心《ちゅうしん》が、エジプトのアレクサンドリアですね。

チャンドラ　その通りです。エジプトのアレクサンドリアは、紀元前《きげんぜん》三三二年、アレクサンドロス大王の東方遠征《とうほうえんせい》の途上《とじょう》、艦隊《かんたい》の根拠地《こんきょち》として創建《そうけん》されました。彼の死後、遺体《いたい》は、この町に埋葬《まいそう》されました。アレクサンドリアは、ヨーロッパと東方間《とうほうかん》の最大《さいだい》の交易拠点《こうえききょてん》となったのです。

池田　私も一九九二年の六月、アレクサンドリアを訪問《ほうもん》しました。ムバラク大統領と会談《かいだん》した、地中海《ちちゅうかい》に臨《のぞ》むラス・エル・ティン宮殿《きゅうでん》では、アレクサンドロス大王の墓《はか》が、この宮殿の下にあるかもしれないとの説《せつ》を伺《うかが》いました。

チャンドラ　そうでしたか。この都市《とし》は、「ヘレニズム文化」の中心地《ちゅうしんち》であり、ユダヤ人の最大の人口をかかえる都市でもありました。ギリシャ語で教える一流の大学や、プトレマイオス一世が建設《けんせつ》したアレクサンドリア図書館《としょかん》がありました。対外貿易《たいがいぼうえき》に重要《じゅうよう》な役割《やくわり》を果《は》たした有名《ゆうめい》な灯台《とうだい》もありました。同じような灯台「アーカーシャ・ディーパ（虚空《こくう》の灯明《とうみょう》）」が、紀元四〇〇年ごろ、カリマンタン（ボルネオ）島の王ムーラヴァルマンによって建設されました。これは、極東《きょくとう》との貿易のための航海《こうかい》に役立ちました。

当時《とうじ》の仏教徒《ぶっきょうと》は、中国に渡《わた》ったのと同じく、海路《かいろ》によって、貿易商人たちとともにアレクサンドリアにも行ったに違いありません。このように、アレクサンドリアは人々の心の出あいの場であり、各地の経済が交流する場であったのです。

初期《しょき》キリスト教《きょう》への影響《えいきょう》

池田　このころに生まれた思想《しそう》・哲学《てつがく》といえば、ディオゲネス[★4]のキュニコス[★5]学派《がくは》（犬儒派《けんじゅは》）、エピクロス[★6]学派、ストア[★7]学派といったものがあります。

しかし、仏教《ぶっきょう》との関係《かんけい》で興味深《きょうみぶか》いのは、やはり、アレクサンドリアを中心《ちゅうしん》に展開《てんかい》された〝東《とう》西《ざい》の交流《こうりゅう》〟ですね。

博士《はくし》がいわれたように、アレクサンドリアには、インド人やギリシャ人、シリア人やユダヤ人もいました。まさにコスモポリタン的雰囲気《ふんいき》をかもし出していたのです。そのなかで仏教は、「普遍性《ふへんせい》」を有する宗教《しゅうきょう》として、ユダヤ教やその後に成立《せいりつ》した初期《しょき》キリスト教の形成《けいせい》にも影響《えいきょう》を与《あた》えたと思われます。

チャンドラ　ユダヤ教でまず取り上げることができるのは、エッセネ派です。エッセネ派は、古代《こだい》ユダヤ教の禁欲主義《きんよくしゅぎ》的《てき》な一分派《いちぶんぱ》です。彼らは、紀元前《きげんぜん》二世紀に初めて歴史《れきし》の舞台《ぶたい》に登場《とうじょう》しました。

彼らは、シリア人から「ハセン」つまり「敬虔《けいけん》な人々」と呼《よ》ばれていました。エッセネ派の人々は、死海地方《しかいちほう》に住み、禁欲主義的修行《しゅぎょう》を実践《じっせん》しました。

ユダヤ思想《しそう》を体系化《たいけいか》した神学者《しんがくしゃ》として知られるアレクサンドリアのフィロン★8は、彼らを「敬虔な人々」と認《みと》め、この世界に高潔《こうけつ》な人々はまだ存在《そんざい》していると述べています。

フィロンは、ペルシャのマギ(賢人《けんじん》)やインドのジャイナ教★9裸形派《らぎょうは》について報告《ほうこく》した後、パレスチナとシリアのエッセネ派に言及《げんきゅう》しています。エッセネ派の人々は、動物を犠牲《ぎせい》として捧《ささ》げることをせず、精神《せいしん》が聖《せい》なる規範《きはん》から逸脱《いつだつ》しないように努《つと》めていると伝《つた》えています。彼らは町の生活を避《さ》け、生活に必要不可欠《ひつようふかけつ》な物だけをそろえていました。

仏教のもつ禁欲的《きんよくてき》な傾向《けいこう》が、エッセネ派の特質《とくしつ》の、ある部分の形成《けいせい》に影響《えいきょう》したのかもしれません。

池田　エッセネ派への仏教《ぶっきょう》の影響《えいきょう》については、今後《こんご》の研究《けんきゅう》が待たれますね。

チャンドラ　エッセネ派と並《なら》ぶ、キリスト教以前《いぜん》のユダヤ教のもう一つの急進的《きゅうしんてき》な一派としては、アレクサンドリア付近《ふきん》に住み、エジプトで活動《かつどう》していたテラペウタイ★10の人々がいます。

彼らの特徴《とくちょう》のいくつかは、仏教《ぶっきょう》の僧院《そういん》での生活を想起《そうき》させます。例《たと》えば、共同生活《きょうどうせいかつ》、学習《がくしゅう》と瞑想《めいそう》への専念《せんねん》、そして菜食主義《さいしょくしゅぎ》です。

紀元前《きげんぜん》三世紀以後《いご》に、アレクサンドリアとインドの間《あいだ》で行われた交易往来《こうえきおうらい》によって、仏教と中近東《ちゅうきんとう》の宗教《しゅうきょう》とが相互《そうご》に影響《えいきょう》し合うことになったと思われます。

池田　ユダヤ教の後に成立《せいりつ》したキリスト教においても、むしろ異端《いたん》として排斥《はいせき》された初期《しょき》の神学《しんがく》のなかに、仏教《ぶっきょう》の影響《えいきょう》を受けたものがありますね。

アレクサンドリアを中心《ちゅうしん》にして起こった「キリスト教神学」に、その傾向性《けいこうせい》が濃《こ》いといえましょう。

グノーシス派[★11]の神学とクレメンス[★12]の哲学《てつがく》に、仏教の影響を見ることができます。グノーシス派の教義《きょうぎ》では、この世は苦であると説《と》くとともに、輪廻《りんね》と因果応報《いんがおうほう》の思想《しそう》を説いていることから、インド思想や仏教の影響を受けているという学者《がくしゃ》もいます。

もっとも、西方《せいほう》の伝統《でんとう》のなかでも、オルフェウス教[★13]やピュタゴラス派[★14]の流れがあり、これらは輪廻転生《りんねてんしょう》を説きますから、その影響を受けたとも考えられますが。

クレメンスの師であるパンタイノス[★15]は、インドまで行った人ですから、弟子《でし》のクレメンスに何らかのインドの影響があったことは、十分に想像《そうぞう》できることです。

チャンドラ　アレクサンドリアのクレメンスが、仏教《ぶっきょう》と接触《せっしょく》したと考えるのは自然《しぜん》でしょう。

非《ひ》キリスト教徒《きょうと》の両親《りょうしん》のもとに生まれたクレメンスは、ギリシャ・ローマ社会の高貴《こうき》な伝統《でんとう》を身につけていました。クレメンスの時代には、正統《せいとう》と異端《いたん》の間に境界線《きょうかいせん》が引かれつつありました。

彼は中道《ちゅうどう》を歩み、神智《しんち》が時間を超越《ちょうえつ》した特質《とくしつ》を有するものであると主張《しゅちょう》しました。

信仰《しんこう》の本質《ほんしつ》に関する彼の思索《しさく》は、グノーシス派の高度《こうど》な秘教的洞察《ひきょうてきどうさつ》、ギリシャ・ローマの古典期《こてんき》の哲学者《てつがくしゃ》たちの知的特性《ちてきとくせい》、そして他文明《たぶんめい》の思想《しそう》にも及《およ》んでいたのです。

池田　クレメンスは、〝神のロゴス〟[★16]が旧約聖書《きゅうやくせいしょ》の外に、また、ヘブライ[★17]の哲学《てつがく》の外でも現《あらわ》れているといっていますね。エジプト人、カルデア人、ガラテア人、ペルシャ人、インド人などの名が挙《あ》げられています。

単にキリスト教徒《きょうと》だけに〝神のロゴス〟の現れや働きがあるのではなく、異《い》教徒や異邦人《いほうじん》にもあるとした点は、仏教《ぶっきょう》の〝法《ほう》〟の考え方と通底《つうてい》しています。

チャンドラ　クレメンスは、独立《どくりつ》した一個《いっこ》の教師《きょうし》でした。いま池田先生が紹介《しょうかい》された文のなかで、クレメンスは、「さて、インド人のなかにはブッダの教示《きょうじ》を遵奉《じゅんぽう》する人々がある」と述べています。

彼の著作《ちょさく》が西洋思想史《せいようしそうし》のなかでブッダ(釈尊《しゃくそん》)への言及《げんきゅう》がなされた最初《さいしょ》のものである、とする中村元博士《はじめはくし》の見解《けんかい》に、私はどちらかといえば賛成《さんせい》です。

池田　しかし、グノーシス派の神学《しんがく》や、クレメンスのように、異教徒《いきょうと》の存在《そんざい》を認める寛容性《かんようせい》に富んだ、アレクサンドリアの数々《かずかず》の「キリスト教初期《しょき》神学」は、やがて異端《いたん》として排斥《はいせき》されていくことになります。その結果《けっか》、キリスト教はますます一神教的《いっしんきょうてき》な色彩《しきさい》を濃《こ》くしていきます。「ヘレニズム時代」は、いま見てきたように、アレクサンドリアを通して、かなり仏教《ぶっきょう》やインド思想《しそう》が影響《えいきょう》を及《およ》ぼしていたのですが、キリスト教が西方《せいほう》において強力《きょうりょく》な指導権《しどうけん》を確立《かくりつ》するようになるころには、パルティア人★18の帝国《ていこく》がインドと西方《せいほう》との交流《こうりゅう》を妨《さまた》げることになります。そこに七世紀にイスラム教が誕生《たんじょう》し、やがて中近東《ちゅうきんとう》を席巻《せっけん》しました。すでに述べたように、イスラム教はインドへも進出《しんしゅつ》してきました。

その結果《けっか》、中世《ちゅうせい》になると、仏教およびインド思想との交流は次第《しだい》に影《かげ》をひそめていきます。仏教の間接的影響《かんせつてきえいきょう》は続いていたと思われますが、しかし、大乗《だいじょう》仏教の思想が、西方へ流れなくなったことは確かなことでしょう。仏教の影響といっても、原始《げんし》仏教や部派《ぶは》仏教にとどまったことは、残念《ざんねん》なことです。

「ブッダ伝説《でんせつ》」のキリスト教化《きょうか》

チャンドラ　次に、「ブッダ伝説《でんせつ》」が西洋《せいよう》に伝《つた》えられた経緯《けいい》には、印象深《いんしょうぶか》いものがあります。その伝播《でんぱ》の歴史が、一八九三年、E・クーン★19によって『バルラームとヨサファート——文献学《ぶんけんがく》・文学史研究《ぶんがくしけんきゅう》』として出版《しゅっぱん》されました。「ブッダ伝説」は、おそらく一人のマニ★20教徒《きょうと》によって中世《ちゅうせい》ペルシア語で語られたものでしょう。
アッバース朝《ちょう》の初期《しょき》（紀元《きげん》八〇〇年ごろ）には、一人の無名《むめい》の人物がアラビア語でブッダ伝説を創作《そうさく》しました。それが、九世紀にはグルジア語に意訳《いやく》されましたが、ここで、ブッダの伝説は初めてキリスト教的な色彩《しきさい》を帯《お》びたのです。
さらに、「ブッダ伝説」は、『バルラームとヨサファート』物語《ものがたり》としてギリシャ語に訳《やく》され、これが、ギリシャ語で書かれたキリスト教文学の古典《こてん》の一つとなりました。
バルラームとはバガヴァーン（世尊《せそん》）のことであり、ヨサファートとはボーディサットヴァ（菩薩《ぼさつ》）のことです。

池田　そうしますと、結局《けっきょく》、「バルラームとヨサファートの物語」というのは、「世尊《せそん》と菩薩《ぼさつ》の物語」ということになりますね。

チャンドラ　そうです。世尊《せそん》と菩薩《ぼさつ》が、キリスト教の聖者《せいじゃ》として名をつらねているわけです。

池田　読者のために、博士《はくし》から、若干《じゃっかん》、その物語《ものがたり》の内容《ないよう》を紹介《しょうかい》していただけませんか。

チャンドラ　この物語《ものがたり》は、ヨサファートが、インド王の太子《たいし》として生まれたというところから始まります。太子が生まれた日にカルデアの占星者《せんせいしゃ》が来て、太子の将来《しょうらい》を占《うらな》うのですが、彼は〝太子は偉大《いだい》な智者《ちしゃ》となるであろう〟と予言《よげん》するのです。
そこで王は、太子がこの世の悲惨《ひさん》や老病死《ろうびょうし》の苦悩《くのう》を見たり聞いたりしないように、壮麗《そうれい》な宮《きゅう》殿《でん》を造《つく》って、できるだけ社会の現実《げんじつ》から隔離《かくり》しようと努《つと》めたのです。しかし、成長《せいちょう》した太子は、身体《からだ》の不自由《ふじゆう》な人や、病人や、死人を見て、結局《けっきょく》、人生の苦悩《くのう》から離脱《りだつ》する道を求《もと》めるようになったのです。

池田　釈尊《しゃくそん》の伝記《でんき》とまったく符合《ふごう》していますね。

釈尊の出生《しゅっせい》の時に、アシタ仙人《せんにん》がその子の将来《しょうらい》を予言《よげん》したこと、国王《こくおう》が釈尊の出家《しゅっけ》をとどめるために三つの宮殿《きゅうでん》を造《つく》ったこと、しかし、釈尊は〝生老病死《しょうろうびょうし》〟の四苦《しく》を超克《ちょうこく》するために、修《しゅ》行者《ぎょうしゃ》の道に入ったことなど、そっくりです。

ヨサファートの場合も、釈尊の「四門遊観《しもんゆうかん》」の説話《せつわ》に象徴《しょうちょう》されるような、人間としての「四《し》苦《く》」に焦点《しょうてん》があてられていることは、興味深《きょうみぶか》いことです。

「仏伝《ぶつでん》」を翻案《ほんあん》した「物語《ものがたり》」

チャンドラ　物語《ものがたり》は、次のように続きます。

ある時、宝石商《ほうせきしょう》を装《よそお》ったバルラームが、太子を訪《たず》ねてきて説得《せっとく》し、彼をキリスト教徒《きょうと》にしてしまうのです。

怒《おこ》った王は魔術師《まじゅつし》を呼《よ》び、美女《びじょ》の誘惑《ゆうわく》によって太子の心を惑《まど》わそうとするのですが、魔術師のほうが、かえってキリスト教に帰依《きえ》してしまい、やがて王自身も洗礼《せんれい》を受けることになるのです。

そして、ヨサファートは、父王が死んで後、バルラームの隠棲所《いんせいしょ》を訪《おとず》れ、彼とともに、生涯《しょうがい》、懺悔《ざんげ》の生活を送り、三十五年後に、自《みずか》らも昇天《しょうてん》した、という物語になっています。

池田　釈尊《しゃくそん》の場合は、すでに、「釈尊の成道《じょうどう》」のところで話し合いましたように、〝魔《ま》〟との激闘《げきとう》は、菩提樹下《ぼだいじゅげ》における生命内奥《せいめいないおう》の変革《へんかく》として記《しる》されております。釈尊は、第六天《だいろくてん》の魔王《まおう》に勝利《しょうり》した瞬間《しゅんかん》、偉大《いだい》な仏《ほとけ》の大生命を顕現《けんげん》させたのですが、今の話では、懺悔《ざんげ》の生活を長年送った後に、昇天《しょうてん》したということになっていますね。

しかし、洗礼《せんれい》とか昇天といったキリスト教的な部分を除《のぞ》けば、仏伝《ぶつでん》そのままと言ってよいほどです。まさに、仏伝の翻案《ほんあん》になっています。仏伝や釈尊、菩薩《ぼさつ》がこのような形で、西洋の人々に知られ、受《う》け容《い》れられていたのですね。

キリスト伝《でん》に影響《えいきょう》与《あた》えた仏教文学《ぶっきょうぶんがく》

チャンドラ　ヨサファートやバルラームは、インドにおいてキリスト教の使徒《しと》の役割《やくわり》を担《にな》うものであると考えられました。

中世ペルシア語で書かれたこの物語《ものがたり》の原典《げんてん》は、存在《そんざい》しません。『バルワーラとブダフス』と題するアラビア語版が、キリスト教的な脚色《きゃくしょく》が入っていない最古《さいこ》の翻訳《ほんやく》です。

このアラビア語版が、十七世紀のイスマイル派（イスラム教の一派）の聖典《せいてん》リストにあげられています。この書物《しょもつ》は、書写《しょしゃ》され、インドのイスマイル派の人々に読み継《つ》がれてきたので、現《げん》在《ざい》まで失《うしな》われることがなかったのです。

その内容《ないよう》には、「ブッダの生涯《しょうがい》」を描《えが》いたものがあり、また、「ジャータカ」[★22]の話の筋《すじ》について知っていることをうかがわせるものもあります。

池田　「ジャータカ」は、インド民族《みんぞく》が創造《そうぞう》してきた多くの説話《せつわ》を、釈尊《しゃくそん》の前世物語《ぜんせものがたり》のなかに吸《きゅう》収《しゅう》することによって、宗教的《しゅうきょうてき》に昇華《しょうか》したものになっていますね。

チャンドラ　聖書《せいしょ》と仏伝《ぶつでん》にも、多くの共通点《きょうつうてん》が見いだせます。

マルコ[★23]による福音書《ふくいんしょ》と、マタイ[★24]による福音書の、サタンがイエスの誘惑《ゆうわく》を試《こころ》みる記述《きじゅつ》は、マーラ（悪魔《あくま》）がブッダ（釈尊《しゃくそん》）の誘惑を試みる記述と対比《たいひ》されます。

新約聖書《しんやくせいしょ》と仏伝のなかの、これらの二つの誘惑の場面《ばめん》は、最《もっと》も注目《ちゅうもく》される類似点《るいじてん》であり、ヴィンディシュ[★25]とガルベ[★26]によって詳細《しょうさい》に論じられました。

仏教《ぶっきょう》は一つの世界宗教《せかいしゅうきょう》となり、仏教文学《ぶんがく》は世界文学の一部となりました。仏伝、ジャータカのなかの仏の前世物語《ぜんせものがたり》、説話《せつわ》の主要《しゅよう》なテーマは、キリスト伝の形成《けいせい》に影響《えいきょう》を与《あた》えたと思います。

池田　そこで、疑問《ぎもん》なのは、キリストの伝記《でんき》の創作者《そうさくしゃ》が、どのようにして仏伝《ぶつでん》の内容《ないよう》を知ったかということです。

「文明《ぶんめい》の十字路《じゅうじろ》」でもあった西暦《せいれき》二〜三世紀以後《いご》の東イランや中央《ちゅうおう》アジアの諸地域《しょちいき》には、さまざまな宗教《しゅうきょう》を奉《ほう》ずる人々が集まっていましたから、そこで多彩《たさい》な交流《こうりゅう》がなされたに違《ちが》いありません。

キリスト教徒《きょうと》、ゾロアスター教徒[★27]、マニ教徒、仏教徒が、互《たが》いに顔をつきあわせながら住んでいたといいますから、当然《とうぜん》、それぞれの宗教の間の影響《えいきょう》を否定《ひてい》することはできないでしょう。

これまで博士《はくし》と論じ合ってきた観点《かんてん》については、インドの第二代大統領であり、卓越《たくえつ》した哲《てつ》学者《がくしゃ》であったラーダークリシュナン博士[★28]も、次のように指摘《してき》しています。

「交通《こうつう》と通信《つうしん》の手段《しゅだん》が発達《はったつ》していない時代にすら、東方《とうほう》文明は西洋《せいよう》に浸透《しんとう》していった。イランとギリシャは相互《そうご》に接触《せっしょく》しており、多くのインド人がそこを通ってギリシャに赴《おもむ》いた」と。

また、「アショーカ大王が西方《せいほう》に送った使節《しせつ》や、アレクサンドロス大王のエジプト、イラン、西北《せいほく》インドへの影響《えいきょう》が、東西文化の豊《ゆた》かな交流《こうりゅう》を生み出した」ことも指摘《してき》しています。

チャンドラ　東西の交流《こうりゅう》は、現代《げんだい》の私たちが想像《そうぞう》する以上に、活発《かっぱつ》であり、濃密《のうみつ》だったのです。

池田　さらに、興味深《きょうみぶか》いことに、ラーダークリシュナン博士《はくし》は、ソクラテスがインドからの訪《ほう》問者《もんしゃ》と会見《かいけん》したことが、アリストクセノス[★29]らによって報告《ほうこく》されていることを紹介《しょうかい》しています。

「その訪問者は、ソクラテスが人格《じんかく》の発達《はったつ》に興味をもっていることを知ると、人間の精神的次元《せいしんてきじげん》に十分配慮《はいりょ》することなくして人格の完成《かんせい》はありえないと語った。したがって、世俗的《せぞくてき》なヒューマニズムも、霊性的《れいせいてき》な智慧《ちえ》に支《ささ》えられる必要《ひつよう》があった」と。

ソクラテスに代表《だいひょう》されるギリシャの「知性《ちせい》」と、インドの賢人《けんじん》が語る「智慧《ちえ》」の対話《たいわ》です。ともに人格完成のための深い精神的次元に〝光〟を当てての対話であったことが推測《すいそく》されます。

また、ラーダークリシュナン博士は、アレクサンドロス大王とインドの思想家《しそうか》の対話の記録《きろく》についても語っています。

〝愛《あい》〟の宗教《しゅうきょう》と〝慈悲《じひ》〟の宗教

池田　このように、仏教《ぶっきょう》とギリシャ、ユダヤ教、キリスト教とのさまざまな形《かたち》での交流《こうりゅう》が、それぞれの思想《しそう》、宗教《しゅうきょう》の形成《けいせい》に少なからぬ影響《えいきょう》を与《あた》えていったに違いありません。特に、仏教が「西方《せいほう》」に与えた影響は、多方面に及《およ》んでいたことが明らかになりました。

そこで、最後《さいご》に、キリスト教と仏教の特質《とくしつ》である〝愛〟と〝慈悲《じひ》〟について取り上げたいと思います。

世界宗教としてのキリスト教は、〝愛〟の宗教とされています。一方、同じく世界宗教である仏教、特に大乗仏教《だいじょう》の特質《とくしつ》は〝慈悲〟にあります。

キリスト教の〝愛〟と仏教の〝慈悲〟は、よく比較《ひかく》される概念《がいねん》ですが、その違《ちが》いを博士《はくし》はどのように考えておられますか。

チャンドラ　キリスト教の神は〝愛〟であり、〝愛〟は神の本質《ほんしつ》ですが、その愛は、「神を愛する者」にのみ向けられます。

旧約聖書《きゅうやくせいしょ》のエレミヤ書には、「永遠《えいえん》の愛をもって、わたしはあなたを愛し、変わることなく、わたしはあなたに、誠実《せいじつ》を尽《つ》くし続ける」とあります。

それに対し、〝慈悲《じひ》〟は普遍的《ふへんてき》なものであり、信仰《しんこう》による区分《くぶん》はありません。仏教《ぶっきょう》は〝慈悲〟と〝智慧《ちえ》〟の宗教《しゅうきょう》であり、〝慈悲〟は、子どもに対する母親の愛情のように、すべての生きとし生けるものに向けられるのです。本来《ほんらい》、〝慈悲〟は、他者《たしゃ》の幸福に結《むす》びついています。

池田　日蓮大聖人は、「大悲《だいひ》とは母の子を思う慈悲《じひ》の如《ごと》し」（御書七二一ジペー）と述《の》べております。同じく〝愛〟と表現《ひょうげん》されても、仏教《ぶっきょう》で言われる〝愛〟というのは、〝渇愛《かつあい》〟とも言われ、煩悩《ぼんのう》のなかに含《ふく》まれますね。

チャンドラ　そうです。仏教《ぶっきょう》における〝愛〟は、二分法的《にぶんほうてき》な思考《しこう》に根《ね》ざすものです。

新《あら》たな時代《じだい》の英知《えいち》も「東《ひがし》」から

池田　〝慈悲《じひ》〟について、竜樹《りゅうじゅ》は、『大智度論《だいちどろん》』で、「大慈《だいじ》は一切衆生《いっさいしゅじょう》に楽《らく》を与《あた》え、大悲《だいひ》は一切衆生の苦《く》を抜《ぬ》く」とし、その本質《ほんしつ》を解明《かいめい》しています。すべての人々の「苦」に共感《きょうかん》し、ともに「苦悩《のう》」を超克《ちょうこく》して、「楽」（幸福）の探究《たんきゅう》を目指すのが、大乗仏教《だいじょう》の菩薩道《ぼさつどう》です。

チャンドラ　〝慈悲《じひ》〟は、菩薩《ぼさつ》の誓願《せいがん》の核心《かくしん》をなすものです。菩薩は、自身《じしん》よりも先に、まず他《た》者《しゃ》を彼岸《ひがん》に渡《わた》らせようとします。

〝慈悲〟は、「自身」と「他者」の絶対的《ぜったいてき》な平等性《びょうどうせい》を認《みと》めるものであり、それゆえに、菩薩は、他者の苦悩を自《みずか》ら進んで引き受けるのです。そして、すべての人間の内に、〝慈悲〟の心は存在するのです。

池田先生は、釈尊《しゃくそん》の悟《さと》りを象徴《しょうちょう》し、菩薩の波羅蜜《はらみつ》（修行《しゅぎょう》）を実践《じっせん》しておられます。

日蓮大聖人の決意を秘《ひ》めつつ、先生は新たな時代を照《て》らしておられます。東は太陽が昇《のぼ》る方《ほう》角《がく》であり、英知《えいち》もまた東から昇るでしょう。東アジアに精神の光を求めたトインビー博士の言葉が、現実《げんじつ》のものとなりつつあるのです。

注

1　**大唐西域記**　中国・唐代《とうだい》の僧、玄奘《げんじょう》（六〇二年〜六六四年）の旅行記で全十二巻。唐の太宗《たいそう》の貞観《じょうがん》三年（六二九年）から貞観十九年（六四五年）まで、西域《せいいき》を通ってインド諸国《しょこく》を遊歴《ゆうれき》した記録をつづったもの。当時の諸国の状況が詳《くわ》しく記《しる》され、貴重《きちょう》な資料《しりょう》となっている。

2　**ヘレニズム**　オリエント文化と融合《ゆうごう》したギリシャ文明のこと。歴史的には、アレクサンドロス大王の東征《とうせい》（紀元前《きげんぜん》三三四年）、または大王の没年《ぼつねん》（同三二三年）からローマのエジプト併合《へいごう》（同三〇年）までの約三百年間とされる。地理的にはギリシャ、マケドニアから、大王が征服《せいふく》した東方地《とうほうち》域《いき》を含《ふく》む。

3　**アナトリア**　アナトリアの地名は、ビザンティン帝国の一地方州名〈アナトリコン〉に由来《ゆらい》し、小アジア半島中部地方に相当《そうとう》した。アナトリアの歴史は古く、最古の鉄器使用地および小麦の原生《げんせい》地《ち》といわれる。その歴史は紀元前《きげんぜん》二〇〇〇年にさかのぼる。

4　**ディオゲネス**　（紀元前四〇〇年ごろ〜同三二五年ごろ）。ギリシャのキュニコス派の代表的哲《てつ》学者《がくしゃ》。精神《せいしん》の自立《じりつ》を標榜《ひょうぼう》し、物質的虚飾《きょしょく》を排《はい》して生きる自然状態こそ、人間にとって最高の幸福だとした。

5　**キュニコス学派**　犬儒学派《けんじゅがくは》、皮肉《ひにく》派ともいう。ソクラテスの弟子アンティステネスが創唱《そうしょう》した哲学。社会規範《きはん》を蔑視《べっし》し、自然に与えられたものだけで満足して生きる「犬のような（ギリシャ語でキュニコス）」生き方を理想とした。英語のシニシズム（冷笑主義《れいしょうしゅぎ》）はこれに由来《ゆらい》している。

6　**エピクロス学派**　原子論《げんしろん》と快楽《かいらく》主義で有名な古代ギリシャの哲学者エピクロスを創始者《そうししゃ》とする

学派。

7 **ストア学派**　ゼノンが創始《そうし》したギリシャ、ローマ時代の哲学《てつがく》の一派《いっぱ》。初期《しょき》のころ、アテナイのストア（列柱廊《れっちゅうろう》）で講義したため、ストア学派と呼《よ》ばれた。

8 **フィロン**　アレクサンドリアの著名《ちょめい》な哲学者《てつがくしゃ》（紀元前一三年ごろ～後五四年ごろ）。

9 **ジャイナ教**　仏教と同時代にインドに成立した宗教。仏教と同じく反ヴェーダ、反バラモン的な思想的土壌《どじょう》から生まれた。裸形派《らぎょうは》は、紀元前三世紀ごろ、二つに分裂《ぶんれつ》したうちの一派《いっぱ》。

10 **テラペウタイ**　西暦紀元《せいれききげん》の少し前、アレクサンドリアの近くで興《おこ》ったユダヤ教の一派《いっぱ》。

11 **グノーシス派**　グノーシスはギリシャ語で、「知識」を意味する。宗教学の用語としては、至高《しこう》神《しん》と本来の自己は本質的に同一《どういつ》であると認識《にんしき》することで救済《きゅうさい》されるとする思想《しそう》を指す。東洋の諸宗教観念の影響《えいきょう》を受けて生じたもので、キリスト教にも影響を与え、キリスト教グノーシス派を形成《けいせい》した。

12 **クレメンス**　（一五〇年ごろ～二一五年ごろ）。初期《しょき》のキリスト教神学者《しんがくしゃ》。ギリシャ思想《しそう》、特にプラトン哲学《てつがく》によってキリスト教神学を強化《きょうか》し、アレクサンドリア学派を形成《けいせい》した。

13 **オルフェウス教**　古代ギリシャにおいて、宇宙と人間との生成《せいせい》について独特の教義《きょうぎ》をもち、庶《しょ》民《みん》の間に帰依者《きえしゃ》を広げた宗教の一派《いっぱ》。

14 **ピュタゴラス**　（紀元前五七五年ごろ～同四九五年ごろ）。ギリシャの数学者・哲学者《てつがくしゃ》・宗教者。魂《たましい》の輪廻《りんね》転生《てんしょう》の思想や、数を万物《ばんぶつ》の根本原理《こんぽんげんり》とする数学的自然観は後世《こうせい》に大きな影響《えいきょう》を与えた。

15 **パンタイノス**　クレメンスの師。ストア主義からキリスト教への改宗者《かいしゅうしゃ》で、アレクサンドリアのキリスト教教理学校の校長を務《つと》めた。

16 **ロゴス**　ギリシャ語で「理性《りせい》」のこと。ヘラクレイトスは、人間のなかにある理性能力と類似《るいじ》の形成《けいせい》能力を宇宙《うちゅう》に見いだし、人間の魂《たましい》もその宇宙の客観《きゃっかん》的理性、ロゴスの一部であるとした。

17 ヘブライ　古代《こだい》イスラエルのこと。ヘブライの哲学とはヘブライズムのこと。ヘレニズムと並ぶヨーロッパ思想の二大源流《げんりゅう》の一つ。ヘレニズムがヒューマニズムと本質的《ほんしつてき》につながるのに対して、ヘブライズムは神から人への啓示《けいじ》を根幹《こんかん》とする。

18 パルティア　紀元前三世紀中ごろからイラン、メソポタミアを支配《しはい》したイラン系バルニ族の王《おう》朝《ちょう》(紀元前二四七年～後二二六年)。全盛期《ぜんせいき》は紀元前二世紀のミトリダテス一世の時代で、東はインドから西はユーフラテスまで領土《りょうど》を広げた。この国が中国との絹交易《きぬこうえき》を一手《いって》に握《にぎ》り、ローマをけん制していた。

19 クーン　(一八四六年～一九二〇年)。ドイツのインド学者。ハイデルベルク大学、ミュンヘン大学の教授を務《つと》めた。

20 マニ教　三世紀に、マニがイランにおいて創始《そうし》した宗教。その教理《きょうり》は、当時のゾロアスター教を教義《きょうぎ》の母体として、これにキリスト教、メソポタミアのグノーシス(霊知《れいち》)主義と伝統的土着信《どちゃくしん》仰《こう》、さらには仏教までを摂取《せっしゅ》、融合《ゆうごう》した宗教である。

21 アッバース朝　七五〇年から一二五八年まで続いたアラブ・イスラム王朝。首都バグダッド(イラン)は、九～十世紀には、軍事力、経済力を背景《はいけい》として人口百五十万人に及ぶ大都市に発展《はってん》した。またヘレニズム文化を摂取《せっしゅ》するとともに中国・唐《とう》の文化も取り入れ、多彩《たさい》なイスラム文化を開花《かいか》させた。

22 ジャータカ　インドの民話《みんわ》に題材《だいざい》を求めた釈尊《しゃくそん》の前世《ぜんせ》の物語。ジャータカとは、サンスクリットで「生まれたことに関する」との意。

23 マルコ　初期のキリスト教徒の一人。ヘブライ名はヨハネ。『新約聖書《しんやくせいしょ》』の「マルコ福音書《ふくいんしょ》」の著者《ちょしゃ》とされる。

24　マタイ　イエスの十二弟子《でし》のなかの一人。『新約聖書《しんやくせいしょ》』の「マタイ福音書《ふくいんしょ》」の著者《ちょしゃ》とされる。

25　ヴィンディシュ　（一八四四年～一九一八年）。ドイツのインド学者、ケルト学者、印欧比較言《いんおうひかく》語学者。

26　ガルベ　（一八五七年～一九二七年）。ドイツのインド学者。ヴェーダ学、六派哲学《ろっぱてつがく》の大家《たいか》であった。

27　ゾロアスター教　古代ペルシャの預言者《よげんしゃ》ゾロアスターを開祖《かいそ》とする古代《こだい》ペルシャの民族宗教。アラブによるイラン征服《せいふく》（七世紀前半）までイランの国教の地位を占《し》めていた。

28　ラーダークリシュナン　インドの政治家、哲学者《てつがくしゃ》。一九六二年から六七年まで、大統領を務めた。

29　アリストクセノス　紀元前《きげんぜん》四世紀後半ごろの古代《こだい》ギリシャの哲学者《てつがくしゃ》。初めピタゴラス派の哲学を学び、のちにアリストテレスの高弟《こうてい》となった。

第十一章

「第三の千年」開く
インド・中国の精神的伝統《でんとう》

ヒューマニティーを生み出す根源《こんげん》

チャンドラ　池田先生の「SGIの日」記念提言《きねんていげん》は、毎年、興味深《きょうみぶか》く読ませていただいておりますが、二〇〇一年の「記念提言」も、私たちの〝言葉《ことば》〟と〝永遠性《えいえんせい》〟と〝ヒューマニティー〟を具現化《ぐげんか》したものです。先生は、ヒューマニティーを広《ひろ》めゆく全権大使《ぜんけんたいし》として、現実的《げんじつてき》な方策《ほうさく》を提示《ていじ》されています。

池田　本年の提言《ていげん》も博士《はくし》にお読みいただき、高く評価《ひょうか》していただいて光栄《こうえい》です。

チャンドラ　先生の平和提言《へいわていげん》は、人々が共有《きょうゆう》する地球《ちきゅう》に、真《しん》のヒューマニティーを生み出す根源《こんげん》の光《ひかり》です。それは、未来《みらい》を砂漠《さばく》のようなものにさせないために、人々の内奥《ないおう》の精神《せいしん》を輝《かがや》かせ、テクノロジーの闇《やみ》を晴《は》らさせるものなのです。

池田　恐縮《きょうしゅく》です。

本年は、生命《せいめい》の衰退《すいたい》と破壊《はかい》という現代文明《げんだいぶんめい》の根源《こんげん》の課題《かだい》にメスを入れる意味《いみ》で、「生命」をキーワードとしました。そして「生命」の蘇生《そせい》、躍進《やくしん》を願《ねが》って、「生命の世紀《せいき》へ　大《おお》いなる潮流《ちょうりゅう》」と題《だい》して提言《ていげん》しました。

チャンドラ　先生は未来《みらい》について楽観的《らっかんてき》に語っておられます。「提言《ていげん》」で述《の》べられた創造的《そうぞうてき》「共《きょう》生《せい》」や「内発《ないはつ》」的意志《てきいし》といった新しい概念《がいねん》は、人々の心を糾合《きゅうごう》し、献身《けんしん》の行動《こうどう》へと展開《てんかい》されゆくことでしょう。

また、「相互作用《そうごさよう》という精神的極致《せいしんてききょくち》」が、あらゆる文化《ぶんか》の心的作用《しんてきさよう》を形《かたち》づくっているとの表現《ひょうげん》は、まさに珠玉《しゅぎょく》の言葉です。

池田　今回のテーマにも深くかかわってきますが、特《とく》にインドと中国《ちゅうごく》に焦点《しょうてん》を当《あ》てて、この両国《りょうこく》の長い歴史《れきし》がたたえる精神性《せいしんせい》に論究《ろんきゅう》しました。

それは、人類文明《じんるいぶんめい》の観点《かんてん》から言《い》って、「第三の千年」の帰趨《きすう》を左右《さゆう》するのは、インドと中国であり、この両国が年《とし》を追《お》って重要性《じゅうようせい》を増《ま》していくと考えたからです。

世界《せかい》の哲学史《てつがくし》を見ても、中国哲学《ちゅうごくてつがく》とインド哲学は、悠久《ゆうきゅう》の歴史《れきし》を誇《ほこ》る巨塔《きょとう》としてそびえ立っています。

ギリシャでソクラテス、プラトン、アリストテレスらが熱《あつ》い言論《げんろん》を戦《たたか》わせていたのと同時代《どうじだい》、インドでは釈尊《しゃくそん》はじめ多くの思想家《しそうか》が活躍《かつやく》しておりました。中国においても、★1儒家《じゅか》、★2道家《どうか》、★3法家《ほうか》、★4名家《めいか》、★5墨家《ぼっか》などの諸子百家《しょしひゃっか》が続々《ぞくぞく》と登場《とうじょう》し、「百家争鳴《ひゃっかそうめい》」の喧騒《けんそう》から壮大《そうだい》な哲学史が幕《まく》を開《あ》けました。★6ヤスパースが「枢軸時代《すうじくじだい》」と呼《よ》んだ、あの時代です。

中国では、それ以後《いご》も儒教《じゅきょう》と道教《どうきょう》（老荘思想《ろうそうしそう》）を二大潮流《にだいちょうりゅう》としながら、近現代《きんげんだい》に至《いた》るまで連綿《れんめん》と哲学的思惟《てつがくてきしい》が重《かさ》ねられてきました。その深厚《しんこう》なる伝統《でんとう》、広大《こうだい》なる内容《ないよう》に並《なら》び得《う》るのは、世界でもインド哲学ではないでしょうか。

意識《いしき》を表現《ひょうげん》する新《あたら》しい「言葉《ことば》」

チャンドラ　ご指摘《してき》の通《とお》りです。

そもそも、哲学《てつがく》の流《なが》れとは、人類《じんるい》が動物的《どうぶつてき》な状態《じょうたい》を脱《だつ》してから、やむことなく発展《はってん》し続《つづ》けてきた長大《ちょうだい》な過程《かてい》です。複雑化《ふくざつか》する思考《しこう》を可能《かのう》にしたのは、人間《にんげん》の「頭脳《ずのう》」と「言語《げんご》」です。

人類は、大地《だいち》を耕《たがや》しながら豊作《ほうさく》をもたらす雨を期待《きたい》して空《そら》を見上《みあ》げました。農業《のうぎょう》は、人類に天《てん》と地《ち》を与《あた》えました。『リグ・ヴェーダ』には、「天は父《ちち》」「地は母《はは》」と謳《うた》われております。

池田　『リグ・ヴェーダ』は、壮大《そうだい》な天地《てんち》創造《そうぞう》の讃歌《さんか》ですね。そこには、大自然《だいしぜん》に対する憧憬《しょうけい》と畏怖《いふ》があります。

チャンドラ　当時《とうじ》の生活は、自然《しぜん》のなかにありました。自然には、優《やさ》しい面《めん》と凶暴《きょうぼう》な面の両方《りょうほう》があります。

自然の引《ひ》き起《お》こす猛威《もうい》によって、人間は、圧倒的《あっとうてき》な力をもつ超絶《ちょうぜつ》した秩序《ちつじょ》があると感じるようになりました。生活と自然を通して、「存在《そんざい》」と「超越性《ちょうえつせい》」の関係《かんけい》について考えるようになっていったのです。

池田　そこに「哲学《てつがく》」の源泉《げんせん》が求められるわけですね。

チャンドラ　その通《とお》りです。生活が変化《へんか》していくに伴《ともな》って、思考《しこう》にさまざまな様式《ようしき》が創《つく》り出《だ》されていきました。浮《う》かび上《あ》がってくる「意識《いしき》」を表現《ひょうげん》するために、新しい「言葉《ことば》」が生《う》み出されたのです。

新《あら》たに高度化《こうどか》した言語能力《げんごのうりょく》は、やむことなく複雑化《ふくざつか》する思考への手段《しゅだん》となりました。言語《げんご》は沈黙《ちんもく》していた心に、表現の術《すべ》としての声を与《あた》えたのです。

池田　人間精神《にんげんせいしん》の黎明《れいめい》を物語《ものがた》る壮大《そうだい》なドラマですね。

「哲学《てつがく》」という言葉の概念《がいねん》は、それぞれ文化圏《ぶんかけん》によって異《こと》なっています。英語《えいご》の「フィロソフィー」は、もともとギリシャ語で「智慧《ちえ》を愛《あい》すること」という意味でした。最初《さいしょ》にこの言葉を使《つか》ったのは、ピュタゴラス★7と言われています。日本語の「哲学」は、「フィロソフィー」の訳語《やくご》として明治時代《めいじじだい》に新《あら》たにつくられたものです。

哲学的《てつがくてき》な課題《かだい》それ自体《じたい》は、人類全体《じんるいぜんたい》に共通《きょうつう》するものです。しかし、そのあり方《かた》は、時代・社会において、大きく異《こと》なっていますね。

チャンドラ　インド人は、日常生活《にちじょうせいかつ》における「世俗的《せぞくてき》な次元《じげん》」が、この世《よ》の存在《そんざい》を超《こ》える「超越的《ちょうえってき》な次元」と調和《ちょうわ》しながら働《はたら》き合《あ》っていると考えました。二つの次元の相互作用《そうごさよう》によって、人生《じんせい》は豊《ゆた》かになり、実質《じっしつ》が備《そな》わる。そして、さまざまな出来事《できごと》に、それを超《こ》えた一つの意味が与《あた》えられたのです。
インドにおける哲学《てつがく》は「ダルシャナ」と呼《よ》ばれていました。それは「洞察《どうさつ》すること」という意味《いみ》です。すなわち、さまざまな現実《げんじつ》の背後《はいご》にある、純粋《じゅんすい》で聖《せい》なるものへの「洞察」を意味していたのです。

「開目抄《かいもくしょう》」で「儒外内《じゅげない》」の思想《しそう》を比較《ひかく》

池田　そうした豊饒《ほうじょう》なる哲学《てつがく》の揺籃《ようらん》のなかから、釈尊《しゃくそん》の仏教《ぶっきょう》も出現《しゅつげん》しました。インドでは、仏教も「ダルシャナ」と考えられているようです。この時代には、中国では、★8孔子《こうし》、★9老子《ろうし》が出現《しゅつげん》しています。

チャンドラ　老子《ろうし》、孔子《こうし》らは、簡潔《かんけつ》で含蓄《がんちく》のある金言《きんげん》を残《のこ》しました。そこに表明《ひょうめい》された思想《しそう》と理念《りねん》は、その後《ご》、大きな展開《てんかい》を見せ、精密《せいみつ》な思想体系《しそうたいけい》として開花《かいか》していったのです。

池田　それでは、具体的《ぐたいてき》に中国哲学《ちゅうごくてつがく》について、語り合っていきたいと思います。
日蓮大聖人は、身命《しんみょう》に及《およ》ぶ迫害《はくがい》の渦中《かちゅう》にあって、一切衆生《いっさいしゅじょう》に「真理《しんり》への目を開《ひら》かせる」ために「開目抄《かいもくしょう》」を著《あらわ》されました。

この「開目抄」では、当時《とうじ》の思想《しそう》・宗教《しゅうきょう》に対する徹底《てってい》した吟味《ぎんみ》が行われております。冒頭《ぼうとう》には、あらゆる人々が習《なら》い学《まな》ぶべきものとして、「儒外内《じゅげない》」の三つが挙《あ》げられております。すなわち、儒教《じゅきょう》・道教《どうきょう》という中国思想《ちゅうごくしそう》、★10バラモン教や★11六師外道《ろくしげどう》と呼ばれる自由思想家《じゆうしそうか》が説いたインド思想、そして仏教です。

チャンドラ　私は、「開目抄《かいもくしょう》」には、深遠《しんえん》な次元《じげん》を開《ひら》いていくための幾世紀《いくせいき》にもわたる過程《かてい》が込《こ》められていると考えております。この深遠な次元が開かれることで、現実《げんじつ》の生命《せいめい》の境涯《きょうがい》を高めることが可能《かのう》になるのです。

池田　まさに、人類《じんるい》に境涯革命《きょうがいかくめい》をもたらす一書《いっしょ》であると思います。

ここで大聖人《だいしょうにん》は、中国思想《ちゅうごくしそう》について、伝統《でんとう》にのっとって、儒教《じゅきょう》は「有《う》の玄《げん》」であり、老子《ろうし》の思想は「無《む》の玄」であり、荘子《そうし》の思想は「亦有亦無《やくうやくむ》の玄」であると述べています。「開目抄《かいもくしょう》」には、「一には有の玄・周公等此《しゅうこうとうこ》れを立つ、二には無の玄・老子《ろうし》等《とう》・三には亦有亦無《やくうやくむ》等《とう》・荘子が玄これなり」(御書一八六ページ)とあります。「玄」とは、〝言葉《ことば》では明確《めいかく》に表現《ひょうげん》できないもの〟〝深遠《しんえん》なもの〟という意味《いみ》です。

それぞれの本質《ほんしつ》を直観的《ちょっかんてき》に把握《はあく》し、儒教を「存在《そんざい》・実在《じつざい》」の哲学《てつがく》、老子の思想を「非実在《ひじつざい》・非日常《ひにちじょう》」の哲学、荘子の思想を「存在」と「非存在《ひそんざい》」を超《こ》える「超越《ちょうえつ》の哲学」であると位置《いち》づけられております。

神秘《しんぴ》性《せい》を退《しりぞ》け現実《げんじつ》に迫《せま》る

チャンドラ　私は、ここに示《しめ》された解釈《かいしゃく》から、玄奘《げんじょう》が訳《やく》した『成唯識論《じょうゆいしきろん》』を思い起こしました。ここでは「有《う》」「無《む》」「真如《しんにょ》」について論《ろん》じられております。中国の聖人《せいじん》・賢人《けんじん》の教えと仏教《ぶっきょう》の思想《しそう》の調和《ちょうわ》が目指《めざ》されているのです。

池田　その中国において、正統《せいとう》思想《そう》とされてきたのが「儒教《じゅきょう》」です。孔子《こうし》は、『論語《ろんご》』のなかで「怪《かい》、力《りき》、乱《らん》、神《しん》を語《かた》らず」「今《いま》だ生《せい》を知《し》らず。焉《いずく》んぞ死《し》を知らんや」「鬼神《きじん》は敬《けい》して之《これ》を遠《とお》ざく」と語りました。ここには、徹底《てってい》して神秘《しんぴ》性《せい》を退《しりぞ》け、現実社会《げんじつしゃかい》を生きる人間それ自体《じたい》に迫《せま》る姿勢《しせい》が鮮明《せんめい》に表明《ひょうめい》されております。

チャンドラ　孔子《こうし》は、その際立《きわだ》った思想的特徴《しそうてきとくちょう》――「人間主義《にんげんしゅぎ》」によって、中国哲学《ちゅうごくてつがく》に絶大《ぜつだい》な影響《えいきょう》を及《およ》ぼしました。孔子が焦点《しょうてん》を当てたのは、あくまでも「人間」です。「道《どう》」を偉大《いだい》たらしめることができるのは「人間」であると説《と》いたのです。

孔子は、神的《しんてき》な存在《そんざい》や死んだ後《あと》の生命《せいめい》については語《かた》りませんでした。その主《しゅ》たる関心事《かんしんじ》は、善《よ》き政治《せいじ》に基《もと》づく善き社会であり、家族関係《かぞくかんけい》における孝《こう》であり、礼儀《れいぎ》にかなった行為《こうい》でありました。

池田　そうです。孔子《こうし》は、善《よ》き政治《せいじ》、善き社会《しゃかい》、善き家族《かぞく》、すなわち善き人間関係《にんげんかんけい》を築《きず》く基礎《きそ》は、「徳《とく》」であると考えていました。

あくまでも内発的《ないはつてき》な精神性《せいしんせい》を重視《じゅうし》していたのです。

孔子の説く「仁《じん》」はヒューマニティーであり、そこには人類愛《じんるいあい》への目覚《めざ》めがあります。

チャンドラ　ええ。孔子《こうし》は、すべての人間が完成《かんせい》に向《む》かって向上《こうじょう》する能力《のうりょく》をもっていると信《しん》じていました。彼の基本的《きほんてき》な考え方は[★12]「正名《せいめい》」[★13]「中庸《ちゅうよう》」「道《どう》」「天《てん》」「仁《じん》」です。孔子とその一門《いちもん》は、言行《げんこう》を正《ただ》しくし、思いやりの「徳《とく》」、そして人が振《ふ》る舞《ま》うべき「道《どう》」を実践《じっせん》したのです。そして、自己《じこ》と社会を均衡《きんこう》させ、調和《ちょうわ》させるという方向《ほうこう》を示して、中国思想の原型《げんけい》を築《きず》いたのです。

池田　さらに孔子《こうし》には「天《てん》」の思想《しそう》があります。

「君子《くんし》に三畏《さんい》あり。天命《てんめい》を畏《おそ》れ、大人《たいじん》を畏れ、聖人《せいじん》の言《げん》を畏《おそ》る」

「天《てん》を怨《うら》まず、人を尤《とが》めず、下学《かがく》して上達《じょうたつ》す。我《わ》れを知《し》る者《もの》は其《そ》れ天か」

孔子にとって「天」とは、一切《いっさい》の究極的《きゅうきょくてき》な拠《よ》り所《どころ》でした。ゆえに、天命に対しては、現世的《げんせてき》な功利主義《こうりしゅぎ》をはるかに超《こ》える敬虔《けいけん》な態度《たいど》で臨《のぞ》んだのです。

この現実世界《げんじつせかい》において、自《みずか》らの使命《しめい》を断《だん》じて全《まっと》うする——孔子の示した、こうした生き方には、現実社会に定位《ていい》しつつも、絶対的《ぜったいてき》なものに迫《せま》りゆく宗教的信念《しゅうきょうてきしんねん》が躍動《やくどう》しております。

真《しん》の自己《じこ》を問《と》う「胡蝶《こちょう》の夢《ゆめ》」

チャンドラ　次に道家《どうか》は、超越的《ちょうえつてき》な原理《げんり》をもって、儒教《じゅきょう》の現世《げんせ》主義《しゅぎ》に対抗《たいこう》しました。この思想《しそう》は、人生の道を深く探究《たんきゅう》したので、★14司馬遷《しばせん》が「道《どう》」と名《な》づけるほどでした。「道」とは、簡素《かんそ》、自然さ、平静《へいせい》さ、そして自然に反《はん》する行為《こうい》をしないことを意味《いみ》します。

池田　大聖人が「無《む》の玄《げん》」と表現《ひょうげん》されている意義《いぎ》が、そこにあります。大自然《だいしぜん》との「共生《きょうせい》」を示《しめ》す「道《どう》」は、地球環境破壊《ちきゅうかんきょうはかい》を引き起こす現代文明《げんだいぶんめい》の「蘇生《そせい》」をも促《うなが》しています。

チャンドラ　道教《どうきょう》の古典《こてん》である「道徳経《どうとくきょう》」には、宇宙《うちゅう》の在《あ》りようについての鋭《するど》い洞察《どうさつ》が見いだせます。

池田　老子《ろうし》を継《つ》いだ★15荘子《そうし》の思想《しそう》では、「胡蝶《こちょう》の夢《ゆめ》」との成語《せいご》を生んだ有名《ゆうめい》な逸話《いつわ》がありますね。

日蓮大聖人も「三世諸仏総勘文教相廃立《さんぜしょぶつそうかんもんきょうそうはいりゅう》」のなかで、中国の天台大師《てんだいだいし》の「摩訶止観《まかしかん》」の言葉を引用《いんよう》しています。

「昔荘周《むかしそうしゅう》と云《い》うもの有り夢に胡蝶と成《な》つて一百年を経《へ》たり苦《く》は多く楽《らく》は少《すく》く汗水《あせみず》と成《な》つて驚《おどろ》きぬれば胡蝶にも成らず百年をも経ず苦も無《な》く楽も無く皆虚事《みなそらごと》なり皆妄想《みなもうぞう》なり」（御書五六五ページ）

この夢の指《さ》し示すところは、荘子が蝶《ちょう》となった夢を見て〝蝶であるのが本当《ほんとう》の自分《じぶん》か、夢を見た自分が本当の自分か〟と問《と》う、高度《こうど》に形而上的《けいじじょうてき》な思想を扱《あつか》う「超越《ちょうえつ》」の思想といえましょう。

チャンドラ そうですね。荘子《そうし》は、世俗世界《せぞくせかい》を超越《ちょうえつ》する一方《いっぽう》で、日常生活《にちじょうせいかつ》に深くかかわっています。荘子の思想は、神秘的《しんぴてき》ですが、同時《どうじ》に理性《りせい》の導《みちび》きの光があります。

彼は、道教《どうきょう》を新たな高みに上げました。仏教《ぶっきょう》の用語《ようご》と表現法《ひょうげんほう》に与《あた》えた彼の影響《えいきょう》は絶大《ぜつだい》でした。彼は、儒教《じゅきょう》が、新儒教《しんじゅきょう》へと変容《へんよう》するのに影響を与えました。

「国家《こっか》の文化《ぶんか》」と「聖者《せいじゃ》の文化」

池田 中国思想《ちゅうごくしそう》のなかでは、「儒教《じゅきょう》」と「道教《どうきょう》」は、「実在《じつざい》」と「超越《ちょうえつ》」という対比的《たいひてき》な志向《しこう》をもっています。

一方《いっぽう》、インド思想と中国思想を対比《たいひ》する場合《ばあい》には、インド思想が超越的志向をもち、中国思想が実在的志向をもつと、しばしば言われておりますが、博士《はくし》のお考えはいかがですか。

チャンドラ 私は、中国は「国家《こっか》の文化《ぶんか》」であり、インドは「聖者《せいじゃ》の文化」であるととらえております。

池田 なるほど。「国家《こっか》の文化《ぶんか》」というのは、明快《めいかい》な表現《ひょうげん》です。

儒教《じゅきょう》は、漢《かん》の武帝《ぶてい》の時代に唯一《ゆいいつ》の正統思想《せいとうしそう》として採用《さいよう》されます。この儒教の国教化《こっきょうか》が大きな転換点《てんかんてん》でしたね。

チャンドラ　中国の文化の領域《りょういき》は、漢字《かんじ》という文字《もじ》によって支配《しはい》されていました。学者《がくしゃ》とは、この領域の管理者《かんりしゃ》だったのです。そして、中国において、学《がく》を修《おさ》めるということは、政府《せいふ》の官職《かんしょく》を得《え》ることを意味《いみ》しました。

池田　儒教《じゅきょう》では、内面的陶冶《ないめんてきとうや》を目的《もくてき》としながらも、それを経世済民《けいせいさいみん》へ転《てん》じゆくことが常《つね》に要請《ようせい》されています。ここに「国家《こっか》の文化《ぶんか》」が形成《けいせい》されたのでしょう。

チャンドラ　これに対して、インドにおける「聖者《せいじゃ》の文化《ぶんか》」は、「森林《しんりん》の文化」でもあります。インドにおいては、偉大《いだい》な聖仙《せいせん》たちは、人々によって尊敬《そんけい》されました。彼らは、学識《がくしき》と祝福《しゅくふく》によって、民衆《みんしゅう》の心と生活に光明《こうみょう》を与えたのです。

ウパニシャッド聖典《せいてん》との関連性《かんれんせい》が極《きわ》めて強《つよ》い哲学文献《てつがくぶんけん》がアーラニヤカと呼《よ》ばれるのは、それらが森林《しんりん》（アーラニヤ）でつくられ、学習《がくしゅう》され、思索《しさく》されたからです。

池田　人間を貫《つらぬ》く普遍的《ふへんてき》なもの、絶対的《ぜったいてき》なものに対する願望《がんぼう》は、中国に限《かぎ》らず、どの社会にも見られます。

ただ中国においては、個別的《こべつてき》な人生のあり方《かた》を通して、普遍的なもの、絶対的なものに迫るという態度《たいど》が貫《つらぬ》かれております。

チャンドラ　インド哲学《てつがく》の探究《たんきゅう》したものは、人間の最《もっと》も奥深《おくふか》い所で展開《てんかい》する、超越的実在《ちょうえつてきじつざい》としてのブラフマンであり、また、仏教《ぶっきょう》の「無常《むじょう》」「空《くう》」でした。中国では道徳《どうとく》、社会倫理《しゃかいりんり》が強調《きょうちょう》されたのに対し、インドでは最高《さいこう》の自己意識《じこいしき》を開花《かいか》させることが目指《めざ》されたのです。

すなわち、インドが探究《たんきゅう》したのは、目に見えるあらゆる形態《けいたい》を超越《ちょうえつ》して、再統合《さいとうごう》を行うことでした。中国においては、目に見える社会秩序《しゃかいちつじょ》の完成が主要課題《しゅようかだい》でした。

また、インドが追究《ついきゅう》したのは、宇宙《うちゅう》および超越的存在《ちょうえつてきそんざい》との合一《ごういつ》を目指す「精神的一体性《せいしんてきいったいせい》」であり、中国が目指したのは、皇帝《こうてい》を中軸《ちゅうじく》として螺旋状《らせんじょう》に形成《けいせい》される「社会的一体性《しゃかいてきいったいせい》」だったのです。

読《よ》んで学《まな》ぶ国・聞《き》いて学ぶ国

池田　明快《めいかい》な対比《たいひ》です。

ところで中国は、尚文《しょうぶん》の国といわれ、史書《ししょ》で示《しめ》されるように「文書《ぶんしょ》」——書《か》かれたものが重視《じゅうし》されてきました。中国の知識人《ちしきじん》は古来《こらい》、読書人《どくしょじん》と呼ばれます。

これに対して、インドは、シュルティ★16（天啓聖典《てんけいせいてん》）の昔《むかし》から「聞《き》く」こと、すなわち口承《こうしょう》が尊《そん》重《ちょう》されました。「語られたもの」「聞かれたもの」が重視されてきたのですね。

チャンドラ　インドでは、師匠《ししょう》に直接《ちょくせつ》、拝謁《はいえつ》し、その言説《げんせつ》を学ぶことが、人間の内面的飛躍《ないめんてきひやく》をもたらす方法《ほうほう》でした。単《たん》に聴覚《ちょうかく》によって聴《き》くということではなくて、現象界《げんしょうかい》を超越《ちょうえつ》した本質的《ほんしつてき》認識《にんしき》を獲得《かくとく》することだったのです。

池田　仏教《ぶっきょう》においても、★17舎利弗《しゃりほつ》ら仏弟子《ぶつでし》たちは「声聞《しょうもん》」と呼《よ》ばれ、経典《きょうてん》の伝承《でんしょう》も、はじめは口誦《こうしょう》によるものでした。現実的《げんじつてき》な学問《がくもん》の書も、スムリティ（聖伝文学《せいでんぶんがく》）、すなわち「記録《きろく》されたもの」と呼ばれています。

それは「書かれたもの」ではありません。法華経《ほけきょう》でも「如是我聞《にょぜがもん》（是《かく》の如《ごと》きを我聞《われき》き）」と記《しる》されています。また日蓮大聖人は「声仏事《こえぶつじ》を為《な》す」とも仰《おお》せです。

チャンドラ　舎利弗《しゃりほつ》と★18目連《もくれん》は、先生がおっしゃったように「声聞《しょうもん》」と呼《よ》ばれています。これら二人《ふたり》の偉大《いだい》な弟子《でし》を啓発《けいはつ》したのは、心の深奥《しんおう》にまで達《たつ》する偉大な師《し》の声でした。

仏教哲学《ぶっきょうてつがく》との出合いの衝撃《しょうげき》

池田　そのインドの思想《しそう》が中国に伝《つた》わる、仏教流伝《ぶっきょうるでん》の歴史《れきし》については、尽《つ》きせぬロマンがかき立てられます。

中国に仏教が伝来《でんらい》した年代《ねんだい》については、古来、後《ご》漢《かん》の明帝《めいてい》の時、永平《えいへい》十年（六七年）という説《せつ》が唱《とな》えられています。

一般的《いっぱんてき》な実証研究《じっしょうけんきゅう》によれば、『三国志《さんごくし》』魏志《ぎし》巻《かん》三十の注《ちゅう》に引かれる『魏略《ぎりゃく》』西戎伝《せいじゅうでん》に〝漢《かん》の哀帝《あいてい》の元寿《げんじゅ》元年《がんねん》（紀元前《きげんぜん》二年）に大月氏《だいげっし》王《おう》の使いが仏教経典《ぶっきょうきょうてん》を口授《くじゅ》した〟とあるのが、最も古い年代《ねんだい》を示したものとされています。

チャンドラ　私は、アショーカ大王の息子《むすこ》と大臣《だいじん》たちが建《た》てたコータン国から仏教《ぶっきょう》が伝《つた》えられ、紀元前《きげんぜん》三世紀《せいき》以降《いこう》には、中国に知られていたのではないかと考えております。

池田　『大唐西域記《だいとうさいいき》』[★19]に、そのような記述《きじゅつ》が見られますね。アショーカ大王の仏塔《ぶっとう》が、周《しゅう》の時代に中国《ちゅうごく》各《かく》地《ち》に建立《こんりゅう》されていたという説《せつ》も伝えられています。

秦《しん》の始皇帝《しこうてい》が焚書《ふんしょ》を行《おこな》った時に、同時に、それを

「法」に基づく理想国家を目指し、アショーカ大王が創建したと伝えられるサーンチー大塔

破壊《はかい》してしまったと『歴代三宝記《れきだいさんぽうき》』には記《しる》されています。

チャンドラ　ダルベルジン・テペ遺跡《いせき》の発掘調査《はっくつちょうさ》に参加《さんか》した、創価大学《そうかだいがく》の若《わか》い考古学者《こうこがくしゃ》が、ある日、私を訪《たず》ねてきました。

彼は、ハヤム・ヴィハーラ（馬《うま》の寺院《じいん》）と書いてある碑文《ひぶん》を見せながら、「馬と仏教《ぶっきょう》とは、どんなかかわりがあるんですか」と尋《たず》ねました。私は「馬と仏教とは、切《き》っても切り離《はな》せないかかわりがある」と答《こた》えました。

中国最初《ちゅうごくさいしょ》の仏教寺院《ぶっきょうじいん》の名前は「白馬寺《はくばじ》」と言います。馬の交易《こうえき》の担《にな》い手《て》だった月氏族《げっしぞく》[★20]は、仏教徒《ぶっきょうと》であり、サンスクリットの仏教経典に深く通《つう》じていたのです。

池田　「白馬寺《はくばじ》」は、後漢《ごかん》の明帝《めいてい》の時代に、都《みやこ》の洛陽《らくよう》に建《た》てられたものですね。明帝が聖人《せいじん》の教えを求めて西域《せいいき》に派遣《はけん》した使者《ししゃ》が、月氏国《げっしこく》[★21]で摩騰迦《まとうが》[★22]・竺法蘭《じくほうらん》に会《あ》い、この二人とともに仏像《ぶつぞう》や経典《きょうてん》を白馬《はくば》に載《の》せ、帰り着いたことに由来《ゆらい》するとされています。

チャンドラ　仏教《ぶっきょう》は、月氏族《げっしぞく》やサマルカンドのソグド人[★23]とともに伝来《でんらい》し、中国国家《ちゅうごくこっか》と密接《みっせつ》に結《むす》びつきました。中国人は、仏教によって、月氏族が高度《こうど》な文化《ぶんか》をもっていると判断《はんだん》したのです。

このように仏教は、「徳《とく》」のシンボルとして取《と》り入《い》れられ、中国に崇高《すうこう》さをもたらしたのです。

池田　仏教伝来《ぶっきょうでんらい》の年代《ねんだい》については、古いものから新しいものまで、千年もの幅《はば》があります。

広大な版図《はんと》をもった中国が西域《せいいき》と交流《こうりゅう》していたわけですから、史書《ししょ》に残《のこ》らない、民衆レベルの仏教伝来が先行《せんこう》していたことは間違《まちが》いないと思われます。
いずれにしても、仏教という最高峰《さいこうほう》の哲学との出合いは、中国人に大きな衝撃《しょうげき》をもたらしたことでしょう。

チャンドラ　中国人にとって、仏教《ぶっきょう》はまったく新しい人生観《じんせいかん》でした。哲学《てつがく》の舞台《ぶたい》でも仏教が優勢《ゆうせい》になりました。道教《どうきょう》と仏教の懸《か》け橋《はし》となったのは、[★24]僧肇《そうじょう》です。中国の知識人《ちしきじん》は、道教の「無」という教理《きょうり》を弘《ひろ》めていたので、「空《くう》」の哲学に魅力《みりょく》を感じたのです。
仏教の教えによって、中国が世界の中心《ちゅうしん》であるという中華思想《ちゅうかしそう》は、打《う》ち砕《くだ》かれた面がありました。

池田　仏教が中国の芸術《げいじゅつ》、生活、思想《しそう》に与《あた》えた影響《えいきょう》は、後代《こうだい》に長く残《のこ》るものとなりました。仏教には、あらゆる民族《みんぞく》が共有《きょうゆう》できる普遍性《ふへんせい》があり、中国の文人《ぶんじん》、詩人《しじん》を啓発《けいはつ》する深さがありました。
実在性《じつざいせい》を志向《しこう》する中国文化《ちゅうごくぶんか》のなかで、仏教《ぶっきょう》も、実在性を重視《じゅうし》する方向《ほうこう》に向かっていきました。
現実《げんじつ》の直中《ただなか》にあって、社会と人間に活力《かつりょく》を与《あた》え、価値《かち》の方向に導《みちび》いていく――こうした変化は、仏教の新しい可能性《かのうせい》の展開《てんかい》でもあったと言えるでしょう。

チャンドラ　仏教《ぶっきょう》は、中国の伝統《でんとう》に新たな深遠性《しんえんせい》と超越性《ちょうえつせい》を与《あた》え、哲学的思考《てつがくてきしこう》を表現《ひょうげん》するための言語能力《げんごのうりょく》の発展《はってん》をもたらしました。

仏教はまた、儒教《じゅきょう》などの解釈学《かいしゃくがく》に対しても新しい思考の潮流《ちょうりゅう》をもたらし、古色蒼然《こしょくそうぜん》たる古典《こてん》を新鮮《しんせん》な高みへと押《お》し上げていったのです。

生命《せいめい》は皆同胞《みなどうほう》――「大同《だいどう》」の思想《しそう》

池田　私は、今、中国を代表《だいひょう》する二人の学者と「東洋《とうよう》の智慧《ちえ》を語る」とのテーマで「対話《たいわ》」を繰《く》り広げております。北京《ペキン》大学教授《きょうじゅ》★25の季羡林《きせんりん》先生と、中国社会科学院《しゃかいかがくいん》教授★26の蒋忠新《しょうちゅうしん》先生です。二十一世紀における人類《じんるい》の未来を開くにあたっての、中国思想《しそう》の役割《やくわり》について語り合うところに入っております。

季《き》先生は、中国の「大同《だいどう》」思想を取り上げられて、次のように語っておられます。

「中国には、古代《こだい》より『大同』という思想があります。おそらく長い段階《だんかい》、久《ひさ》しい時間を経《へ》て、どのような形を取ろうとも、人類《じんるい》は必《かなら》ず『大同』の境地《きょうち》へ向かうでしょう」と。そして季先生は康有為《こうゆうい》の著《あらわ》した『大同書《だいどうしょ》』を取り上げられました。

チャンドラ　康有為《こうゆうい》の『大同書《だいどうしょ》』は、新たな人道的秩序《じんどうてきちつじょ》のための強固《きょうこ》な基盤《きばん》を提供《ていきょう》しました。

池田　蒋《しょう》先生も、『大同書《だいどうしょ》』に表《あらわ》れている「大同」の思想は、確《たし》かに吸収《きゅうしゅう》するべきところが大いにあると、賛同《さんどう》されていました。

チャンドラ　康有為《こうゆうい》は、古典的《こてんてき》な規範《きはん》の改革《かいかく》に取り組《く》みながら、特に統治者《とうちしゃ》と人民《じんみん》からなる支《し》配機構《はいきこう》の変革《へんかく》を試《こころ》みたのです。

池田　康有為《こうゆうい》は、儒教《じゅきょう》の『礼記《らいき》』のなかの礼運編《らいうんへん》に示《しめ》された「大同《だいどう》」世界《せかい》を、次のように展開《てんかい》しています。

「★27大地《だいち》に生を受けたからには、地球上《ちきゅうじょう》の人類《じんるい》はみな自分の同胞《どうほう》であり、彼らを知れば、そこに親愛《しんあい》の情《じょう》がおこる」

ここには、すべての人と共感《きょうかん》し合い、苦楽《くらく》をともに分《わ》かち合う「仁《じん》」の心が脈打《みゃくう》っています。

この「大同」を理想《りそう》とすることは、後の★28孫文《そんぶん》にも継承《けいしょう》され、★29三民主義《さんみんしゅぎ》の究極《きゅうきょく》とされております。

チャンドラ　彼らは、儒教体制《じゅきょうたいせい》の主流《しゅりゅう》に身《み》を置《お》きつつ、人間性《にんげんせい》こそが全国民《ぜんこくみん》を大同団結《だいどうだんけつ》させる力であることを主張《しゅちょう》しました。人間性《にんげんせい》とは、「普遍的《ふへんてき》な愛」のことです。

彼らは、最大限《さいだいげん》に開放的《かいほうてき》な視点《してん》で、伝統を宣揚《せんよう》したのです。

新たな人類的《じんるいてき》秩序《ちつじょ》構築《こうちく》への視点《してん》

池田　今日《こんにち》、人類《じんるい》は、地球規模《ちきゅうきぼ》の問題群《もんだいぐん》に直面《ちょくめん》しております。特に、環境問題《かんきょうもんだい》においては「自《し》然《ぜん》と人間は本来的《ほんらいてき》に一体《いったい》であり、自然それ自体《じたい》が尊貴《そんき》な存在《そんざい》である」という東洋的《とうようてき》な自然観《しぜんかん》・

世界観《せかいかん》が、人類的規模《じんるいてききぼ》で展開《てんかい》されていくことが求められていますね。

チャンドラ　何千年《なんぜんねん》にもわたる別個《べっこ》の歴史《れきし》を経《へ》た後、人類の諸文明《しょぶんめい》は今、一体化《いったいか》という状況《じょうきょう》に直面《ちょくめん》しています。天然資源《てんねんしげん》の減少《げんしょう》、環境汚染《かんきょうおせん》、利己主義《りこしゅぎ》に支配《しはい》された社会関係《しゃかいかんけい》、国境紛争《こっきょうふんそう》――これらは、すべて人間の生命そのものを脅《おびや》かしています。

科学技術《かがくぎじゅつ》の発達《はったつ》が、生態系《せいたいけい》を破壊《はかい》する方向《ほうこう》へと進《すす》んでいるのです。人類《じんるい》は大胆《だいたん》な改革《かいかく》を必要《ひつよう》としております。

異《こと》なる秩序《ちつじょ》の間《あいだ》で調整《ちょうせい》が行われなくてはなりません。そのために多様《たよう》なる「共生《きょうせい》」と多元的《たげんてき》な「意識《いしき》」が要請《ようせい》されているのです。

池田　ここで、特に注目《ちゅうもく》したいのは、中国に脈々《みゃくみゃく》と受《う》け継《つ》がれる「共生《きょうせい》のエートス」です。対立《たいりつ》よりも調和《ちょうわ》、分裂《ぶんれつ》よりも結合《けつごう》、「われ」よりも「われわれ」を基調《きちょう》に、人間と人間、人間と自然《しぜん》が、それぞれの多様性《たようせい》、多元性《たげんせい》を尊重《そんちょう》しながら、ともに生き、ともどもに繁栄《はんえい》していこうという志向性《しこうせい》です。

康有為《こうゆうい》らが開いた思想《しそう》は、この「共生のエートス」を継承《けいしょう》していたと言えましょう。

チャンドラ　私は、新しい人類的秩序《じんるいてきちつじょ》を構築《こうちく》するために、次の五点《てん》を訴《うった》えたいのです。

第一に、われわれは、人間と自然が相互依存《そうごいぞん》の関係にあるという意識へと切り替《か》えていかねばなりません。自然は人類に畏敬《いけい》の念《ねん》を起こさせます。釈尊《しゃくそん》は、菩提樹《ぼだいじゅ》の下《もと》で悟《さと》りを開いたのです。

第二に、われわれは欲望《よくぼう》をコントロールしなければなりません。

自然には、〝必要《ひつよう》〟に応《こた》えるものはあるが、〝貪欲《どんよく》〟に応えるものはありません。

第三に、人間は同胞や自然と譲《ゆず》り合っていくべきです。そうすればすべての存在が栄《さか》えるのです。

第四に、仏教《ぶっきょう》でいう智慧《ちえ》と慈悲《じひ》は、生命の歓喜《かんき》と美《び》をもたらします。

第五に、いくつかの伝統《でんとう》の崇高《すうこう》な精神性《せいしんせい》が合流《ごうりゅう》し、それぞれの領域《りょういき》において、その力を発揮《はっき》すれば、生命と自然、そして自身《じしん》に内在《ないざい》する超越性《ちょうえつせい》を悟《さと》ることとの間に調和《ちょうわ》をもたらすことができます。

池田 博士《はくし》は、現代文明《げんだいぶんめい》の進むべき道を極《きわ》めて明確《めいかく》に示されました。私も、この五項目《こうもく》すべてに賛成《さんせい》です。なかでも五番目《ばんめ》に挙げられたように、人類《じんるい》の偉大《いだい》なる精神的伝統《せいしんてきでんとう》が融合《ゆうごう》しつつ、さらなる創造的飛翔《そうぞうてきひしょう》を遂《と》げることこそ人類文明の〝要《かなめ》〟です。

私は、これらの条件《じょうけん》を豊《ゆた》かに備《そな》えたインドと中国の深遠《しんえん》なる精神的伝統《せいしんてきでんとう》が、相互《そうご》に啓発《けいはつ》し合いながら、「第三の千年」の人類文明を確立《かくりつ》しゆくことを希求《ききゅう》しています。それゆえに私は、本年の「提言《ていげん》」で「生命論《せいめいろん》」の展開《てんかい》を通して、この両国の精神性に限《かぎ》りない期待《きたい》を表明《ひょうめい》したのです。

チャンドラ　池田先生、あなたと「対話《たいわ》」をしていますと、私は中国の偉《い》大《だい》な聖人《せいじん》たちと、マハトマ・ガンジーが脳裏《のうり》に浮《う》かんできます。かの聖人たちと同様《どうよう》に、池田先生も善《よ》き言葉と善き振《ふ》る舞《ま》い（正語《しょうご》・正業《しょうごう》）によって、生命の奥深い次元《じげん》に分け入り、〝宇宙愛《うちゅうあい》〟のはつらつとしてとどまることなき流れのなかに入っておられます。

私には、あなたが人類の命運《めいうん》を担《にな》う「道《どう》」と「徳《とく》」を象徴《しょうちょう》されているように思われます。池田先生は、超越的《ちょうえつてき》な境地《きょうち》によって、存在《そんざい》するすべてのものを豊《ゆた》かにする「アジアの光」です。

注

1　**儒家**　儒教《じゅきょう》（孔子《こうし》の教え）を奉《ほう》ずる者、その学派。

2　**道家**　不老長生《ふろうちょうせい》を求める伝統宗教の道教《どうきょう》を信奉《しんぽう》する者。老子《ろうし》が道教の祖《そ》といわれている。

3　**法家**　中国、春秋戦国時代《しゅんじゅうせんごくじだい》の諸子百家《しょしひゃっか》の一つ。天下を治める要《かなめ》は仁《じん》・義《ぎ》・礼《れい》などではなく法律である、と説く。韓非子《かんぴし》が法家《ほうか》の大成者《たいせいしゃ》。

4　**名家**　中国、春秋戦国時代の諸子百家の一つ。名（名辞《めいじ》・概念《がいねん》）と実（事物《じぶつ》・実体《じったい》）との関係を明らかにしようとする論理学派。公孫竜《こうそんりゅう》・恵施《けいし》が代表者。

5 **墨家** 中国、春秋戦国時代の諸子百家の一つ。開祖《かいそ》・墨子《ぼくし》は、自《みずか》らを愛するように他人を愛する兼愛《けんあい》を説き、虚飾《きょしょく》を退《しりぞ》け、倹約《けんやく》を勧《すす》めた。

6 **ヤスパース** (一八八三年~一九六九年)。ドイツの哲学者。実存《じつぞん》哲学の代表者の一人。

7 **ピュタゴラス** (紀元前五七五年ごろ~同四九五年ごろ)。ギリシャの思想家。数学、科学、哲学などに多彩《たさい》な足跡《そくせき》を残した。

8 **孔子** (紀元前五五一年~同四七九年)。儒教《じゅきょう》の開祖《かいそ》。春秋時代《しゅんじゅうじだい》の末《すえ》に魯国《ろこく》に生まれた。古来《こらい》の思想を大成《たいせい》し、仁《じん》を理想の道徳とし、孝悌《こうてい》と忠恕《ちゅうじょ》とをもって理想達成の根底《こんてい》とした。

9 **老子** 紀元前四世紀の春秋時代の思想家とされる。さまざまな規制や習慣に縛《しば》られている人間社会を批判《ひはん》し、人間の本来の姿は無為自然《むいしぜん》であると説いた。

10 **バラモン教** インド古代において、カースト(四姓制度《しせいせいど》)の最上位であるバラモンが主体となった宗教。

11 **六師外道** 釈尊の在世《ざいせ》当時に、中インドに勢力のあった六人の自由思想家のこと。六師はバラモン教の権威《けんい》を否定《ひてい》して自由な思想を展開し、新興《しんこう》の王侯貴族《おうこうきぞく》、商人らの支持を受けた。

12 **正名** 「名を正《ただ》す」の意。言葉のもつ概念《がいねん》と、具体的に表れた事柄《ことがら》とを一致させること。儒教《じゅきょう》の徳目《とくもく》。

13 **中庸** 「中《ちゅう》」は偏《かたよ》らないこと。「庸《よう》」は平常でコンスタントであること。

14 **司馬遷** (紀元前一四五年ごろ~同八六年ごろ)。漢《かん》の最盛期《さいせいき》である武帝《ぶてい》(在位紀元前一四一年~同八七年)の治世《ちせい》に生きた中国の大歴史家。李陵《りりょう》が匈奴《きょうど》に降伏《こうふく》したのを弁護《べんご》して刑《けい》を受けたが、発憤《はっぷん》して父の志《こころざし》を継ぎ「史記《しき》」百三十巻を完成させた。

15 **荘子** (紀元前三七〇年ごろ~同三〇〇年ごろ)。中国の戦国時代中期に活躍。老子《ろうし》と並び称《しょう》される代表的道家思想家。

16 シュルティ　著作者《ちょさくしゃ》によって書かれたり、読まれたりするものではなく、話され聞かれた、神《しん》聖《せい》の啓示《けいじ》を意味する。ヴェーダ・サンヒター（本集《ほんしゅう》）、ブラーフマナ（祭祀書《さいししょ》）、ウパニシャッドなどは、「シュルティ」と呼ばれる。

17 舎利弗　釈尊《しゃくそん》の十大弟子《でし》の一人。仏説の真意をよく理解したので、智慧《ちえ》第一と呼ばれた。

18 目連　釈尊の十大弟子の一人。神通《じんつう》第一と呼ばれた。

19 大唐西域記　玄奘《げんじょう》が西域《せいいき》を通ってインド諸国《しょこく》に遊歴《ゆうれき》した記録をつづった旅行記。全十二巻。

20 月氏族　中国の春秋戦国時代《しゅんじゅうせんごくじだい》ごろから現在の甘粛省《かんしゅくしょう》地域に勢力を拡張《かくちょう》していたイラン系遊牧民《けいゆうぼくみん》族《ぞく》。シルクロード交流の先駆的役割を担《にな》っていた。

21 摩騰迦　中インドの人で、中国・漢代《かんだい》の仏教伝道者。竺法蘭《じくほうらん》とともに中国に初めて仏法を伝えたとされる。

22 竺法蘭　「竺《じく》」は「インド（天竺《てんじく》）出身」を意味する。中国・後漢《ごかん》時代の僧。

23 ソグド人　中央アジアのソグディアナ地域（現在ではウズベキスタン共和国とタジキスタン共和国の一部）のイラン系住民。

24 僧肇　（三八四年〜四一四年）。中国・長安《ちょうあん》の人。若くして中国古典に通じ、老荘《ろうそう》思想を好んだが、『維摩経《ゆいまきょう》』を読み仏教に帰依《きえ》、出家《しゅっけ》。鳩摩羅什《くまらじゅう》に師事《しじ》して訳経事業《やくきょうじぎょう》を助けた。

25 季羨林　一九一一年、中国・山東省《さんとうしょう》生まれ。北京《ペキン》大学副学長、中国言語学会会長などを歴任。現在、中国敦煌《とんこう》トラファン学会会長等を務める。

26 蒋忠新　一九四二年、中国・上海《シャンハイ》市生まれ。北京大学東方《とうほう》言語学部卒。現在、中国社会科学院アジア太平洋研究所教授。

27 大地に生を受けたからには……　出典は中国古《こ》典新書《てんしんしょ》『大同書《だいどうしょ》』（坂出祥伸、明徳出版社）

28　孫文　（一八六六年〜一九二五年）。中国の革命家・政治家。列強《れっきょう》の中国侵略《しんりゃく》が激化《げきか》するなかで革命運動に身を投《とう》じ、生涯《しょうがい》を救国《きゅうこく》のために捧《ささ》げた。

29　三民主義　孫文《そんぶん》が唱《とな》えた民主主義《みんしゅしゅぎ》革命《かくめい》の思想。民族《みんぞく》主義・民権《みんけん》主義・民生《みんせい》主義から成るので三《さん》民《みん》主義と総称《そうしょう》される。

第十二章

〝生命宇宙〟への探究《たんきゅう》
――天台《てんだい》の〝一念三千〟

「薬草喩品《やくそうゆほん》」を初めて英訳《えいやく》したソロー

池田　私は、本年（二〇〇一年）五月五日、アメリカ・ルネサンスの詩人であり、哲人《てつじん》であるヘンリー・D・ソローの精神《せいしん》を継承《けいしょう》する「ソロー協会」の方々と創価大学でお会いしました。ボスコ会長、マイアソン事務総長《じむそうちょう》のお二方《ふたかた》とも、ソローと、その師《し》エマソンの心を受け継《つ》いで行動《こう》《どう》される知性《ちせい》です。

チャンドラ　ソロー協会から池田先生が「終身名誉会員《しゅうしんめいよかいいん》」の称号《しょうごう》を贈《おく》られたことは、私も伺《うかが》いました。それは、この二百年で歴史《れきし》に残る祝典《しゅくてん》であり、詩人にとって最高《さいこう》の喜びです。

池田　博士《はくし》に祝福《しゅくふく》していただいたことが、何よりの光栄《こうえい》です。

チャンドラ　池田先生が人類《じんるい》が歩むべき道のルネサンスに、たゆまず、ご尽力《じんりょく》されてきたことを考えると、これは当然の結果といえます。

池田　ボスコ会長は、「ソローの哲学《てつがく》は人間革命と一致《いっち》する」と言われ、創価学会の人間革命運動に、ソローの自己変革《じこへんかく》の哲学との共鳴《きょうめい》を洞察《どうさつ》されていました。

チャンドラ　ソローも池田先生もともに、〝内《うち》なる原理《げんり》〟で自身《じしん》を陶冶《とうや》された詩人です。お二人の生命と人生そのものが、芸術的《げいじゅつてき》です。と同時に、それは深い洞察《どうさつ》と広範《こうはん》な行動に根ざしています。ソローの人生が「川のように常にみずみずしいもの」であったのと同じく、先生は、常に〝生命の源泉《げんせん》〟に立ち戻《もど》っておられます。

池田　普遍的《ふへんてき》なる〝生命の源泉〟を解《と》き明《あ》かした、最高《さいこう》の経典《きょうてん》が法華経です。法華経の大学者であられる博士《はくし》に確認《かくにん》しておきたいのですが、世界で初《はじ》めて法華経の一部を英訳《えいやく》したのは、ソローであると言われていますね。

チャンドラ　日本の湯山明《ゆやまあきら》氏や三輪久恵《みわひさえ》氏の研究《けんきゅう》によると、一八三七年に、ビュルヌフ[★1]はネパール駐在《ちゅうざい》のイギリス弁理公使《べんりこうし》ホジソンから二十四点のサンスクリット写本《しゃほん》を受け取りました。そこには法華経も含《ふく》まれていました。ビュルヌフは、一八三九年までに法華経のフランス語訳を完成《かんせい》。法華経がヨーロッパの言語《げんご》に翻訳《ほんやく》されたのは、これが初《はじ》めてでした。一八四一年に印《いん》刷《さつ》は完成《かんせい》しますが、ビュルヌフは、一八四三年に二度にわたって「薬草喩品《やくそうゆほん》」のフランス語訳を『ルヴュー・アンデパンダント』（「独立雑誌《どくりつざっし》」の意）に発表《はっぴょう》しました。ソローがこれを見て英語に転訳《てんやく》し、「仏《ほとけ》の教え」と題して『ダイアル』誌の一八四四年一月号に掲載《けいさい》しました。これが最初《さいしょ》の英訳《えいやく》された法華経薬草喩品《やくそうゆほん》ということになります。

池田　ソロー協会のマイアソン事務総長《じむそうちょう》（サウスカロライナ大学教授）も、同様《どうよう》の指摘《してき》をされていました。薬草喩品《やくそうゆほん》は「生命の多様性《たようせい》」と「平等《びょうどう》なる尊厳《そんげん》」を謳《うた》い上げた一章です。

チャンドラ　『ダイアル』誌は、[★2]超越主義者《ちょうえつしゅぎしゃ》が発刊《はっかん》した雑誌《ざっし》で、編集者《へんしゅうしゃ》は傑出《けっしゅつ》した思想家《しそうか》であるエマソンでした。

彼ら超越主義者は、人間の内《うち》なる精神《せいしん》と自然に内在《ないざい》する精神を調和《ちょうわ》させようとし、また、科学を人間的なものにしようとしました。彼らは、さまざまな文化の普遍性《ふへんせい》のうえに、「普遍的なもの」を探究《たんきゅう》したのです。その運動は、目覚《めざ》ましく、人々に活気《かっき》を与《あた》えるものでした。

池田 エマソンもソローも、生きとし生けるものが支《ささ》え合う、森羅万象《しんらばんしょう》の大いなる調和《ちょうわ》を見いだしていました。そして、あらゆる文化の底流《ていりゅう》にある「普遍的《ふへんてき》なもの」を蘇《よみがえ》らせようとしたのですね。

チャンドラ その通りです。そして法華経は、超越主義者《ちょうえつしゅぎしゃ》たちの基本的《きほんてき》なアプローチを具体的《ぐたいてき》に表現《ひょうげん》するものだったのです。

生命の不思議《ふしぎ》を明《あ》かす

池田 そこで法華経に示《しめ》されている仏《ほとけ》の悟《さと》りの内実《ないじつ》に迫《せま》ったのが、中国の天台大師《てんだいだいし》智顗《ちぎ》であり、その法理《ほうり》の体系化《たいけいか》が[★3]「一念三千論《いちねんさんぜんろん》」です。まさに天台教学《きょうがく》の白眉《はくび》です。

[★4]カントの『実践理性批判《じっせんりせいひはん》』に、このような言葉《ことば》があります。

「考えれば考えるほど、深くわが心をうつものが二つある。それは、天上《てんじょう》に輝《かがや》く星辰《せいしん》と、わが内《うち》なる道徳律《どうとくりつ》である」（趣意）と。

日蓮大聖人は「生命の不思議《ふしぎ》こそ、諸経論《しょきょうろん》が明《あ》かそうとした肝要《かんよう》である」（御書五六四㌻）と仰《おお》せです。

「一念三千《いちねんさんぜん》」の法門《ほうもん》は、諸経論の要《かなめ》である生命の真理《しんり》を探究《たんきゅう》した深遠《しんえん》な哲学《てつがく》です。

チャンドラ　人間の心は、無限《むげん》です。果《は》てしない大海《たいかい》です。深く探究《たんきゅう》すればするほど、ますます広がっていくものです。その果《は》てしなく広がる水平線《すいへいせん》には、到達《とうたつ》しがたい。

生命は永遠《えいえん》です。時間《じかん》も無限《むげん》の大海です。そのなかを人は生死流転《しょうじるてん》を繰《く》り返《かえ》します。

池田　仏典《ぶってん》でも、「生死《しょうじ》の大海《たいかい》」といいます。

「サンユッタ・ニカーヤ（相応部経典《そうおうぶきょうてん》）」★5などによれば、釈尊《しゃくそん》も菩提樹《ぼだいじゅ》の下《もと》で瞑想《めいそう》している時、無数《むすう》の過去世《かこせ》を観想《かんそう》したと伝《つた》えられています。

その無限《むげん》の生死《しょうじ》を貫《つらぬ》く根源《こんげん》の法《ほう》に釈尊は目覚《めざ》めました。そこから、仏教は始《はじ》まっています。

チャンドラ人間の心は、その大海に織り成す無限の網目です。

一つの思いは、結《むす》ばれては、ほどけていく。はっきりと姿《すがた》を見せたかと思うと、たちまち潜《せん》伏《ぷく》して見えなくなります。

「三千」という数《かず》で示された広大《こうだい》な時空《じくう》のなかに、瞬間《しゅんかん》、瞬間に移《うつ》ろう心。――しかも、その「一瞬《いっしゅん》」の心は無限《むげん》の時空につながっています。

その永遠普遍《えいえんふへん》の悟《さと》りの世界《せかい》――それが、生《い》きとし生ける衆生《しゅじょう》の生命の奥底《おうてい》にあるのです。それは、自由《じゆう》な精神《せいしん》が書き上《あ》げる一編《いっぺん》のシナリオのようです。絶対的《ぜったいてき》な神《かみ》による啓示《けいじ》によるものではありません。サンスクリットでいえば、サーダナ（成就《じょうじゅ》、達成《たっせい》）です。すなわち、覚知《かくち》であり、自己実現《じこじつげん》です。

万人《ばんにん》の幸福を実現《じつげん》する法

池田　「一念三千《いちねんさんぜん》」の要点《ようてん》を、実《じつ》に表現豊《ひょうげんゆた》かに語ってくださいました。「一念」とは、瞬間《しゅんかん》、瞬間、目《め》まぐるしく移《うつ》りゆく私たちの生命そのものです。「三千」とは、「★6十界互具《じっかいごぐ》」「★7十如是《じゅうにょぜ》」「★8三《さん》世間《せけん》」という項目《こうもく》でとらえられた、この宇宙《うちゅう》の森羅万象《しんらばんしょう》です。

わが内なる「生命宇宙」を自覚《じかく》し、実現《じつげん》しゆく道《みち》――それが、「一念三千」の実践《じっせん》です。

ご存知《ぞんじ》のように、一念三千の法門は、『摩訶止観《まかしかん》』に説《と》かれています。第五巻に次のように述《の》べられています。

「夫《そ》れ一心《いっしん》に十法界《じっぽうかい》を具《ぐ》す。一法界《いっぽうかい》に又《また》十法界を具すれば百法界《ひゃっぽうかい》なり。一界に三十種《しゅ》の世間《せけん》を具《ぐ》すれば、百法界《ひゃっぽうかい》に即《すなわ》ち三千種の世間を具す。此《こ》の三千、一念の心に在《あ》り。若《も》し心無《こころな》くんば已《や》みなん。介爾《けに》も心有《こころあ》れば即ち三千を具す」

どんな小さな生物も一念三千の当体《とうたい》であり、生命のドラマがある。トンボもまた、小さな「生きた地球」である（写真は池田ＳＧＩ会長撮影）

――一心（一瞬《いっしゅん》の生命）には十界《じっかい》が具《そな》わっている。そのうちの一界に十界が具わっている。それで百界《ひゃっかい》となる。その百界の一界には、（十如是にそれぞれ三世間〈三種《さんしゅ》の相違《そうい》〉が具わるので）三十種の世間が具わっている。すると、百界には三千種の世間が具わることになる。この三千種の世間が一念の心（一瞬の生命）に具わっている。もし心がなければ、この三千はない。逆《ぎゃく》にわずかでも心があれば、そこには三千が具わっているのである――と。

「十法界《じっぽうかい》（十界《じっかい》）」「十如是《じゅうにょぜ》」「三世間《さんせけん》」などの仏《ぶっ》教用語《きょうようご》がたくさん出《で》てきました。これらについては、後ほど話し合いましょう。

要《よう》するに、一念三千《いちねんさんぜん》とは、私たちの「瞬間《しゅんかん》の生命」に「宇宙の森羅万象《しんらばんしょう》」が納《おさ》まるという法《ほう》理《り》です。「生命宇宙」の内実《ないじつ》を哲学体系化《てつがくたいけいか》した法理です。
そして、人々がこの「真理《しんり》」を覚知《かくち》できるように、天台大師《てんだいだいし》は「止観《しかん》」の修行《しゅぎょう》を整備《せいび》し、『摩《ま》訶《か》止《し》観《かん》』を叙述《じょじゅつ》したのです。
平凡《へいぼん》な人間が、仏と等《ひと》しい偉大《いだい》な境涯《きょうがい》を開くことができる――。そのことを万人《ばんにん》が体得《たいとく》し得《う》るよう、生命の奥底《おうてい》への探究《たんきゅう》を促《うなが》したのです。

チャンドラ　しかも、この道は、決《けっ》して外《そと》なるマクロ・コスモス(大宇宙《だいうちゅう》)を征服《せいふく》しようと思い上がるものではありません。
むしろ、人間が生命として成長《せいちょう》し、人間とすべてのものごとが相互《そうご》に深く浸透《しんとう》するものです。

池田　その通りです。人間もまた、同じ宇宙《うちゅう》から生まれたものとして、他《た》の事物《じぶつ》と調和《ちょうわ》していくのです。

チャンドラ　目指《めざ》すべきは、環境《かんきょう》とともに成長《せいちょう》し、環境のなかに進展《しんてん》していくことです。

池田　そうです。万物《ばんぶつ》が互《たが》いに育《はぐく》み、活《い》かし合う。それを目指《めざ》すのです。
「自他《じた》ともの幸福」こそ、万物《ばんぶつ》が本性《ほんしょう》として求《もと》めるものです。「皆《みな》、ともに幸《しあわ》せに」との願いが、生きとし生けるものの共通《きょうつう》の願いです。法華経は、そう喝破《かっぱ》しているのです。

チャンドラ　「一念三千《いちねんさんぜん》」によって法華経の哲学的《てつがくてき》基盤《ばん》を体系化《たいけいか》した時、天台大師《てんだいだいし》が伝《つた》えようとしたのは、そうしたメッセージであったと思います。

池田　深く共感《きょうかん》いたします。

「誰《だれ》もが成仏《じょうぶつ》できる」という法理《ほうり》が、法華経の教《おし》えの根本《こんぽん》です。それを、天台《てんだい》は「一念三千」の理論《りろん》を説いて解明《かいめい》したのです。

それゆえ、日蓮大聖人は、「一念三千」を成仏《じょうぶつ》の要諦《ようてい》という意味《いみ》で用《もち》いられています。

常にわが生命に希望が！

池田　「開目抄《かいもくしょう》」では、「一念三千《いちねんさんぜん》の法門《ほうもん》は他のところでは説《と》かれておらず、ただ法華経の本門《ほんもん》にある寿量品《じゅりょうほん》の文《もん》の底《そこ》に秘《ひ》し沈《しず》められている。竜樹《りゅうじゅ》や天親《てんじん》は、そのことを知っていたけれども、あえて一念三千の法門を説き示そうとはしなかった。ただ中国の天台大師《てんだいだいし》だけが胸中《きょうちゅう》に秘《ひ》めていた。この一念三千の法門は、十界互具《じっかいごぐ》を根本《こんぽん》として展開《てんかい》されるのである」（御書一八九㌻）と仰《おお》せです。
法華経に秘《ひ》められた成仏《じょうぶつ》の法理《ほうり》を明確《めいかく》にしたのは、長い仏教《ぶっきょう》の歴史《れきし》で天台大師がはじめてである。その「一念三千」の理論の要《かなめ》が「十界互具」にある――このように指摘《してき》されています。
チャンドラ　天台《てんだい》は、法華経の底に秘《ひ》められている一つの哲学的《てつがくてき》な体系《たいけい》を解明《かいめい》しようとしていました。そのために、彼は鳩摩羅什訳《くまらじゅうやく》の「法華経」と、同じく鳩摩羅什による★9般若波羅蜜思想《はんにゃはらみっしそう》の漢訳書《かんやくしょ》である「★10大智度論《だいちどろん》」を手元《てもと》に置いていました。竜樹《りゅうじゅ》の「中論《ちゅうろん》」も、思想を構築《こうちく》するための基盤《きばん》となりました。

池田　天台《てんだい》の「一念三千論《いちねんさんぜんろん》」の思想的基盤《しそうてききばん》を簡明《かんめい》に要約《ようやく》していただきました。そこで、まず「一念三千論」の出発点である「十界《じっかい》」から話し合いたいと思います。読者のなかには、よくご存知の方も多いと思うのですが、念のために確認《かくにん》しておきますと、「十界」とは、生命が顕現《けんげん》する境涯《きょうがい》を十種《じっしゅ》に分類《ぶんるい》したものですね。

「地獄《じごく》」「餓鬼《がき》」「畜生《ちくしょう》」「修羅《しゅら》」「人《にん》」「天《てん》」「声聞《しょうもん》」「縁覚《えんかく》」「菩薩《ぼさつ》」そして「仏《ほとけ》」の十種《じっしゅ》です。

チャンドラ　「地獄《じごく》」から「人《にん》」「天《てん》」にいたる六つは「六道《ろくどう》」と呼《よ》ばれますね。「人界《にんかい》」は、私たちの生きる世界です。それ以外《いがい》は、古代《こだい》インドの人々が、来世《らいせ》に生《せい》を受《う》ける世界として想定《そうてい》したものでした。

池田　そうですね。ただ、来世《らいせ》に生《う》まれる境涯《きょうがい》として限定的《げんていてき》に理解《りかい》すると、決定論的運命論《けっていろんてきうんめいろん》に陥《おちい》るおそれがあります。また、今世《こんぜ》での苦悩《くのう》の境涯を打開《だかい》していく道ではなくなってしまいます。

その弊害《へいがい》を打《う》ち破《やぶ》り、私たちの現実《げんじつ》に即《そく》して理解する「実践的立場《じっせんてきたちば》」が、「観心《かんじん》」です。

天台大師《てんだいだいし》も「観心《かんじん》」を重視《じゅうし》しています。それは、現実に皆《みな》を苦悩《くのう》から救《すく》い、幸福へと導《みちび》くことに真剣《しんけん》だったからである――そう私は理解しています。

人々の期待《きたい》に応《こた》えてこそ仏法者《ぶっぽうしゃ》

チャンドラ 鋭《するど》い視点《してん》です。

天台大師《てんだいだいし》は、南北朝末期《なんぼくちょうまつき》の動乱《どうらん》の時代に活動しました。天台の師《し》である慧思禅師《えしぜんし》★11はたびたび暗殺《あんさつ》されそうになっています。

天台は、五七五年、人々を救《すく》うべき弟子《でし》を育成《いくせい》するために、南朝《なんちょう》★12・陳《ちん》の都《みやこ》・金陵《きんりょう》（現・南《ナン》京《キン》）を離《はな》れ、天台山《てんだいさん》にこもります。

門弟《もんてい》の数は増《ふ》えても、法を得《え》るものが少《すく》なかった、と天台自《みずか》ら嘆《なげ》いています。加《くわ》えて、その前年には、北方《ほっぽう》では、北周《ほくしゅう》★13の武帝《ぶてい》が、廃仏《はいぶつ》を行《おこな》いました。その惨状《さんじょう》を伝《つた》え聞き、いよいよ護法《ごほう》の心を固《かた》めていたのではないでしょうか。

幸《さいわ》いなことに、陳《ちん》とそれを滅《ほろ》ぼした隋《ずい》★14の王たちは、天台を尊崇《そんすう》し保護《ほご》しました。しかし、天台が求めたのは、地位《ちい》や名声《めいせい》ではありませんでした。人々を救《すく》う「真理《しんり》」の探究《たんきゅう》だったのです。『摩訶止観《まかしかん》』は、自《みずか》らの実践《じっせん》に基《もと》づき、その真理《しんり》の探究《たんきゅう》の道筋《みちすじ》を精緻《せいち》に示しています。それは、いまだかつてない明晰《めいせき》なものです。

『摩訶止観《まかしかん》』をまとめた弟子《でし》の章安《しょうあん》★15は、冒頭《ぼうとう》に「止観《しかん》の明静《みょうじょう》なること前代未聞《ぜんだいみもん》なり」と讃歎《さんたん》しています。また「天台智者《てんだいちしゃ》は己心《こしん》の中に行《ぎょう》ずる所《ところ》の法門《ほうもん》を説《と》く」と述べ、天台自身《じしん》が実践した要諦《ようてい》を説いたことが示されています。

池田　その通《とお》りです。人々の成仏《じょうぶつ》を願い、自身《じしん》の全身全霊《ぜんしんぜんれい》を賭《か》けて、説《と》いたのです。これが、天台自身の★16出世《しゅっせ》の本懐《ほんかい》です。

困難《こんなん》の時代であればあるほど、誰《だれ》もが幸福を願います。その願いに応《こた》えて時代を切《き》り開くことこそ、真《しん》の仏法者《ぶっぽうしゃ》の使命《しめい》です。その責任《せきにん》をすべて受け止《と》め、天台は真剣《しんけん》に戦ったのです。

天台を先覚者《せんかくしゃ》と位置《いち》づけられた日蓮大聖人は、御自身《ごじしん》は最悪《さいあく》の時代である★17末法《まっぽう》に生まれたと自覚《じかく》されました。天台が生きた★18像法《ぞうほう》の時代よりもさらに行き詰《づ》まった時代です。その時代に真《ま》っ向《こう》からぶつかり、打開《だかい》しようとされたのです。

「観心本尊抄《かんじんのほんぞんしょう》」の冒頭《ぼうとう》は、先《さき》に見た「一念三千《いちねんさんぜん》の法門《ほうもん》」の標示《ひょうじ》から始まります。そして、天台《てんだい》の観心《かんじん》よりも一層《いっそう》、私たちの日常《にちじょう》に引きつけて解明《かいめい》しておられます。そのことによって、私たち平凡《へいぼん》な人間が現実《げんじつ》に成仏《じょうぶつ》できる道を確立《かくりつ》されたのです。

大聖人は、現実変革《げんじつへんかく》の大きな一歩《いっぽ》を踏《ふ》み出されました。それは、変革を阻《はば》む既存勢力《きそんせいりょく》とのあくなき闘争《とうそう》の始まりでもありました。

苦境《くきょう》のなかにも幸福への希望はある！

チャンドラ　よく分かります。池田先生のご行動《こうどう》を通して、なお一層《いっそう》、納得《なっとく》できます。

池田　恐縮《きょうしゅく》です。

「十界《じっかい》」について「観心本尊抄《かんじんのほんぞんしょう》」に基《もと》づいていえば、「地獄《じごく》」は苦悩《くのう》に閉《と》ざされた境涯《きょうがい》です。「餓鬼《がき》」は貪欲《とんよく》につき動《うご》かされた境涯、「畜生《ちくしょう》」は本能《ほんのう》のままに生きる境涯、「修羅《しゅら》」はエゴイズムに支配《しはい》された境涯です。また「人《にん》」は平穏《へいおん》な境涯、「天《てん》」は物質的《ぶっしつてき》・知的《ちてき》な欲求《よっきゅう》が充足《じゅうそく》された喜《よろこ》びの境涯です。

残りの四つは、仏教が説《と》く「真理《しんり》」を分々《ぶんぶん》に体得《たいとく》した境涯《きょうがい》です。それゆえ、四聖《ししょう》と称《たた》えられます。

「声聞《しょうもん》」は説《と》かれた真理《しんり》を聞くことによって求道《きゅうどう》に生きる境涯《きょうがい》、「縁覚《えんかく》」は現象《げんしょう》を通してある種の深い智慧《ちえ》を得た境涯、「菩薩《ぼさつ》」は他者《たしゃ》の救済《きゅうさい》に自己《じこ》を捧《ささ》げる境涯、「仏《ほとけ》」は菩薩的生命《ぼさつてきせいめい》の源泉《げんせん》でもあり、宇宙究極《うちゅうきゅうきょく》の真理を覚知《かくち》した境涯といえましょう。

チャンドラ　池田先生は「仏教用語《ぶっきょうようご》」に現代的《げんだいてき》な意味を与《あた》えておられます。天台大師《てんだいだいし》の難解《なんかい》で高度《こうど》な哲学概念《てつがくがいねん》についての先生の展開《てんかい》は、現代において傑出《けっしゅつ》したものです。

池田　博士のご承認《しょうにん》をいただいて、私も安心しました（笑い）。

さて、この十界《じっかい》はすべての生命にもともと具《そな》わっているものです。瞬間瞬間《しゅんかんしゅんかん》に、環境《かんきょう》の変化《へんか》に対応《たいおう》しつつ、いずれかの境涯《きょうがい》を顕現《けんげん》していきます。

そして、現在《げんざい》の瞬間《しゅんかん》、どの境涯《きょうがい》を現《げん》じていても、内面《ないめん》には他のすべての境涯を潜在化《せんざいか》させていますから、状況《じょうきょう》に応《おう》じて他のいかなる境涯にも瞬時《しゅんじ》に転《てん》じうる可能性《かのうせい》を秘《ひ》めていることになります。

このことを「十界《じっかい》はおのおの十界を具《ぐ》している」と表現《ひょうげん》しているのです。

チャンドラ　『摩訶止観《まかしかん》』では、これを「十界互具《じっかいごぐ》」といい、百法界《ひゃっぽうかい》、百界《ひゃっかい》とも表現《ひょうげん》していますね。

池田　私たちの実践《じっせん》に即《そく》していえば、「どのような苦悩《くのう》の境涯《きょうがい》、どのように困難《こんなん》な状況《じょうきょう》に直面《ちょくめん》しても、幸福への希望はある」ということです。

反対《はんたい》に「どのように楽しく愉快《ゆかい》な状況であっても、油断《ゆだん》をすれば、不幸《ふこう》へと転落《てんらく》していく。だから戦《たたか》い続けよ」という面《めん》もあります。

もちろん、天台大師《てんだいだいし》も日蓮大聖人も、悪世《あくせ》で塗炭《とたん》の苦《くる》しみに喘《あえ》ぐ民衆《みんしゅう》を何としても救いたい、と願って仏法を説き弘《ひろ》めました。主眼《しゅがん》は、あくまでも前者《ぜんしゃ》です。

「何があっても負けてはならない。自身《じしん》と宇宙《うちゅう》を貫《つらぬ》く妙法《みょうほう》を根本《こんぽん》に生き抜け！」との、希望のメッセージを伝《つた》えようとしたに違《ちが》いありません。

チャンドラ　まったく同意します。幸福の源泉《げんせん》はわが生命の内《うち》にあります。希《き》望《ぼう》の光明《こうみょう》は内から照《て》らします。

悟《さと》りの源泉《げんせん》は、どこか彼方《かなた》にあるのではありません。自身《じしん》の仏性《ぶっしょう》はどこか遠《とお》くにあるのではありません。私たちは、自身の内面《ないめん》、すなわち、この「一念」に、探究《たんきゅう》の目を向《む》けなければならないのです。

真剣《しんけん》な実践《じっせん》が真理《しんり》を実現《じつげん》

池田　この「十界互具《じっかいごぐ》」の生命には、十の側面《そくめん》が具《そな》わります。

すなわち「如是相《にょぜそう》」「如是性《しょう》」「如是体《たい》」「如是力《りき》」「如是作《さ》」「如是因《いん》」「如是縁《えん》」「如是果《か》」「如是報《ほう》」「如是本末究竟等《ほんまつくきょうとう》」の「十如是《じゅうにょぜ》」です。

百界《ひゃっかい》に十如是《じゅうにょぜ》が具《そな》わるので、これを「千如是《せんにょぜ》」と表現《ひょうげん》します。

この「十如是《じゅうにょぜ》」は、あらゆる存在《そんざい》、諸法《しょほう》に具わった十種《じっしゅ》のあり方《かた》をいいます。

チャンドラ　この十如是《じゅうにょぜ》は、鳩摩羅什訳《くまらじゅうやく》の法華経に出てくる言葉《ことば》ですね。

「仏《ほとけ》の成就《じょうじゅ》したまえる所は、第一[★19]希有難解《けうなんげ》の法なり。[★20]唯《ただ》、仏《ほとけ》と仏とのみ、乃《いま》し能《よ》く諸法《しょほう》の実相《じっそう》を究尽《くじん》したまえり。所謂《いわゆる》諸法の如是相《にょぜそう》、如是性《しょう》、如是体《たい》、如是力《りき》、如是作《さ》、如是因《いん》、如是縁《えん》、如是果《か》、如是報《ほう》、如是本末究竟等《ほんまつくきょうとう》なり」（法華経一五四㌻）

仏が到達《とうたつ》した究極《きゅうきょく》の真実《しんじつ》について十の点《てん》で示しています。

池田　日蓮大聖人は「一念三千法門《いちねんさんぜんほうもん》」で「この一念三千《いちねんさんぜん》の法を覚知《かくち》するための一心三観《いっしんさんがん》[★21]の法門《ほうもん》は、法華経の第一巻の方便品《ほうべんぼん》に説かれている十如是《じゅうにょぜ》を根拠《こんきょ》として展開《てんかい》されている」（御書四一二㌻）と指摘《してき》されています。

この法華経の十如実相《じゅうにょじっそう》[★22]の文が、一念三千の法門の依拠《いきょ》です。

また別の御書では「一切衆生《いっさいしゅじょう》すべてが成仏《じょうぶつ》する教えの根元《こんげん》といっても、ただこの諸法実相《しょほうじっそう》の四字より他《ほか》には全《まった》くないのである」（御書一一三九㌻）と仰《おお》せです。

すなわち、十如是《じゅうにょぜ》で示される「諸法実相《しょほうじっそう》[★23]」こそ万人《ばんにん》の成仏《じょうぶつ》の根元《こんげん》である、と指摘《してき》されています。

十如実相《じゅうにょじっそう》は、仏が覚知《かくち》し具《そな》えている特性《とくせい》であるとともに、それによって人々を成仏《じょうぶつ》へと導《みちび》く根本《こんぽん》なのです。

チャンドラ　「諸法《しょほう》」すなわち諸現象《しょげんしょう》と、「実相《じっそう》」すなわち本質《ほんしつ》とは、一体《いったい》です。本当《ほんとう》は、分《わ》かつものはないのです。

仏の特性《とくせい》である実相《じっそう》は、一個《いっこ》の事物《じぶつ》、また衆生《しゅじょう》もまた本来的《ほんらいてき》に具《そな》えているのです。

この真実に目覚《めざ》め、内《うち》なる本質《ほんしつ》、実相《じっそう》を開き顕《あらわ》し、仏の境地《きょうち》を実現することこそ、天台《てんだい》が目《め》指《ざ》したものです。一念三千《いちねんさんぜん》を説いた天台の意図《いと》は、衆生《しゅじょう》に潜在《せんざい》する仏性《ぶっしょう》を呼《よ》び起《お》こすことにあったのです。

とはいえ、現代《げんだい》の私たちが自身《じしん》に引き当てて考えるには、ただ十如是《じゅうにょぜ》が羅列《られつ》されただけでは不十分《ふじゅうぶん》です。

もう少《すこ》し、解説《かいせつ》を加えていただけませんか。

池田　これは難題《なんだい》です（笑い）。できるだけ努力《どりょく》してみましょう。「如是相《にょぜそう》」は表面《ひょうめん》に顕《あらわ》れた形《かたち》、「如是性《しょう》」は内面の性質《せいしつ》です。「如是体《たい》」はその両面《りょうめん》を具《そな》える生命そのもの、本体《ほんたい》です。これは、生命の本質的側面《ほんしつてきそくめん》を取《と》り上げています。

「如是力《にょぜりき》」は潜在的力《せんざいてきちから》、「如是作《さ》」は力が顕現《けんげん》して他に影響《えいきょう》を及《およ》ぼす作用《さよう》です。これは機能的側《きのうてきそく》面《めん》に言及《げんきゅう》したものです。

「如是因《にょぜいん》」は結果《けっか》を招《まね》く直接的原因《ちょくせつてきげんいん》、「如是縁《えん》」は因《いん》を助《たす》ける補助的原因《ほじょてきげんいん》、「如是果《か》」は因から生じた結果、「如是報《ほう》」は結果が具体的《ぐたいてき》な現象《げんしょう》として顕《あらわ》れたものです。

ここには、★[24]縁起説《えんぎせつ》が織《お》り込《こ》まれています。すなわち生命の因果律《いんがりつ》が示されているのです。

そして最後《さいご》の「如是本末究竟等《にょぜほんまつくきょうとう》」は、本《ほん》（如是相《にょぜそう》）から末《まつ》（如是報《にょぜほう》）まで、生命活動《せいめいかつどう》において調和《ちょうわ》、律動《りつどう》しているという統一性《とういつせい》の原理《げんり》です。

「十如是事《じゅうにょぜじ》」には「此《こ》の如是相《にょぜそう》・如是性《しょう》・如是体《たい》の三如是《さんにょぜ》を根本《こんぽん》とし、この三如是から他《た》の七つの如是が働き十如是《じゅうにょぜ》となる。この十如是が根本《こんぽん》となって百界《ひゃっかい》にも千如是《せんにょぜ》にも三千世間《さんぜんせけん》にも展開《てんかい》されていくのである」（御書四一〇ジペー）とあります。

この「三如是《さんにょぜ》」は、生命そのもの、当体《とうたい》です。「七如是《しちにょぜ》」は、その生命に具《そな》わるはたらき、力用《りきゆう》です。

生命が種々《しゅじゅ》のはたらきを示し、十界《じっかい》の境涯《きょうがい》の違いが現《あらわ》れてくるのです。十如是《じゅうにょぜ》は、十界の違いを如実《にょじつ》に見るための視点《してん》です。自身《じしん》の現実《げんじつ》と仏界《ぶっかい》の理想《りそう》を見据《みす》えて、無限《むげん》の向上《こうじょう》を図《はか》る出発点《しゅっぱつてん》です。

チャンドラ　よく、分かります。万人《ばんにん》の幸福を願う仏《ほとけ》は、万人の苦悩《くのう》の現実《げんじつ》を見極《みきわ》める一方《いっぽう》、自身《じしん》の到達《とうたつ》した境地《きょうち》を見つめて、すべての人々をそこに至《いた》らせようとする。そのために「十如実相《じゅうにょじっそう》」も説かれているのですから。

「凡夫《ぼんぷ》こそ仏《ほとけ》」と悟《さと》る

池田　そうです。さらに「本末究竟等《ほんまつくきょうとう》」については、実践《じっせん》の観点《かんてん》から踏《ふ》み込《こ》んでみると、別のとらえ方ができます。

日蓮仏法の「一念三千法門《いちねんさんぜんほうもん》」には、こうあります。

「『本《ほん》』というのは仏性《ぶっしょう》であり、『末《まつ》』というのは、まだ仏の生命を顕《あらわ》していない九界《きゅうかい》の境涯《きょうがい》をいう。究竟等《くきょうとう》というのは『[★25]妙覚《みょうかく》』すなわち究竟《くきょう》の如来《にょらい》と、[★26]理即《りそく》の凡夫《ぼんぷ》である我等《われら》と、差別《さべつ》がないことを意味するのであり、またこれを平等大慧《びょうどうだいえ》の法華経ともいうのである」（御書四一三㌻）

すなわち「仏《ほとけ》が悟《さと》った実相《じっそう》においては、仏の生命（本《ほん》）も、九界《きゅうかい》の衆生《しゅじょう》の生命（末《まつ》）も、詮《せん》ずるところ（究竟《くきょう》して）、妙法の当体《とうたい》として等《ひと》しい」ということです。

「本《ほん》」には悟《さと》りを得た結果の仏界《ぶっかい》が、「末《まつ》」には因《いん》となる修行《しゅぎょう》をすべき境涯《きょうがい》の九界《きゅうかい》が、配《はい》されています。

この配当《はいとう》に通《つう》じる解釈《かいしゃく》が、鳩摩羅什《くまらじゅう》の直弟子《じきでし》である[★27]竺道生《じくどうしょう》の『妙法蓮華経疏《みょうほうれんげきょうしょ》』にあります。

道生《どうしょう》は、「本《ほん》」を「仏慧《ぶつえ》の終《お》わり」、「末《まつ》」を「万善《まんぜん》の始まり」と配《はい》しています。すなわち、到達《とうたつ》すべき仏界の智慧《ちえ》を「本」、成仏《じょうぶつ》のための種々《しゅじゅ》の善《ぜん》の修行を「末」としています。[★28]道生《どうしょう》の十如是《じゅうにょぜ》の解釈《かいしゃく》は天台に影響《えいきょう》を与《あた》えた、とされていますね。

チャンドラ　興味深《きょうみぶか》い解釈《かいしゃく》です。これは、人間が本質的《ほんしつてき》には平等《びょうどう》に「尊厳《そんげん》」であることを示《しめ》しています。とともに、その「尊厳」を現実《げんじつ》に示すためには、「実践《じっせん》」が必要《ひつよう》であることを教えているのですね。

池田　そうです。いかなる衆生《しゅじょう》も、自身《じしん》が妙法の当体《とうたい》であるという実相《じっそう》を悟《さと》れば、仏《ほとけ》となるのです。

自身の生命の実相《じっそう》を悟《さと》る、すなわち妙法《みょうほう》の当体《とうたい》であると目覚《めざ》めるか否《いな》か、それだけが仏《ほとけ》と衆生《しゅじょう》との違いなのです。

しかし、そのことを本気で信じて、本気で挑戦《ちょうせん》し、向上《こうじょう》していくことは、難《むずか》しい。ゆえに実際《じっさい》にやりきった仏にしか、わからない。だから難信難解《なんしんなんげ》なのです。

チャンドラ　「一念三千《いちねんさんぜん》」とは、真剣《しんけん》な実践《じっせん》、深い思索《しさく》、清廉《せいれん》な道徳的行《どうとくてきおこな》いによって、あらゆる人々に具《そな》わる仏性《ぶっしょう》を顕現《けんげん》させることです。一念三千の実践によって、平等《びょうどう》・尊厳《そんげん》・自由を伴《ともな》った輝《かがや》ける生命の瞬間瞬間《しゅんかん》を見いだすことができるわけですね。

池田　それぞれの「十界《じっかい》」の境涯《きょうがい》が、「十如是《じゅうにょぜ》」の法にのっとって具体的《ぐたいてき》に顕現《けんげん》する場《ば》が、「五陰《ごおん》」「衆生《しゅじょう》」「国土《こくど》」の三世間《さんせけん》です。

チャンドラ　この「三世間《さんせけん》」についても、池田先生の解釈《かいしゃく》を加えていただけませんか。

池田　博士《はくし》のお言葉《ことば》ですから（笑い）。読者のために、若干《じゃっかん》、説明《せつめい》してみます。

まず「五陰《ごおん》」とは「色《しき》・受《じゅ》・想《そう》・行《ぎょう》・識《しき》」をいい、生命を構成《こうせい》する五つの要素《ようそ》です。「色《しき》」は物質的《ぶっしつてき》、身体的側面《しんたいてきそくめん》です。「受《じゅ》・想《そう》・行《ぎょう》・識《しき》」は精神的側面《せいしんてきそくめん》です。

このうち「受《じゅ》」は感覚器官《かんかくきかん》でものごとを知覚《ちかく》するはたらきです。「想《そう》」は、その感覚《かんかく》をまとめあげ、事物《じぶつ》の像《ぞう》を想《おも》い描《えが》くはたらきです。「行《ぎょう》」とは、さらに像《ぞう》を整《ととの》え完成《かんせい》させるはたらきであり、それに伴《ともな》って起こる種々《しゅじゅ》の心のはたらきをいいます。

そして「識《しき》」は、「受《じゅ》・想《そう》・行《ぎょう》」に基《もと》づきながら、ものごとを総合的《そうごうてき》に認識《にんしき》し判断《はんだん》するはたらきをいいます。

この「五陰世間《せけん》」が、縁《えん》によって仮《かり》に結合《けつごう》した存在《そんざい》が、個々《ここ》の生命です。これが「衆生世間《しゅじょうせけん》」といわれます。そして「国土世間《こくどせけん》」とは、その「衆生」が生命活動を展開《てんかい》する環境世界《かんきょうせかい》のことです。

生命の内奥《ないおう》に秘《ひ》められた種々《しゅじゅ》の可能性《かのうせい》が、縁《えん》にふれて、外へ、外へと広がっていく。そのありさまを的確《てきかく》にとらえています。

チャンドラ　ここでの「世間《せけん》」とは、〝違い、差異《さい》〟という意味とされますね。

〝善《ぜん》の連帯《れんたい》〟の拡大《かくだい》へ対話を

池田　その通りです。これは、「五陰《ごおん》」「衆生《しゅじょう》」「国土《こくど》」のそれぞれが、縁《えん》に応《おう》じて、十界《じっかい》のいずれかの境涯《きょうがい》を現じるという意味です。

誰《だれ》にも、地獄《じごく》から仏《ほとけ》まで、十界のどの境涯にも成る可能性《かのうせい》があるのです。だからこそ、自身《じしん》の一念が大事《だいじ》であり、自身が何を縁《えん》とするかが大切《たいせつ》なのです。

自身の一念が、仏界を目指《めざ》して固《かた》く定《さだ》まっていなければ、世間の荒波《あらなみ》にもまれて苦悩《くのう》の大海《たいかい》へと沈《しず》んでいきます。

また、少々《しょうしょう》、しっかりした人であっても、善《ぜん》の連帯《れんたい》から外《はず》れて、悪《あく》に染《そ》まってしまえば、成《じょう》仏《ぶつ》の軌道《きどう》からそれてしまいます。

ゆえに、善《ぜん》を求め、善を広げる勇気《ゆうき》が大事です。励《はげ》まし合う同志《どうし》という善き縁《よえん》が大切です。

だからこそ、私は、〝善《ぜん》の連帯《れんたい》〟を広げるために、博士《はくし》をはじめ、多くの賢人《けんじん》・智者《ちしゃ》と語らい、友好《ゆうこう》を深めているのです。また、最大《さいだい》にして最強《さいきょう》の勢力《せいりょく》である民衆《みんしゅう》を、より強く賢《かしこ》くしたいと行動《こうどう》してきました。

チャンドラ 池田先生のその行動《こうどう》こそ、人類《じんるい》の希望《きぼう》です。民衆《みんしゅう》にゆるぎない勇気《ゆうき》を与《あた》えます。

現実世界《げんじつせかい》には「完全性《かんぜんせい》が達成《たっせい》される」ことはありません。しかし「完全性《かんぜんせい》」を追求《ついきゅう》し続けなければなりません。そのあくなき追求《ついきゅう》に生きる自《みずか》らの運命《うんめい》を「完成された不完全性《ふかんぜんせい》」ととらえる時、真実《しんじつ》の救済《きゅうさい》が実現《じつげん》しているのです。

池田 おっしゃる通りです。私は、イタリアのボローニャ大学での講演《こうえん》で、レオナルド・ダ・ヴィンチの業績《ぎょうせき》に言及《げんきゅう》しながら、まさに今、博士《はくし》が指摘《してき》された観点《かんてん》を述べました。

すなわち「いかに完成度《かんせいど》を誇《ほこ》る傑作《けっさく》であっても、個別《こべつ》の世界の出来事《できごと》である限《かぎ》り、未完成《みかんせい》であることは免《まぬか》れ得《え》ない。人はそこに安住《あんじゅう》していてはならず、新《あら》たなる完成を目指して『間断《かんだん》な

池田ＳＧＩ会長は、世界最古の総合大学であるイタリア・ボローニャ大学で、『レオナルドの眼《め》と人類の議会——国連の未来についての考察』と題して記念講演を行った（1994年６月）

き飛翔《ひしょう》』を運命《うんめい》づけられている」「『未完成《みかんせい》の完成《かんせい》』から『完成《かんせい》の未完成《みかんせい》』へ——ゆえに両《りょう》者《しゃ》の相乗作用《そうじょうさよう》とは、ダイナミックに生成流動《せいせいりゅうどう》しゆく生命の動き、現実《げんじつ》の動きそのものといってよい」（『21世紀文明《せいきぶんめい》と大乗仏教《だいじょうぶっきょう》』）と。

これが、菩薩《ぼさつ》の生き方の真髄《しんずい》なのです。〝戦い続ける〟なかにこそ、人が求めてやまない〝生きる意味〟が発見《はっけん》できる。そして、自他《じた》ともに、真の充実《じゅうじつ》とゆるぎない幸福があるからです。

チャンドラ　池田先生は、「各個人《かくこじん》の歴史《れきし》が世界全体の歴史」となるような、偉大《いだい》な伝統《でんとう》を、見事《みごと》に具現化《ぐげんか》しておられます。先生の思潮《しちょう》は、「あらゆる人間、あらゆる社会、そして宇宙自《うちゅうじ》体《たい》に生気《せいき》を吹《ふ》き込《こ》む、生命の永遠《えいえん》なるリズム」なのです。

超越主義者《ちょうえつしゅぎしゃ》の理想《りそう》とは、より高い価値《かち》を回《かい》

復《ふく》し、啓蒙《けいもう》の道を活性化《かっせいか》する、力強く全体観《ぜんたいかん》に立った〝パーラミター（完成《かんせい》された行動《こうどう》）〟を、池田先生のように自《みず》ら血肉化《けつにくか》することでした。冒頭《ぼうとう》に語り合ったソローが示《しめ》したメッセージは、池田先生の価値《かち》創造《そうぞう》の実践《じっせん》において、実現《じつげん》されたのです。

注

1　ビュルヌフ　フランスの言語学者、東洋学者。古代ペルシャ語、サンスクリット、パーリ語に通じた、印欧語《いんおうご》比《ひ》較《かく》言語学の権威《けんい》であった。

2　超越主義者　アメリカの思想家エマソンを中心とするロマン主義思想家をいう。悟性《ごせい》や経験を超越《ちょうえつ》して直観《ちょっかん》によって真理を把握《はあく》すべきであると精神の改革を主張。社会改革《かいかく》にも意欲的であった。

3　一念三千　瞬間《しゅんかん》の生命を一念といい、現象《げんしょう》世界のすべてを三千とする。つまり衆生の生命に、現象世界のすべてが収《おさ》まることをいう。

4　カント　（一七二四年〜一八〇四年）。ドイツの哲学者。西欧近世《せいおうきんせい》の代表的哲学者の一人。

5　サンユッタ・ニカーヤ（相応部経典）　パーリ語で記録された「五ニカーヤ（部）」の一つで、漢訳の阿《あ》含部経典《ごんぶきょうてん》に対応《たいおう》する。

6　十界互具　十界《じっかい》の各界の各《おのおの》に十界を具《そな》えていること。

7　十如是　生命の働きを十種の側面から見たもの。天台大師《てんだいだいし》が一念三千《いちねんさんぜん》の法門《ほうもん》を立てる依拠《いきょ》となった法理《ほうり》。

8　**三世間**　五陰《ごおん》・衆生《しゅじょう》・国土《こくど》の三種の世間《せけん》のこと。世間とは差異《さい》・区別のこと。十界《じっかい》の生命が活動する「場《ば》」に視点を当てて三つに分けたもので、まったく別に存在するものではない。

9　**般若波羅蜜**　六波羅蜜《ろくはらみつ》の一つ。般若《はんにゃ》とは智慧《ちえ》、波羅蜜《はらみつ》とは「彼岸《ひがん》に至《いた》る」の意。智慧をもって生死《しょうじ》の大海《たいかい》を渡り、成仏《じょうぶつ》の彼岸《ひがん》に至る修行《しゅぎょう》をさす。

10　**大智度論**　百巻。竜樹《りゅうじゅ》の著《ちょ》とされる。摩訶般若波羅蜜経《まかはんにゃはらみっきょう》を詳《くわ》しく注釈《ちゅうしゃく》したもの。

11　**慧思**　（五一五年〜五七七年）。南岳大師《なんがくだいし》のこと。天台《てんだい》大師の師。

12　**陳**　中国の南北朝《なんぼくちょう》時代、南朝《なんちょう》最後の王朝（五五七年〜五八九年）。天台大師《てんだいだいし》は陳《ちん》の皇帝や文武《ぶんぶ》官《かん》僚《りょう》の帰依《きえ》を受けた。

13　**武帝**　（五四三年〜五七八年）。北周《ほくしゅう》第三代の皇帝。仏教・道教《どうきょう》を弾圧《だんあつ》し、多くの僧尼《そうに》を還俗《げんぞく》させ、経像《きょうぞう》を破壊《はかい》した。

14　**隋**　中国の王朝（五八一年〜六一九年）。南北に分かれていた中国を統合《とうごう》し、統一国家の基礎《きそ》を築いた。

15　**章安**　（五六一年〜六三二年）。天台大師《てんだいだいし》の弟子。天台大師が講述《こうじゅつ》した『摩訶止観《まかしかん》』など、天台《てんだい》所説《しょせつ》の法門《ほうもん》を領解《りょうげ》、筆録《ひつろく》し、大小部合わせて百余巻に編纂《へんさん》した。

16　**出世の本懐**　世《よ》に出現した究極《きゅうきょく》の本意《ほんい》、目的のこと。

17　**末法**　正法《しょうほう》・像法《ぞうほう》・末法《まっぽう》の三時《さんじ》の一つ。釈尊の仏法の功力《くりき》が消滅し、隠没《おんもつ》する時のことをいう。一説では、釈尊滅後《しゃくそんめつご》、正法千年、像法千年を過ぎて末法に入るという。

18　**像法**　「正法に似《に》たもの」の意。一説では、釈尊滅後一千年から二千年までの千年間をいう。

19　**希有難解の法**　非常にまれで、理解しがたい法のこと。

20 **唯、仏と仏とのみ、乃し能く諸法の実相を究尽したまえり**　「唯仏与仏乃能究尽《ゆいぶつよぶつないのうくじん》」という法華経方便品《ほうべんぼん》第二の文《もん》。諸仏の智慧《ちえ》は、よく諸法《しょほう》の実相《じっそう》を究《きわ》め尽《つ》くしており、二乗《にじょう》の及《およ》び得《え》ないものであるということ。

21 **一心三観**　一心《いっしん》とは衆生《しゅじょう》の心を指し、三観《さんがん》とは、衆生が日常起こす一念《いちねん》の心のなかに空《くう》・仮《け》・中《ちゅう》の三諦《さんたい》が円融相即《えんゆうそうそく》して具《そな》わることを観《かん》ずることをいう。

22 **十如実相**　十如是《じゅうにょぜ》が諸法《しょほう》の実相《じっそう》（ありのままの真実の姿）であること。

23 **諸法実相**　十界《じっかい》ならびに森羅万象《しんらばんしょう》の諸法《しょほう》がことごとく実相《じっそう》、すなわち妙法蓮華経の当体《とうたい》であること。

24 **縁起**　因縁生起《いんねんしょうき》の略で「縁《よ》って起《お》こる」と読む。すべての現象《げんしょう》・存在《そんざい》は独立《どくりつ》したものではなく、相互依存《そうごいそん》の関係によって生じるとする仏教の基本原理。

25 **「妙覚」すなわち究竟の如来**　一切の仏果《ぶっか》を具《そな》えた仏のこと。妙覚《みょうかく》とは五十二位（菩薩《ぼさつ》の修行《しゅぎょう》の階位《かいい》）の最高位。究竟《くきょう》とは六即位《そくい》（天台大師《てんだいだいし》が立てた菩薩《ぼさつ》の六種の階位）の最高位である究竟即《くきょうそく》。如来《にょらい》は仏のこと。

26 **理即の凡夫**　まだ正法《しょうほう》を信受《しんじゅ》しないで、本性《ほんしょう》だけに仏性《ぶっしょう》を具《そな》えている衆生《しゅじょう》のこと。理即《りそく》は六即《ろくそく》の最初の位《くらい》で、理のうえで仏性を具えているが、いまだ正法を聞いていない凡夫《ぼんぶ》の位をいう。

27 **竺道生**　（?～四三四年）。中国、東晋《とうしん》・南北朝《なんぼくちょう》時代の僧。鳩摩羅什門下《くまらじゅうもんか》の四傑《しけつ》の一人に数えられた。法華経を釈《しゃく》した妙法蓮華経疏《しょ》をはじめ、維摩経《ゆいまきょう》、涅槃経《ねはんきょう》を註《ちゅう》したものが現存《げんそん》し、般若《はんにゃ》教学中心の魏晋《ぎしん》時代の中国仏教を法華《ほっけ》・涅槃《ねはん》へと導《みちび》いた意義は大きい。

28 **道生の十如是の解釈が天台に影響を与えた……**　坂本幸男「法華経の教理」（『法華経の成立と展開』平楽寺書店刊）。

第十三章　日蓮大聖人と「法華経」

法華経《ほけきょう》の行者《ぎょうじゃ》と事《じ》の仏法《ぶっぽう》

池田　これまで、長遠《ちょうおん》な人間《にんげん》の哲学《てつがく》の営《いとな》みを、仏教《ぶっきょう》の歴史《れきし》を軸《じく》に、ともに振《ふ》り返《かえ》ってまいりました。今回は、日蓮大聖人の仏法《ぶっぽう》について語《かた》り合《あ》いたいと思います。

十月は、日蓮大聖人が、全世界《ぜんせかい》の民衆《みんしゅう》の幸福《こうふく》のための根本《こんぽん》となる御本尊《ごほんぞん》を顕《あらわ》された月です。その意義深《いぎぶか》い時《とき》に、博士《はくし》と日蓮仏法《にちれんぶっぽう》について語り合えるのは、不思議《ふしぎ》なことです。

チャンドラ　いよいよ核心《かくしん》です。本当《ほんとう》に楽《たの》しみです。

池田　日蓮大聖人は、深遠《じんのん》な仏教思想史《ぶっきょうしそうし》を深《ふか》く考察《こうさつ》したうえで、万人《ばんにん》の成仏《じょうぶつ》を説《と》く法華経《ほけきょう》に着《ちゃく》目《もく》し、自《みずか》ら「法華経の行者《ぎょうじゃ》」としての如説修行《にょせつしゅぎょう》を行《おこな》いました。

チャンドラ　その通《とお》りです。日蓮大聖人は実践《じっせん》の人です。行動《こうどう》の人です。

池田　すでに見てきたように、法華経を尊重《そんちょう》した仏教者《ぶっきょうしゃ》は、竜樹《りゅうじゅ》・世親《せしん》・天台《てんだい》★1・伝教《でんぎょう》をはじめ多数《たすう》、出現《しゅつげん》しました。

博士《はくし》が、これらの法華経実践者《じっせんしゃ》のなかでも、日蓮大聖人に強い関心《かんしん》をもたれるのはなぜでしょうか。

チャンドラ　きっかけは、九歳《さい》の少年のころにさかのぼります。今もその時の情景《じょうけい》が思い浮《う》かんできます。

そのころのわが家《や》での話題《わだい》は、一つはイギリスからインドの自治《じち》を得《え》るための闘争《とうそう》でした。もう一つは、仏教の美術《びじゅつ》と哲学《てつがく》だったのです。

私の父は、インドと日本が、ともに数世紀《すうせいき》にわたって仏教を信奉《しんぽう》してきたこと、また、当時《とうじ》、ヨーロッパの文化《ぶんか》と政治的《せいじてき》支配《しはい》による絶《た》え間《ま》ない攻撃《こうげき》にさらされていることを考えていました。

日本は独立国《どくりつこく》であり発展《はってん》を遂《と》げていましたが、インドは帝国主義《ていこくしゅぎ》支配《しはい》の下《もと》にありました。

そのころ、父は、姉崎正治博士《あねさきまさはるはくし》による『法華経の行者《ぎょうじゃ》　日蓮』と『日本宗教史《しゅうきょうし》』を驚嘆《きょうたん》の思いで読み終えていました。

日蓮大聖人は、理論《りろん》と実践《じっせん》、古《ふる》きものと新しいものを融合《ゆうごう》させております。そして、法華経を時代の要請《ようせい》に応《おう》じて、展開《てんかい》していったのです。

池田　博士《はくし》が幼少《ようしょう》のころの日本の発展《はってん》は、帝国主義《ていこくしゅぎ》体制《たいせい》に苦《くる》しむアジアの人々にとっては、一つの希望《きぼう》だったともいわれています。

しかし、日本は、自《みずか》らも帝国主義《ていこくしゅぎ》をかざして、アジア諸国《しょこく》を侵略《しんりゃく》し、その期待《きたい》を裏切《うらぎ》ってしまいました。非常《ひじょう》に残念《ざんねん》な歴史《れきし》の事実《じじつ》です。

「日蓮」の名乗《なの》りに深義《じんぎ》

チャンドラ　姉崎博士《あねさきはくし》は、「日《にち》」すなわち太陽と「蓮《れん》」すなわち蓮華《れんげ》を名《な》にもつ人物《じんぶつ》の、精力的《せいりょくてき》な精神《せいしん》と深遠《しんえん》な魂《たましい》について語《かた》っています。

池田　大聖人は、「日蓮となのる事★2自解仏乗《じげぶつじょう》とも云《い》いつべし」（御書九〇三ページ）と、御自身《ごじしん》の名乗りに深い意味があることを示《しめ》されています。

また「明《あき》らかなる事・日月《にちがつ》にすぎんや浄《きよ》き事・蓮華にまさるべきや、法華経は日月と蓮華となり故《ゆえ》に妙法蓮華経と名《なづ》く、日蓮又《また》日月と蓮華との如《ごと》くなり」（同《どう》一一〇九ページ）とも述《の》べられています。

チャンドラ　私の父は、この「太陽」と「蓮華」のそれぞれを、プラジュニャー（般若《はんにゃ》）すなわち「智慧《ちえ》」と、パーラミター（波羅蜜《はらみつ》）すなわち「徹《てっ》した実践《じっせん》」としてとらえていました。

池田　実《じつ》に鋭《するど》い卓見《たっけん》です。「日蓮」という御名《おんな》の意義《いぎ》への着眼《ちゃくがん》は、まことに重要《じゅうよう》です。「日」（太陽）と「蓮」（蓮華）の深義《じんぎ》については、後《のち》ほどあらためて語《かた》り合《あ》いましょう。

日蓮大聖人は、「智慧《ちえ》」と「慈悲《じひ》」の実践《じっせん》によって、法華経の根底《こんてい》に成仏《じょうぶつ》の基盤《きばん》となる「究極《きゅうきょく》の法《ほう》」があることを明《あ》かし、その法《ほう》が「南無妙法蓮華経」であると説《と》き示《しめ》しました。

また、その実践の肝心《かんじん》とは、地涌《じゆ》の菩薩《ぼさつ》の自覚《じかく》に立って「不軽菩薩《ふきょうぼさつ》★3」のように人間尊敬《にんげんそんけい》の行《こう》動《どう》を貫《つらぬ》くことであると、自《みずか》らの生涯《しょうがい》にわたる忍難弘通《にんなんぐずう》の行動で示したのです。いうなれば、それは「命《いのち》がけの徹《てっ》した実践」であられました。

チャンドラ　今も、父の朗々《ろうろう》と語《かた》る声がはっきり聞こえてきます。

――一二五三年の初夏《しょか》の朝、日蓮は丘《おか》に登《のぼ》り、法華経の精髄《せいずい》である題目《だいもく》を唱《とな》えた。その時、証人《しょうにん》として立ち会ったのは、太平洋《たいへいよう》の水平線《すいへいせん》から昇《のぼ》る太陽であった。なんと雄大《ゆうだい》な舞台設定《ぶたいせってい》だろうか。太陽の鼓動《こどう》が生命《せいめい》の脈動《みゃくどう》と共鳴《きょうめい》する。昇りゆく太陽、力強さを増《ま》す唱題《しょうだい》の声、胸中《きょうちゅう》にあふれんばかりの理想《りそう》。山、海、果《は》てしなき水平線。題目の師子吼《ししく》が万物《ばんぶつ》の根源《こんげん》と響《ひび》き合う――。

私は、法華経に秘《ひ》められている力に包《つつ》まれて、強い意志《いし》を表出《ひょうしゅつ》した日蓮大聖人について語る、父の言葉《ことば》に耳を傾《かたむ》けていました。

父は、大聖人の題目を唱えることに、光の価値《かち》と、力の価値を見ていたのです。

池田　聡明《そうめい》な父君《ちちぎみ》は、日蓮大聖人の御振《おふ》る舞《ま》いに、人類救済《じんるいきゅうさい》の希望《きぼう》と勇気《ゆうき》を見いだしておられたのですね。

チャンドラ　今も私は、その時の父の表情《ひょうじょう》、まなざしをありありと思い出します。

父の高らかな声が響《ひび》いてきます。

「我《われ》日本の柱《はしら》とならむ我日本の眼目《がんもく》とならむ我日本の大船《たいせん》とならむ」（御書二三二ページ）

父はこの大聖人の言葉《ことば》に自身《じしん》を重《かさ》ねていました。インドに対《たい》する同《おな》じ使命《しめい》をわきあがらせていたのです。

日蓮大聖人は、法華経に基《もと》づいて、いまだ知らぬかなたの★4浄土《じょうど》ではなく、娑婆世界《しゃばせかい》、すなわち私たちが住むこの現実世界《げんじつせかい》こそが、真《しん》の仏《ほとけ》の国土《こくど》であると喝破《かっぱ》しています。

そして、苦悩渦巻《くのううずま》くこの社会《しゃかい》を、仏の理想《りそう》の社会にするために、法華経の精神《せいしん》を弘《ひろ》め、脈動《みゃくどう》させていかなければならないと訴《うった》えました。

「世界平和」の実現目指《じつげんめざ》し

池田　その通りです。大事《だいじ》な視点《してん》です。日蓮仏法の真髄《しんずい》に迫《せま》る観点《かんてん》です。

大聖人は、確《たし》かに「日本の柱《はしら》」等《とう》と仰《おお》せですが、決《けっ》して一国平和主義《いっこくへいわしゅぎ》にとどまるものではありません。

法華経の経文《きょうもん》のままに、★5「閻浮提広宣流布《えんぶだいこうせんるふ》」、すなわち世界に生命尊厳《せいめいそんげん》の思想《しそう》を確立《かくりつ》することを目指《めざ》されたのです。

真の愛国者《あいこくしゃ》は、世界的視野《せかいてきしや》がなければなりません。

万人《ばんにん》が現実《げんじつ》に幸福になるための仏法です。全民衆《ぜんみんしゅう》の救済《きゅうさい》、人類社会《じんるいしゃかい》の繁栄《はんえい》、世界平和の実現《じつげん》

――それこそが究極《きゅうきょく》の願《ねが》いです。

そのためにも、それぞれが自分の生まれた郷土《きょうど》を大切《たいせつ》にし、発展《はってん》させていくことは欠《か》かせません。自身を生み育《はぐく》んだ郷土の特性《とくせい》を理解《りかい》し、発展させることができなければ、他の人々が生まれ育《そだ》った土地の特性《とくせい》も分《わ》からず、活《い》かしていくこともできないでしょう。

これは、私どもの初代会長《しょだいかいちょう》である牧口先生★6も指摘《してき》していることです。

チャンドラ　まったく賛成《さんせい》です。すべての国が、それぞれの立場《たちば》で最高《さいこう》の精神的使命《せいしんてきしめい》を担《にな》った国となるべきである、というのが、父の確固《かっこ》たる信念《しんねん》でもありました。

父にとって、大聖人は、「人間が逆境《ぎゃっきょう》のなかで示《しめ》す偉大《いだい》さの模範《もはん》」でした。「生命に具《そな》わる清《きよ》らかさと栄光《えいこう》を象徴《しょうちょう》する人物」だったのです。

大聖人は、父にとって、すべてを支《ささ》える根本《こんぽん》であり、勇気《ゆうき》そのものであり、力をわき立たせてくれる存在《そんざい》でした。

大聖人は、法華経に、若々《わかわか》しさと、燃《も》えあがる熱《あつ》い心《こころ》と、力強い簡潔《かんけつ》さを与《あた》え、蘇《よみがえ》らせたのです。そして、強力《きょうりょく》な智慧《ちえ》が火花《ひばな》を散《ち》らし、その火は民族全体《みんぞくぜんたい》の生命に影響《えいきょう》を与えたのです。

池田　大聖人によって父君《ちちぎみ》の心に点《とも》された法華経の火は、博士《はくし》に受《う》け継《つ》がれ、ますます強く輝《かがや》き、熱《あつ》く燃《も》えているのを感じます。

民衆のなかからお生まれになった大聖人は、民衆救済《みんしゅうきゅうさい》の大情熱《だいじょうねつ》をもって、生涯《しょうがい》、戦い続けられました。

そして、★7「熱原《あつはら》の法難《ほうなん》」という民衆自身《みんしゅうじしん》の法難を契機《けいき》に、妙法と一体《いったい》をなす自《みずか》らの生命をそのまま図顕《ずけん》し、一閻浮提《いちえんぶだい》、すなわちこの全世界の民衆救済《きゅうさい》のための「御本尊」を顕《あらわ》されたのです。

この点から、日蓮仏法は、★8「事《じ》の仏法」、現代風《げんだいふう》にいえば〝実践《じっせん》・実現《じつげん》の仏法〟であると位置《いち》づけられます。

この日蓮仏法に比《ひ》すれば、天台《てんだい》・伝教《でんぎょう》を大成者《たいせいしゃ》とするそれ以前《いぜん》の仏法は、まだ理論《りろん》だけにとどまっていたといえるのです。

チャンドラ　よく分《わ》かります。日蓮大聖人は、「現実的《げんじつてき》な理想主義者《りそうしゅぎしゃ》」です。その思想《しそう》は、近代《きんだい》合理主義《ごうりしゅぎ》を乗《の》り越えるポスト・モダン（脱現代《だつげんだい》）です。いや、それ以上《いじょう》に「永遠《えいえん》」の真理《しんり》です。

「日蓮仏法《にちれんぶっぽう》」の特質《とくしつ》

池田　博士《はくし》は、日蓮仏法の、どのような点に、特《とく》に注目《ちゅうもく》されていますか。

チャンドラ　何点《なんてん》かあります。

まず第一は、「普遍的《ふへんてき》な生命の尊厳《そんげん》」を説《と》くことです。

〝一切衆生《いっさいしゅじょう》が悟《さと》りを得ることができる〟という主張《しゅちょう》が素晴《すば》らしい。すべての生命は神聖《しんせい》であり、本来的《ほんらいてき》に悟りの可能性《かのうせい》を具《そな》えているとする。すべての生命は、原罪《げんざい》などの悪《あく》ではなく、最高の善《ぜん》、尊厳性《そんげんせい》を具《そな》えているのです。

池田　それこそ、まさに法華経の教えの真髄《しんずい》です。

チャンドラ　第二点として、その法華経の教えを信じることを明示《めいじ》したことです。大聖人は、「究極《きゅうきょく》の法」が法華経に秘《ひ》められていると簡潔《かんけつ》に教えました。

さまざまな法理《ほうり》に関心《かんしん》ある人は、竜樹《りゅうじゅ》・世《せ》親《しん》・天台《てんだい》・伝教《でんぎょう》らの著作《ちょさく》を参考《さんこう》にすればいいのです。

そして第三点、ここからが、日蓮大聖人の独創《どくそう》です。法華経を信じ、「南無妙法蓮華経と唱《とな》える」ことによって仏界《ぶっかい》を涌現《ゆげん》できると明《あ》かしたことです。

第四には、「御本尊」を図顕《ずけん》し、法華経の法理《ほうり》を一幅《いっぷく》★9の曼荼羅《まんだら》に納《おさ》めたことです。

そして最後に、「戒壇《かいだん》」★10に象徴的《しょうちょうてき》な意味を与《あた》えたことです。すなわち、戒壇建立《かいだんこんりゅう》を訴《うった》えて、社《しゃ》会的《かいてき》な責任《せきにん》を強調《きょうちょう》したことです。

このように、大聖人が、普遍的価値《ふへんてきかち》、生命の清浄《せいじょう》な尊厳性《そんげんせい》、具体的《ぐたいてき》で簡明《かんめい》な実践《じっせん》を説《と》き示《しめ》したことは、人類史上《じんるいしじょう》、革命的《かくめいてき》なことです。

池田　大聖人独自《どくじ》の法門《ほうもん》についての実《じっ》に貴重《きちょう》なご見解《けんかい》です。

チャンドラ　社会的責任《しゃかいてきせきにん》の重視《じゅうし》とは、理《り》想社会《そうしゃかい》をこの世界に実現《じつげん》しようとすることです。日蓮仏法は、個々人《こ こ じん》の救済《きゅうさい》のみならず、社会の変革《へんかく》を説《と》いています。人々が住む国土《こくど》に仏界《ぶっかい》を顕現《けんげん》することを目指《めざ》しています。

池田　それこそ★11「立正安国《りっしょうあんこく》」です。「世界平和」です。博士《はくし》のご指摘《してき》の通り、立正安国は、一念《いちねん》三千《さんぜん》の法門《ほうもん》の国土・社会的次元《しゃかいてきじげん》での実現《じつげん》といえるでしょう。

人々の幸福を実現するために、皆《みな》が住む社会を変革《へんかく》していく――その行動《こうどう》・実践も当然《とうぜん》、「事《じ》の仏法」に含《ふく》まれます。

チャンドラ　ええ。日蓮大聖人は、天台《てんだい》・伝教《でんぎょう》の「理《り》の仏法」と、自《みずか》らの「事《じ》の仏法」を対比《たいひ》しつつ、〝行動《こうどう》することがこの経《きょう》を生きることになる〟と主張《しゅちょう》しました。「色読《しきどく》」「身読《しんどく》」です。

池田　その色読《しきどく》・身読《しんどく》とは、経文《きょうもん》にある通り、大難《だいなん》をも恐《おそ》れず、悪世《あくせ》に妙法を弘通《ぐつう》することでした。

日蓮大聖人は、「天台《てんだい》・伝教等《でんぎょうとう》の御時《おんとき》には理《り》なり今は事《じ》なり観念《かんねん》すでに勝《まさ》る故《ゆえ》に大難又色《だいなんまたいろ》まさる、彼は迹門《しゃくもん》の一念三千《いちねんさんぜん》・此《こ》れは本門《ほんもん》の一念三千なり天地《てんち》はるかに殊《こと》なりことなり」（御書九九八ページ）と述《の》べられています。

これは、仏法の真髄《しんずい》をより深く、御自身《ごじしん》の生命のうえにとらえている自負《じふ》を表明《ひょうめい》した言葉《ことば》といえるでしょう。

苦悩する人々の真っただ中に率先して入り、偉大な創価の道を開拓した牧口初代会長（写真正面右。「大善生活実験証明座談会」で。1942年）

その誇《ほこ》りと責任感《せきにんかん》が、前代未聞《ぜんだいみもん》の大難を忍《しの》んで弘通《ぐずう》される原動力《げんどうりょく》となったことが拝察《はいさつ》できます。

チャンドラ　前回確認《かくにん》したように、大聖人は、宇宙《うちゅう》のすべてが相互《そうご》にかかわりあっていることを示《しめ》す「一念三千《いちねんさんぜん》」の思想《しそう》のうち、仏界《ぶっかい》と九界《きゅうかい》が相互に包摂《ほうせつ》しあっているという「十界《じっかい》互具《ごぐ》」を強調《きょうちょう》しました。

理想《りそう》と現実《げんじつ》の間《あいだ》に立ちはだかる壁《かべ》を打《う》ち破《やぶ》り、理想を実現《じつげん》していけるのだ、と訴《うった》えたのです。

大聖人は両手《もろて》を広げて、私たちに訴えています。

人間性を踏《ふ》みにじるような逆境《ぎゃっきょう》にあってこそ、人間は身に秘《ひ》められた超越的《ちょうえつてき》な境地《きょうち》を開き顕《あらわ》せる。生きよ、啓発《けいはつ》しあえ、創造《そうぞう》せよ、一人《ひとり》ひとりの内《うち》に眠《ねむ》る力を目覚《めざ》めさせよ、そして、さまざまな彩《いろど》りの光で世界を照らせ——と。

日蓮大聖人の精神《せいしん》と魂《たましい》を、生き生きと継承《けいしょう》される池田先生は、大聖人の火のような情熱《じょうねつ》と、文明《ぶんめい》を変革《へんかく》しようとする意志《いし》を蘇《よみがえ》らせています。

池田　ありがたいお言葉《ことば》です。創価学会初代会長《しょだいかいちょう》の牧口先生は、日蓮大聖人の御生涯《ごしょうがい》に学《まな》び、御自身《ごじしん》も、法華経の「学者《がくしゃ》」や「信者《しんじゃ》」ではなく「行者《ぎょうじゃ》」であることを目指《めざ》しました。法華経の本質《ほんしつ》がその実践《じっせん》にあることをつかみ取っていたからだと確信《かくしん》します。

第二代戸田先生も民衆《みんしゅう》の真《ま》っただ中《なか》で、民衆とともに法華経を徹《てっ》して実践し、現実《げんじつ》に多くの苦悩《くのう》を解決《かいけつ》されました。

私は、ただ、この初代と二代の心を継《つ》いで、日本を、そして世界を駆《か》け巡《めぐ》ってまいりました。すべての人々が平和《へいわ》で豊《ゆた》かに生活《せいかつ》できる世界を願って——。

宝塔《ほうとう》と南無妙法蓮華経

チャンドラ　日蓮大聖人は、法華経の真髄《しんずい》を「南無妙法蓮華経」の一言《ひとこと》に要約《ようやく》して説《と》き顕《あらわ》しました。

すでに見たように、大聖人以前には、★12慧文《えもん》、慧思《えし》、天台《てんだい》、伝教《でんぎょう》らは、法華経の教説《きょうせつ》を、哲学《てつがく》的《てき》な理念《りねん》、観想《かんそう》の実践《じっせん》、献身的《けんしんてき》な祈《いの》りとして展開《てんかい》しています。

「南無妙法蓮華経」には多くの意義《いぎ》が含《ふく》まれているでしょうが、最も短く説明《せつめい》すればどうなりますか。

池田　これは、難問中《なんもんちゅう》の難問です（笑い）。

「南無妙法蓮華経」は、単なる経典《きょうてん》の題名《だいめい》であるのではなく、天台《てんだい》が『法華玄義《ほっけげんぎ》』で[★13]「名体宗《みょうたいしゅう》用教《ゆうきょう》の五重玄《ごじゅうげん》」として述《の》べているように、仏教の智慧《ちえ》・法理《ほうり》のすべてが納《おさ》まっています。

また、法華経が指《さ》し示《しめ》す「究極《きゅうきょく》の仏」は、すでに見たように、万人《ばんにん》の生命に具《そな》わっている尊《そん》厳性《げんせい》です。

生命に具わる仏の境涯《きょうがい》を[★14]「無作《むさ》の三身《さんじん》」といい、「御義口伝《おんぎくでん》」では、その名が「南無妙法蓮華経」であると明《あ》かされています。

チャンドラ　明快《めいかい》なお答えです。宇宙《うちゅう》の万物《ばんぶつ》に具《そな》わる尊厳《そんげん》な本性《ほんしょう》そのものをいうのですね。

それを表現《ひょうげん》したのが、曼荼羅《まんだら》の「御本尊」ですね。

池田　そうです。

日蓮大聖人は、御自身《ごじしん》の生命に具《そな》わっている尊厳《そんげん》なる仏界《ぶっかい》の生命を、法華経の[★15]「虚空会《こくうえ》の儀式《しき》」を用《もち》いて顕《あらわ》され、人々が修行《しゅぎょう》するための本尊としました。

「虚空会」は、釈迦《しゃか》・多宝《たほう》の二仏《にぶつ》が並坐《びょうざ》する宝塔《ほうとう》を中心《ちゅうしん》とした儀式《ぎしき》として説《と》かれます。

チャンドラ　虚空会《こくうえ》の始まりは★16宝塔《ほうとう》の出現《しゅつげん》ですね。

妙法蓮華経では第十一章です。それまでの十章で説《と》かれた前代未聞《ぜんだいみもん》の深遠《しんえん》な真理《しんり》の法門《ほうもん》を正しいと証明《しょうめい》するために、★17多宝如来《たほうにょらい》が宝塔に乗って出現《しゅつげん》します。多宝如来は過去世《かこせ》に、法華経が説かれるところに必《かなら》ず出現し讃歎《さんたん》すると誓《ちか》っていました。その誓いを果《は》たしたのです。

多宝如来は★18宝浄世界《ほうじょうせかい》というかなたの国土《こくど》に住むとされます。そして無限《むげん》の過去《かこ》に成仏《じょうぶつ》した仏です。

一枚《いちまい》の絵画《かいが》でも、幾世紀《いくせいき》という時間を経《へ》た後に、風格《ふうかく》が加《くわ》わり、重厚《じゅうこう》さが増します。同様《どうよう》に、多宝如来の登場《とうじょう》は、法華経の深遠さをさらに奥深《おくぶか》いものにしています。

池田　多宝如来《たほうにょらい》は、法華経に開示《かいじ》された法が、時間的には永遠《えいえん》であることを示《しめ》すものとされます。これに対して、虚空会《こくうえ》に集《つど》った十方諸仏《じっぽうしょぶつ》は、法の空間的《くうかんてき》な普遍性《ふへんせい》を象徴《しょうちょう》するものです。

虚空会は、妙法が時空《じくう》を超《こ》えて永遠普遍《えいえんふへん》であることを示《しめ》しているのです。

永遠《えいえん》の真理《しんり》と無限《むげん》の福徳《ふくとく》

チャンドラ　多宝如来《たほうにょらい》の出現《しゅつげん》は、永遠《えいえん》の真理《しんり》が現実《げんじつ》となることを表現《ひょうげん》しているのです。

多宝如来は他の経典《きようてん》には登場《とうじよう》しないようです。また、釈迦《しやか》・多宝という二人《ふたり》の如来《によらい》が対等《たいとう》に並《なら》んでいるのも画期的《かっきてき》です。

池田　これが「二仏並坐《にぶつびようざ》」の儀式《ぎしき》です。

チャンドラ　これは法華経の独創《どくそう》です。それゆえ、この宝塔《ほうとう》を中心《ちゅうしん》に行われる虚空会《こくうえ》こそ、法華経の独自《どくじ》の法門《ほうもん》を示《しめ》すものといえるでしょう。現在《げんざい》の仏である釈迦《しやか》と、無限《むげん》の過去《かこ》の仏である多宝《たほう》が、まったく等《ひと》しいのです。

永遠《えいえん》の真理《しんり》と無限《むげん》の福徳《ふくとく》が、今、個々の一個《いっこ》の生命に顕《あらわ》れるということです。まさに即身成《そくしんじよう》仏《ぶつ》の原理《げんり》が示されているのです。

日蓮大聖人は、法華経を目《め》で読んだだけではなく、体験《たいけん》し、実行《じっこう》しました。題目の五字《じ》は実《じっ》に成仏《じようぶつ》への直道《じきどう》であると、身《み》でもって証明《しょうめい》したのです。

多宝如来《たほうにょらい》の塔《とう》は、法華経のなかの個々《ここ》の教義《きようぎ》を指《さ》し示《しめ》すというよりも、むしろ、この経の教え全体《ぜんたい》、精神《せいしん》が卓越《たくえつ》したものであることを強調《きようちよう》するものです。ゆえに、宝塔とは題目であり、経そのものなのです。

池田　卓見《たつけん》です。日蓮大聖人は、虚空会《こくうえ》の宝塔《ほうとう》という表象《ひようしよう》（シンボル）が指《さ》し示す意義《いぎ》について、「妙法蓮華経より外《ほか》に宝塔なきなり、法華経の題目・宝塔なり宝塔又《また》南無妙法蓮華経なり」（御書一三〇四ジペー）と教《おし》えられています。

そして、「末法《まっぽう》に入《はい》って法華経を持《たも》つ男女《なんにょ》の・すがたより外《ほか》には宝塔なきなり、若《も》し然《しか》れば貴《き》賤上下《せんじょうげ》をえらばず南無妙法蓮華経と・となうるものは我《わ》が身《み》宝塔《ほうとう》にして我が身《み》又《また》多宝如来《ほうにょらい》なり」（同ページ）と述《の》べられています。

宝塔とは、南無妙法蓮華経であり、それはほかでもない、私たちの生命に具《そな》わる根源《こんげん》の法なのです。

チャンドラ　その通りです。題目を唱《とな》え実践《じっせん》するすべての信仰者《しんこうしゃ》が、さながら生きている宝塔《ほうとう》です。実践《じっせん》によって信仰者《しんこうしゃ》は塔となり、その心は法の宝《たから》となるのです。

「七宝《しっぽう》」とは豊《ゆた》かな人間性《にんげんせい》の輝《かがや》き

池田　博士《はくし》は、日蓮仏法の証明者《しょうめいしゃ》です。実《じつ》に二十一世紀《せいき》の多《た》宝如来《ほうにょらい》のようです。

チャンドラ　恐縮《きょうしゅく》です（笑い）。私は理論《りろん》で証明《しょうめい》しますが、池田先生は、さらに行動《こうどう》でも証明されています。

池田　博学《はくがく》を駆使《くし》されての見事《みごと》な理論的証明《りろんてきしょうめい》には、ただただ感銘《かんめい》するばかりです。

チャンドラ　「宝」というのは、清《きよ》らかに輝《かがや》きを放《はな》つ無限《むげん》の創造力《そうぞうりょく》を意味しています。仏教は初期《しょき》から、「宝」とは悟《さと》りを体現《たいげん》する三つのものを象徴《しょうちょう》してきました。すなわち、仏《ほとけ》と法《ほう》と僧《そう》の三宝《さんぽう》です。

仏とは、悟《さと》った人です。法とは、悟られた真理《しんり》です。僧とは、元来《がんらい》、悟りを目指《めざ》し、悟りの道《みち》へと入《はい》った人々の共同体《きょうどうたい》です。

これらの宝も、胸中《きょうちゅう》の蓮華以外《いがい》に見いだすことはできません。

池田　そうです。宝塔《ほうとう》を飾《かざ》る宝とは、妙法の実践《じっせん》によって磨《みが》かれた心が放《はな》つ、人間性の豊《ゆた》かな輝《かがや》きです。

日蓮大聖人は、宝塔を飾る七宝とは「聞《もん》・信《しん》・戒《かい》・定《じょう》・進《しん》・捨《しゃ》・慚《ざん》」という七つの徳目《とくもく》である（御書一三〇四ページ）と解説《かいせつ》しています。

「聞」とは、正しい教えに耳を傾《かたむ》けること。

「信」とは、その教えを信じ受け止《と》めること。

「戒」とは、教えに基《もと》づき身を律《りつ》すること。

「定」とは、ゆるぎない心を確立《かくりつ》すること。

「進」とは、精進《しょうじん》で、たゆまず、またわき目もふらず努力《どりょく》すること。

「捨」とは、種々《しゅじゅ》の執着《しゅうちゃく》を捨《す》てるとともに、人々に正しい教えを惜《お》しみなく与《あた》えること。

「慚」とは、反省《はんせい》し向上《こうじょう》を求《もと》めることです。

また、宝塔の四面《しめん》から吹《ふ》き出《だ》す薫風《くんぷう》は、「生老病死《しょうろうびょうし》」を現《げん》ずる生命が発《はっ》する[★19]“常楽我浄《じょうらくがじょう》の四徳《しとく》波羅蜜《はらみつ》〟の福徳《ふくとく》の薫《かお》りである（御書七四〇ジペー）と説かれています。「常楽我浄」の四徳波羅蜜とは、永遠《えいえん》に崩《くず》れぬ清らかな幸福境涯《こうふくきょうがい》を断固《だんこ》として完成《かんせい》させていくことです。

南無妙法蓮華経とは、生命の尊厳性《そんげんせい》であり、それが開花《かいか》すれば、豊饒《ほうじょう》にして確固《かっこ》たる人格的《じんかくてき》価値《かち》として現《あらわ》れるのです。

チャンドラ　宝塔《ほうとう》への信仰《しんこう》の実践《じっせん》によって、すべての人々が生命の最高の法を見いだし、自身《じしん》を輝《かがや》かせることができる——私たちはこのような深い次元《じげん》において、自《みずか》らの人生《じんせい》を豊かにしていくべきでしょう。

池田先生、あなたは、私たちの内なる活力《かつりょく》を呼《よ》び起《お》こし、法華経と生命の共鳴《きょうめい》へと導《みちび》いてくださっています。

池田　恐縮《きょうしゅく》です。さて、先ほど、少し触《ふ》れた日蓮という御名《おんな》について、もう少《すこ》し語《かた》り合いましょう。博士《はくし》は、日本での講演《こうえん》で、法華経の題目にも含《ふく》まれる「蓮華《れんげ》」について論《ろん》じられました。

私も、『法華経の智慧《ちえ》——二十一世紀の宗教《しゅうきょう》を語る』で、涌出品《ゆじゅっぽん》を論じる際《さい》に、「蓮華の文化《ぶんか》史《し》」について語り合いました。

太陽や月、そして蓮華は、古代《こだい》インドでは、さまざまな重要《じゅうよう》な哲学的概念《てつがくてきがいねん》を表《あらわ》していましたね。

チャンドラ　そうです。天空《てんくう》の太陽と月は、人間にとって驚《おどろ》くべき自然《しぜん》の力を宿《やど》しています。それは、私たちを魅了《みりよう》する雄大《ゆうだい》な詩《し》を奏《かな》でながら迫《せま》ってきます。

太陽は、その特性《とくせい》の豊かさから、古来《こらい》、スーリヤ★20をはじめ種々《しゆじゆ》の神々《かみがみ》として崇拝《すうはい》されました。黄金《おうごん》に輝《かがや》く太陽は、神《かみ》や人、あらゆる生命に活気《かつき》を与《あた》えるものであり、「サヴィトリ」すなわち〝鼓舞《こぶ》するもの〟とも呼《よ》ばれました。また太陽は、早朝《そうちよう》に現《あらわ》れ、闇《やみ》を消《け》し去《さ》ります。

池田　法華経では、悪世《あくせ》に弘通《ぐつう》し、人々を励《はげ》ます地涌《じゆ》の菩薩《ぼさつ》のはたらきを日月《にちがつ》の光に譬《たと》えています。

「日月《にちがつ》の光明《こうみよう》の　能《よ》く諸《もろもろ》の幽冥《ゆみよう》を除《のぞ》くが如《ごと》く　斯《こ》の人世間《ひとせけん》に行《ぎよう》じて　能《よ》く衆生《しゆじよう》の闇《やみ》を滅《めつ》す」（法華経五八四㌻）とあります。

日蓮大聖人は、この経文《きようもん》に基《もと》づいて、御自身《ごじしん》が上行菩薩★21《じようぎようぼさつ》の再誕《さいたん》であることを明かされ、末法《まつぽう》の御本仏《ごほんぶつ》であることを示唆《しさ》されています。

チャンドラ　インドの王族《おうぞく》は、しばしば太陽や月の末裔《まつえい》であると称《しよう》します。王家出身《おうけしゆつしん》の釈尊《しやくそん》も、太陽の末裔《まつえい》であると経典《きようてん》に記《しる》されています。

池田　漢訳経典《かんやくきようてん》では、「日種《につしゆ》」、日《ひ》を種姓《しゆしよう》とすると表現《ひようげん》されていますね。

チャンドラ　太陽と蓮華《れんげ》は、しばしば結《むす》びつけて表現《ひようげん》されます。ウパニシャッド文献《ぶんけん》では、太陽を「天空《てんくう》の蓮華」と呼《よ》んでいます。太陽神《たいようしん》は、しばしば蓮華に座《ざ》しているとされます。

池田　「黄金《おうごん》の蓮華《れんげ》」や、宇宙《うちゅう》の根源《こんげん》として『リグ・ヴェーダ』にも登場《とうじょう》する「黄金の母胎《ぼたい》（胎児《たいじ》）」（ヒラニヤ・ガルバ）は、太陽と蓮華の概念《がいねん》が重《かさ》なりあった象徴《しょうちょう》として、インドの諸哲学《しょてつがく》でも重要《じゅうよう》な思想《しそう》を示《しめ》すものとなっていますね。

チャンドラ　サンスクリットの「ガルバ」という語には、母胎《ぼたい》とそのなかにいる胎児《たいじ》という意味があります。また蓮華《れんげ》の花托《かたく》も、蓮《はす》の種子《しゅし》を孕《はら》んでいるのでガルバと呼《よ》ばれます。

ヒラニヤ・ガルバは「アートマ・ダー」、〝生命を与《あた》えるもの〟とされ（『リグ・ヴェーダ』）、万《ばん》物《ぶつ》の根源《こんげん》でした。

釈尊《しゃくそん》は、万物の根源に立脚《りっきゃく》しているので、仏教の経典《きょうてん》では、宇宙的《うちゅうてき》な蓮華の基盤《きばん》の上にいるとして描《えが》かれることがあります。

その蓮華の茎《くき》は、世界の深部《しんぶ》に根《ね》を下《お》ろし、世界の中心軸《ちゅうしんじく》になっているのです。

池田　仏教の諸経典《しょきょうてん》で、仏の智慧《ちえ》と慈悲《じひ》が黄金《おうごん》の光を発し、そこに車輪《しゃりん》の大きさの黄金の蓮華《れんげ》が生《しょう》じて、そのなかから仏・菩薩《ぼさつ》が生じるという説《せつ》が、しばしば説《と》かれていますね。

★[22]『根本説一切有部毘奈耶雑事《こんぽんせついっさいうぶびなやぞうじ》』では、この蓮華が「妙蓮華」と呼《よ》ばれ、仏が示《しめ》す究極《きゅうきょく》の神変《しんぺん》（神《じん》通力《つうりき》を示すこと）であると説かれています。

チャンドラ　「白蓮華《びゃくれんげ》のごとき慈悲《じひ》」という題名《だいめい》の経典《きょうてん》があります。漢訳《かんやく》では★[23]「悲華経《ひけきょう》」等と呼《よ》ばれています。この経典《きょうてん》では、苦悩《くのう》と悪が渦巻《うずま》くこの娑婆世界《しゃばせかい》に出現《しゅつげん》して悟《さと》りを得《え》、一切衆生《いっさいしゅじょう》の救済《きゅうさい》に献身《けんしん》した釈尊《しゃくそん》の最高の慈悲《じひ》が強調《きょうちょう》して説かれています。

釈尊は、他の諸仏《しょぶつ》のように浄土《じょうど》を選《えら》ぶことなく、あえて、この穢土★24《えど》を選《えら》んだのです。そこに慈悲が勝《まさ》っていることが示されています。

それゆえ、釈尊は、蓮華《れんげ》のなかでも最高の白《びゃく》蓮華に譬《たと》えられ、他の仏は他の花に譬えられるのです。

白蓮華つまりプンダリーカは、最高の価値《かち》の象徴《しょうちょう》であり、他の人々のために尽《つ》くそうとする尊極《そんごく》の慈悲の象徴であり、あらゆるものに内在《ないざい》する悟りを呼び覚《さ》ますものの象徴なのです。ご存知《ぞんじ》のように、妙法蓮華経★25の蓮華もまた、プンダリーカ、白蓮華です。妙法蓮華は、釈尊《しゃくそん》滅後《めつご》のための教えです。落《お》ち葉《ば》の後に訪《おとず》れる「春」をもたらすものです。そして、人々の生命に具《そな》わる「種子《しゅし》」を目覚めさせ、見事な花を咲《さ》かせるのです。

蓮華《れんげ》が示《しめ》す理想《りそう》・尊厳《そんげん》・向上《こうじょう》

池田　蓮華《れんげ》のもつ意義については、世親《せしん》の『法華論《ほっけろん》』やそれを受けて、天台大師《てんだいだいし》の『法華玄義《ほっけげんぎ》』等で詳《くわ》しく展開《てんかい》されております。

そのなかでも、日蓮仏法では「淤泥不染《おでいふぜん》の徳《とく》」「因果同時《いんがどうじ》の徳」「種子不失《しゅしふしつ》の徳」（『富士宗学要集』第三巻）に特に注目《ちゅうもく》します。

「淤泥不染《おでいふぜん》の徳《とく》」とは、地涌《じゆ》の菩薩《ぼさつ》が苦悩《くのう》渦巻《うずま》く現実世界《げんじつせかい》で、清《きよ》らかな心と実践《じっせん》をたもち、人々を教え導《みちび》く徳性《とくせい》を意味します。

「因果同時《いんがどうじ》の徳《とく》」とは、今、どのような境涯《きょうがい》を現《あらわ》していても、すべての人々の生命には、本然《ほんねん》的《てき》に清浄《せいじょう》な〝仏の生命〟が具《そな》わっているという徳性を意味します。

「種子不失《しゅしふしつ》の徳《とく》」とは、生命に本然的に具わる清浄な〝仏の生命〟は、どのような時にも損《そこ》なわれることなく、縁《えん》にふれれば、必ず発現《はつげん》するという徳性を意味します。


チャンドラ　素晴《すば》らしい着眼《ちゃくがん》です。

第一の「淤泥不染《おでいふぜん》の徳《とく》」は、菩薩《ぼさつ》の理想《りそう》を社会に実現《じつげん》するものです。価値創造《かちそうぞう》の行動《こうどう》です。

第二の「因果同時《いんがどうじ》の徳《とく》」は、生命の尊厳《そんげん》、人間の尊厳の宣言《せんげん》です。人々を崇高《すうこう》な境地《きょうち》へ至《いた》らせるための希望のメッセージです。一人ひとりが自分自身《じぶんじしん》に目覚《めざ》め、立ち上がり、悟《さと》り、自身の未来《みらい》を自由《じゆう》に決定《けってい》していける主体者《しゅたいしゃ》になるべきであるし、また、なれるということです。

第三の「種子不失《しゅしふしつ》の徳《とく》」は、無限《むげん》の向上《こうじょう》への促《うなが》しです。なにがあっても、どのような状況《じょうきょう》であっても、悟《さと》りに向《む》かって、幸福に向かって、挑戦《ちょうせん》する資格《しかく》があるということです。

池田　見事な分析《ぶんせき》と展開《てんかい》です。蓮華の経たる法華経は、まさに「永遠《えいえん》の希望の経典《きょうてん》」「励《はげ》ましの経典」です。

チャンドラ　このような蓮華《れんげ》の譬《たと》えで示《しめ》された事柄《ことがら》は、現代文明《げんだいぶんめい》の隘路《あいろ》にあって、人間が進《すす》むべき方向《ほうこう》を指《さ》し示していきます。

池田先生、あなたは、智慧《ちえ》と慈悲《じひ》と行動への道を示されています。あなたは、深い洞察力《どうさつりょく》と豊かな創造力《そうぞうりょく》で、宇宙《うちゅう》と人間が調和《ちょうわ》し発展《はってん》する新しい時代へと、人類《じんるい》を導《みちび》いてくださっています。

宝塔品《ほうとうほん》の最後にはこうあります。

「恐ろしい世《よ》にあっても、一瞬《いっしゅん》でも法華経を説けば、その人は一切《いっさい》の天《てん》や人に尊崇《そんすう》されるだろう」

〈「恐畏《くい》の世に於《お》いて　能《よ》く須臾《しゅゆ》も説かんは　一切の天人《てんにん》　皆応《みなまさ》に供養《くよう》すべし」（法華経四一九ジペー）〉

あなたの声は、心の底《そこ》に秘《ひ》し沈《しず》められていた考えや、見失《みうしな》われていた価値《かち》を蘇《よみがえ》らせています。あなたの未来への展望《てんぼう》と詩心《しごころ》から、生命の基《もと》となる自然の糧《かて》を得て、人類《じんるい》の願望《がんぼう》を表現《ひょうげん》する新《あら》たな言葉《ことば》が生まれ出《で》てきます。

苦悩《くのう》の深みから崇高《すうこう》な精神《せいしん》の蓮華《れんげ》は開花《かいか》するのです。

注

1 伝教　（七六七年～八二二年）。日本天台宗の開祖。最澄《さいちょう》。『法華秀句《ほっけしゅうく》』『顕戒論《けんかいろん》』などを著《あらわ》した。

2 自解仏乗　「自《みずか》ら仏乗《ぶつじょう》を解《げ》す」と読む。自ら仏の境智《きょうち》を悟《さと》ること。

3 不軽菩薩　常不軽菩薩《じょうふきょう》のこと。威音王仏《いおんのうぶつ》の滅後《めつご》、像法《ぞうほう》時代の末《まつ》に出現《しゅつげん》し、一切衆生《いっさいしゅじょう》に仏性《ぶっしょう》があるとして衆生を礼拝《らいはい》する修行《しゅぎょう》を実践《じっせん》した。

4 浄土　菩薩《ぼさつ》が修行《しゅぎょう》を経て、仏になる時に完成する国土。諸大乗 経《しょだいじょうきょう》で阿弥陀仏《あみだぶつ》の西方極楽浄土《さいほうごくらくじょうど》、阿閦仏《あしゅくぶつ》の東方妙喜《とうほうみょうき》世界など、現実世界から離れた国土として説かれた。

5 閻浮提　古代インドにおける世界観で、世界の中心に位置する須弥山《しゅみせん》の南にある州。四大州の一つ。

6 牧口先生も指摘　牧口初代会長は郷土研究の重要性《じゅうようせい》を指摘《してき》し、『人生地理学』には、次のように記《しる》されている。「誰《だれ》か云《い》ふ郷土の観察《かんさつ》を卑近《ひきん》にして浅薄《せんぱく》なりと。故《ゆえ》に吾人《ごじん》は重ねて云《い》ふ。人間が他日《たじつ》大社会に出《い》てゝ、開かるべき智徳《ちとく》の大要は実に此《この》小世界に網羅《もうら》し尽《つく》せり。若《も》し能《よ》く精細《せいさい》に周囲《しゅうい》の事物を観察せんか、他日世界を了解《りょうげ》すべき原理は茲《ここ》に確定《かくてい》せらるべし」

7 熱原の法難　弘安《こうあん》元年（一二七八年）から約三年間にわたって、駿河国《するがのくに》富士郡の熱原郷《あつはらごう》で、日蓮大聖人の信徒《しんと》が受けた法難《ほうなん》のこと。

8 事の仏法　事《じ》とは理《り》に対する語。理は法理、法則であるが、事とは、その法理の実現・証明をいう。天台《てんだい》の法門《ほうもん》の法体《ほったい》は一念三千《いちねんさんぜん》の法門という「理」であるが、大聖人の法門においては、一念三千の法理を南無妙法蓮華経の御本尊として具体的に顕《あらわ》されたので「事の仏法」となる。

9 **曼荼羅**　梵語《ぼんご》「マンダラ」の音写《おんしゃ》。道場《どうじょう》、壇《だん》、功徳聚《くどくじゅ》、輪円具足《りんえんぐそく》などと訳される。

10 **戒壇**　授戒《じゅかい》の儀式《ぎしき》を行う場所。仏法に帰依《きえ》する者は、定められた戒律《かいりつ》を受持《じゅじ》することをこの儀式で誓う。

11 **立正安国**　「正《しょう》を立て国を安《やす》んずる」と読む。正法を根底にすることによって国(社会)の平和・繁栄を樹立《じゅりつ》すること。

12 **慧文**　中国南北朝時代の北斉《ほくせい》の僧。南岳大師慧思《なんがくだいしえし》の師。

13 **名体宗用教の五重玄**　天台大師は法華玄義《ほっけげんぎ》に釈名《しゃくみょう》・弁体《べんたい》・明宗《みょうしゅう》・論用《ろんゆう》・判教《はんきょう》(名《みょう》・体《たい》・宗《しゅう》・用《ゆう》・教《きょう》)の五つの面から妙法蓮華経を釈《しゃく》した。釈名とは経題《きょうだい》を解釈し名を明《あ》かすこと。弁体とは一《いっ》経《きょう》の法理を極《きわ》めること。明宗とは一経の宗要《しゅうよう》を明かすこと。論用とは一経の功徳・力用《りきゆう》を論ずること。判教とは一経の教相《きょうそう》を判釈《はんしゃく》すること。

14 **無作の三身**　無作《むさ》はありのままの意。三身《さんじん》は仏の理体《りたい》(法身《ほっしん》)・智慧《ちえ》(報身《ほうしん》)・肉体(応身《おうじん》)の意。この三身の徳を一身に具《そな》えた最も根源的な仏を久遠元初《くおんがんじょ》の本仏《ほんぶつ》という。

15 **虚空会の儀式**　法華経説法《せっぽう》の会座《えざ》の一つ。法華経見宝塔品《けんほうとうほん》第十一から嘱累品《ぞくるいほん》第二十二までの説法は、空中で行われたので虚空会《こくうえ》の儀式《ぎしき》という。

16 **宝塔の出現**　法華経見宝塔品《けんほうとうほん》第十一で多宝塔《たほうとう》が大地から涌現《ゆげん》したと説かれている。

17 **多宝如来**　過去東方《とうほう》世界の宝浄《ほうじょう》国の仏。法華経説法《せっぽう》の場に出現し、法華経が真実《しんじつ》であることを証明《しょうめい》する仏とされている。

18 **宝浄世界**　東方にある多宝仏《たほうぶつ》の本国。東方宝浄世界という。

19 **常楽我浄の四徳波羅蜜**　略《りゃく》して四徳《しとく》ともいう。菩薩《ぼさつ》が悟《さと》りを得《え》るために修《しゅう》する行《ぎょう》を波羅蜜《はらみつ》という。常《じょう》波羅蜜とは、仏・衆生に具《そな》わる仏性《ぶっしょう》が不変不改《ふへんふかい》、恒常《こうじょう》であること。楽《らく》波羅蜜とは、苦しみがなく安らかであること。我《が》波羅蜜とは、自在《じざい》で他に束縛《そくばく》されないこと。浄《じょう》波羅蜜とは、煩悩《ぼんのう》の汚《けが》れがないこと。

20　スーリヤ　古代インドの『リグ・ヴェーダ』に説かれる太陽神。

21　上行菩薩　法華経従地涌出品《じゅうちゆじゅっぽん》第十五で、大地から涌出《ゆじゅつ》した地涌《じゆ》の菩薩《ぼさつ》の上首《じょうしゅ》（リーダー）。

22　根本説一切有部毘奈耶雑事　四十巻。唐《とう》の義浄《ぎじょう》の訳《やく》。「律《りつ》」について、判定《はんてい》された背景《はいけい》などが説明されている。毘奈耶《びなや》は「律」のこと。

23　悲華経　十巻。曇無讖《どんむしん》の訳。悲華《ひけ》とは、慈悲《じひ》の白蓮華《びゃくれんげ》という意味で、娑婆《しゃば》世界の衆生《しゅじょう》に対する釈尊《しゃくそん》の慈悲を諸花《しょか》のうち最も優《すぐ》れた白蓮華に譬《たと》えたもの。

24　穢土　汚《けが》れた国土《こくど》のこと。浄土《じょうど》に対する語で、凡夫《ぼんぷ》の住む娑婆《しゃば》世界《せかい》のことを指《さ》す。

25　妙法蓮華経の蓮華　白蓮華《びゃくれんげ》のこと。妙法蓮華経は梵語《ぼんご》でサッダルマ・プンダリーカ・スートラという。プンダリーカは白蓮華のこと。

第十四章　文明間対話に向けて

牧口《まきぐち》学説《がくせつ》とデューイ思想《しそう》の共通性《きょうつうせい》

チャンドラ　池田先生の論文《ろんぶん》「ジョン・デューイと牧口常三郎《まきぐちつねさぶろう》――共鳴《きょうめい》する思想《しそう》と行動《こうどう》」を拝《はい》見《けん》させていただきました。

池田　博士《はくし》の目にとまって光栄《こうえい》です。

チャンドラ　池田先生は、牧口先生の示《しめ》した偉大《いだい》な理念《りねん》を、分かりやすく、人の心に訴《うった》える表《ひょう》現《げん》にして紹介《しょうかい》し、その普及《ふきゅう》に人生を捧《ささ》げておられます。これによって、牧口先生の価値《かち》の概念《がいねん》が時代を超《こ》えて有効《ゆうこう》であり、時代の推移《すいい》のなかにあっても、価値の創造《そうぞう》が永続的《えいぞくてき》に続けられるということが、具体的《ぐたいてき》に実証《じっしょう》されたのです。

池田　この論文《ろんぶん》で、私は牧口先生の価値《かち》の思想《しそう》と、同時代に生きたデューイ博士《はくし》のプラグマティズム[★1]の思想との共通性《きょうつうせい》に光を当《あ》てました。

チャンドラ　牧口先生は、帝国主義《ていこくしゅぎ》的支《てきし》配《はい》によって生命が軽視《けいし》された時代に生きた人です。そのなかで、牧口先生は、教育の質《しつ》を向上《こうじょう》させることによって、開放的《かいほうてき》な文化《ぶんか》、多様《たよう》な意見《いけん》が受《う》け入《い》れられる社会《しゃかい》を実現《じつげん》し、若《わか》い世《せ》代《だい》が革新《かくしん》と持続《じぞく》の人生を生きることができる時代をつくろうと奮闘《ふんとう》されました。

池田　その通《とお》りです。人間の無限《むげん》の可能性《かのうせい》を引《ひ》き出《だ》す、この開放的文化《かいほうてきぶんか》、多様《たよう》な思想《しそう》の尊重《そんちょう》が、今回のテーマですね。

チャンドラ　ええ。牧口先生は、「人間の無限《むげん》の可能性《かのうせい》」を確信《かくしん》されていました。このような立場に立って初《はじ》めて、他者《たしゃ》のさまざまな視点《してん》が見えてくるものです。

この点、デューイ博士《はくし》も、過去《かこ》の事象《じしょう》を学び、受容《じゅよう》するだけの状態《じょうたい》から教育を解放《かいほう》し、学生の興味《きょうみ》に合致《がっち》したものにしようとしました。彼は、学生が「実社会《じっしゃかい》の生活の場にある職業《しょくぎょう》と実際《じっさい》にかかわり、また芸術《げいじゅつ》、歴史《れきし》、科学《かがく》の本質《ほんしつ》に触《ふ》れること」を望《のぞ》んだのです。

池田　一人ひとりの生徒の生活を重《おも》んじたゆえに、牧口先生は「郷土科《きょうどか》」を教育の基盤《きばん》としてきました。

チャンドラ　デューイ博士《はくし》と同じように、牧口先生と池田先生も、「教育とは真理《しんり》を発見《はっけん》し、人生を創造《そうぞう》することであり、それによって人類《じんるい》は革新《かくしん》と持続《じぞく》のなかに『生きる』ことができるのである」と主張《しゅちょう》してこられました。お二人《ふたり》は、人間が「人類意識《じんるいいしき》」を創《つく》りゆくための新《あら》たな出発点《しゅっぱってん》にある現在《げんざい》において「師」となられる方《かた》です。

池田　私のことはともかく、牧口先生もデューイ博士《はくし》も、人類《じんるい》が新たな意識形成《いしきけいせい》を目指《めざ》すための「師」と言《い》い得《う》る人であることは間違《まちが》いありません。

チャンドラ　いや、牧口先生も池田先生も、人生を知ること、すなわち「いかに」（事実的知識《じじつてきちしき》）

だけでなく、「なぜ」(価値観《かちかん》)について理解《りかい》することを、私たちに教えてくれております。

「多様《たよう》な価値《かち》の世界《せかい》」へ

池田 多様《たよう》な「価値《かち》」の創造《そうぞう》こそ、人生の目的《もくてき》であり、また同時に、あらゆる文化の内実《ないじつ》となるべきでしょう。

この対談《たいだん》のはじめに、私たちが共通《きょうつう》の二十一世紀観《せいきかん》として確認《かくにん》したこととは、物質的価値《ぶっしつてきかち》という単一《たんいつ》の「価値観」に支配《しはい》された二十世紀《せいき》の地球文明《ちきゅうぶんめい》が限界《げんかい》に達《たっ》し、諸文明《しょぶんめい》の対話《たいわ》と寛容《かんよう》の精神《せいしん》に基《もと》づく「多様な価値の世界」が求《もと》められている、ということでした。

そのような未来世界《みらいせかい》に向けては、「東洋《とうよう》が西洋《せいよう》の指標《しひょう》を求めた時代」から「西洋が東洋の指標を求める時代」への変化《へんか》が必然《ひつぜん》となる――これが、チャンドラ博士《はくし》の主張《しゅちょう》される二十一世紀像《せいきぞう》でしたね。

チャンドラ そうです。マックス・ウェーバー★2らの西洋《せいよう》の思想家《しそうか》たちは、「西洋」の文明《ぶんめい》・文化が比類《ひるい》なき存在《そんざい》であり、世界にとって重要《じゅうよう》な位置《いち》を占《し》めるものだと主張《しゅちょう》しました。

彼らの使用《しよう》する「文化の多様性《たようせい》」という概念《がいねん》は、非《ひ》ヨーロッパ的なあり方や制度《せいど》を、西洋の発展《はってん》とは逆《ぎゃく》の否定的《ひていてき》なイメージ、遅《おく》れた段階《だんかい》にあるものとして、観念的《かんねんてき》に表現《ひょうげん》したものでした。

「多様性」という概念が認知《にんち》され、尊重《そんちょう》されたわけではなく、「多様性」とは、「唯一《ゆいいつ》、正統的《せいとうてき》で、唯一、科学的《かがくてき》な」発展を遂《と》げたヨーロッパ文明《ぶんめい》の特質《とくしつ》を、はっきり表現するための補助的概念《ほじょてきがいねん》に過《す》ぎなかったのです。

池田　近代物質文明《きんだいぶっしつぶんめい》において普遍《ふへん》の考え方とされたものは、「人類《じんるい》と社会は進歩《しんぽ》し続ける」という歴史観《れきしかん》でした。

そして、その進歩の先頭《せんとう》を行くのが「中心部《ちゅうしんぶ》」たる西洋世界《せいようせかい》であり、非西洋世界《ひせいようせかい》を進歩の後《こう》塵《じん》を拝《はい》した「周辺部《しゅうへんぶ》」とする文明観《ぶんめいかん》ができあがったのです。

近代日本《きんだいにほん》も、明治《めいじ》のスローガン「脱亜入欧《だつあにゅうおう》」以来《いらい》、そうした西洋的歴史観《せいようてきれきしかん》、世界観《せかいかん》を受け入れ、近代物質文明《きんだいぶっしつぶんめい》の先頭《せんとう》に追《お》いつくことを目標《もくひょう》としてきました。自《みずか》らを「アジアの一員《いちいん》」ではなく「準西洋《じゅんせいよう》」と位置《いち》づけてきたのです。近年も、日本人は南《みなみ》アフリカにおいては「名誉白人《めいよはくじん》」という、人道的見地《じんどうてきけんち》からみれば、実《じつ》に不名誉《ふめいよ》な位置を得ていました。

チャンドラ　西洋《せいよう》では、西洋以外《いがい》のあらゆる文明《ぶんめい》は、科学技術《かがくぎじゅつ》を生《う》み出す原動力《げんどうりょく》である社会的《しゃかいてき》、歴史的基盤《れきしてききばん》がなかったために、発展《はってん》できなかったのだと考えられました。

「労働《ろうどう》」は人生の目的を達成《たっせい》するために必要《ひつよう》なものであるというのが★3ベネディクト会の考え方ですが、このような考え方は、上流階級《じょうりゅうかいきゅう》が生産《せいさん》と労働の場に参加《さんか》することへとつながっていきました。労働は神聖《しんせい》な行為《こうい》であり、労働がもたらす物質的成功《ぶっしつてきせいこう》は、神《かみ》の恵《めぐ》みを象徴《しょうちょう》するものであると力説《りきせつ》されました。社会に変化をもたらす原動力《げんどうりょく》は、完成《かんせい》と破壊《はかい》と危機《きき》であり、危機も後《こう》退現象《たいげんしょう》ではなく、変化と発展への促進力《そくしんりょく》となりました。

その一方《いっぽう》で、伝統《でんとう》を保持《ほじ》したままの西洋以外の社会機構《しゃかいきこう》とその価値観《かちかん》は貶《おとし》められ、世界システムの下位《かい》へと追いやられていったのです。

人間の精神《せいしん》は進歩《しんぽ》したのか

池田　物質文明《ぶっしつぶんめい》によって、「人類《じんるい》は進歩した」と言われます。しかし、これは粗雑《そざつ》な言い方と言わざるをえません。物質文明の恩恵《おんけい》を受けているのは文明の「中心部《ちゅうしんぶ》」にいる人々《ひとびと》で、「周辺部《しゅうへんぶ》」の人々は飢餓《きが》や貧困《ひんこん》・疫病《えきびょう》に苦《くる》しみ続けていること、また過去に類《るい》を見ない物質的繁栄《ぶっしつてきはんえい》とともに、過去に類を見ない殺戮《さつりく》が起《お》きたのは、同じ二十世紀であったことを忘れてはいけません。

加速度的《かそくどてき》な、しかし偏《かたよ》った科学技術の進歩のなか、今、私たち人類に投げかけられているのは、「いったい人間の精神は進歩したのか」という問いではないでしょうか。

チャンドラ　大気《たいき》と水の汚染《おせん》は、天然資源《てんねんしげん》、エネルギー資源の枯渇《こかつ》と相《あい》まって、気候変動《きこうへんどう》その他の激《はげ》しい変化を地球《ちきゅう》に引き起こしています。環境危機《かんきょうきき》が迫《せま》るなか、人類は総体《そうたい》としての目標《もくひょう》も見いだせず、文明崩壊《ぶんめいほうかい》までの束《つか》の間《ま》の「自己不信《じこふしん》の時代」が到来《とうらい》しているようです。

永遠《えいえん》に競争《きょうそう》を続ける西洋型《せいようがた》のファウスト[★4]的人間は、地球の生命圏《せいめいけん》にとって発ガン物質《ぶっしつ》のような存在《そんざい》なのでしょうか。

池田　環境危機《かんきょうきき》こそは、「進歩」を普遍的《ふへんてき》価値《かち》とする近代物質文明《きんだいぶっしつぶんめい》の限界《げんかい》を、はっきりと示すものです。

物質文明にとって、「自然《しぜん》」とは、「人間」によって「支配」されるべき存在でした。それを支《ささ》えたのは、例《たと》えばデカルト[★5]の「機械論《きかいろん》」やフランシス・ベーコン[★6]の「自然支配《しぜんしはい》」の概念《がいねん》ですが、より根底《こんてい》には、「人間―自然《しぜん》」という人間中心の自然観がありました。

この近代物質文明において克服《こくふく》されるべき「自然」とは、外《そと》の自然に限《かぎ》らず、「内《うち》なる自然」、すなわち食欲《しょくよく》、性欲《せいよく》、支配欲《しはいよく》などの本能《ほんのう》のことでもありました。こうした「内なる自然」は、人間の「理性《りせい》」によって乗《の》り越《こ》えるべきものとされました。

つまり、人間の外においても内においても、自然な状態は「野蛮《やばん》」であり、自然を克服《こくふく》した「文明（＝近代物質文明）」へと、人間は「進歩」し続けなければならない――これが近代物質文明の歴史観、世界観と言ってよいと思います。

環境危機《かんきょうきき》は、こうした近代物質文明の人間中心主義《にんげんちゅうしんしゅぎ》に対《たい》する「自然」からの警告《けいこく》といえましょう。

チャンドラ　環境保護《かんきょうほご》を叫《さけ》ぶ人々は「人間こそ、この世界にとってガンの存在《そんざい》である」とは言います。しかし、それでも西洋《せいよう》は、自《みずか》らの価値観《かちかん》への支持《しじ》を弱《よわ》めることができません。それが西洋文明《せいようぶんめい》の推進力《すいしんりょく》だからです。

池田　環境問題《かんきょうもんだい》の本質《ほんしつ》を突《つ》くご発言《はつげん》です。近代文明発展《きんだいぶんめいはってん》の推進力《すいしんりょく》がそのまま、文明崩壊《ほうかい》の主因《しゅいん》になっている——そこに環境問題の難《むずか》しさがあります。

ゆえに、環境問題の解決《かいけつ》には、自然観、歴史観、人間観、文明観といった、人間精神《にんげんせいしん》の根本《こんぽん》的《てき》な変革《へんかく》が必要なのです。

アーノルド・トインビー博士は、私との対談の折《おり》、環境問題《かんきょうもんだい》という視座《しざ》から、一神教的《いっしんきょうてき》なあり方《かた》を批判《ひはん》し、汎神教的《はんしんきょうてき》宗教の必要性《ひつようせい》を強調《きょうちょう》されていました。

チャンドラ　そもそも西洋《せいよう》における「文化」という概念《がいねん》は、ベーコンが、知的活動《ちてきかつどう》、宗教《しゅうきょう》、倫《りん》理《り》にかかわるあらゆる精神生活《せいしんせいかつ》を表現《ひょうげん》する手段《しゅだん》として考え出したものです。それは、ギリシャ・ローマ世界の存在《そんざい》を表現しようとする懸命の努力《どりょく》であって、外来《がいらい》の思想《しそう》はこの「文化」には含《ふく》まれていませんでした。

池田　オリエント文明、ギリシャ文明、地中海《ちちゅうかい》文明の直系《ちょっけい》がヨーロッパ文明であるとする考え方ですね。

地中海文明を継承《けいしょう》したのはイスラムやビザンチンですが、西洋では、地中海文明とヨーロッパ文明をつなぐ「触媒《しょくばい》」程度《ていど》の評価《ひょうか》しか与《あた》えられてこなかったことが、そうした歴史観を象徴《しょうちょう》しています。

しかし、第一次世界大戦による荒廃《こうはい》を契機《けいき》に、そうしたヨーロッパ中心史観《ちゅうしんしかん》を打破《だは》し、乗り越えようとする人物《じんぶつ》が、ヨーロッパのなかから現《あらわ》れました。

それが、シュペングラー博士《はくし》であり、トインビー博士でした。「文明論《ぶんめいろん》」を語《かた》る時《とき》、私は、四半《しはん》世紀《せいき》前《まえ》に語り合ったトインビー博士を思い出さずにはいられません。

20世紀最大の歴史家・トインビー博士と（1972年５月、ロンドンにある博士の自宅の前）

トインビー博士の文明論には、さまざまな評価《ひょうか》があることは事実《じじつ》ですが、西欧文明《せいおうぶんめい》と他《た》の文明に平等《びょうどう》の価値を置《お》き、多元《たげん》史観《しかん》への道筋《みちすじ》を開《ひら》いた功績《こうせき》は、今日《こんにち》、もっと強調《きょうちょう》されてもいいと思います。
両博士《りょうはくし》は、世界史《せかいし》の構成単位《こうせいたんい》として、分け方の違《ちが》いはありますが、文明・文化を数種類《すうしゅるい》に類《るい》型化《けいか》し、それらはいずれも「誕生《たんじょう》」「成長《せいちょう》」「挫折《ざせつ》」「死滅《しめつ》」という循環《じゅんかん》をたどると考えました。

チャンドラ　西洋《せいよう》では、文明は、誕生《たんじょう》、成長《せいちょう》、衰退《すいたい》、解体《かいたい》という直線軌道《ちょくせんきどう》をたどるものとされます。

一方、アジア的考え方は、文明は、誕生、成長、衰退、そしてさらに高度《こうど》な次元《じげん》での再生《さいせい》という循環型《じゅんかんがた》の軌道《きどう》をとるとしています。文明の下降局面《かこうきょくめん》は、あたかも「車輪《しゃりん》」のように上昇局面《じょうしょうきょくめん》へと移《うつ》っていく。このような回転運動《かいてんうんどう》を繰《く》り返《かえ》しながら、「車輪」は前に進んでいくというものです。

東洋《とうよう》と西洋《せいよう》の歴史観《れきしかん》の違《ちが》い

池田　歴史は一直線《いっちょくせん》に進行《しんこう》し、最後《さいご》の審判《しんぱん》に至《いた》るというキリスト教的歴史観と、インドの輪廻《りんね》思想《しそう》に代表《だいひょう》されるアジア的な循環史観《じゅんかんしかん》の違いですね。

「歴史は循環する」という考え方は、アジアだけでなく、例《たと》えばプラトン[★7]をはじめ、古代《こだい》ギリシャ・ローマにも見られていたものです。

一方、キリスト教的歴史観は、ヘーゲル[★8]、ランケ[★9]、マルクス[★10]に代表される西洋中心《せいようちゅうしん》の一元的《いちげんてき》歴史観《れきしかん》——すなわち、歴史はオリエント文明から近代西洋文明《きんだいせいようぶんめい》へ、さらに近代西洋文明の全世《ぜんせ》界的浸透《かいてきしんとう》へ至《いた》るとする考え方につながっていきました。トインビー博士やシュペングラー博士の「多元文明史観《たげんぶんめいしかん》」は、この一元的歴史観を批判《ひはん》したものであると評価《ひょうか》されます。

ともあれ、これまでの一元的歴史観は、環境問題《かんきょうもんだい》、核兵器《かくへいき》、生命倫理《せいめいりんり》の問題《もんだい》を挙《あ》げるまでもなく、二十世紀に根本的《こんぽんてき》な行き詰《づ》まりをみせたことは間違《まちが》いありません。

今起こっている「グローバリゼーション」が、このことへの真摯《しんし》な問いかけもなく、人間中心主義、科学技術万能主義《かがくぎじゅつばんのうしゅぎ》、市場主義《しじょうしゅぎ》などを「普遍原理《ふへんげんり》」とするのみであるならば、人類《じんるい》はまた、二十世紀と同じ失敗《しっぱい》を繰《く》り返《かえ》すことになりかねません。

チャンドラ　そうです。世界を一元的《いちげんてき》に統御《とうぎょ》するなどという普遍的使命《ふへんてきしめい》は、あってはなりません。そうではなく、多元性《たげんせい》を受け入れ、多様性《たようせい》を尊重《そんちょう》することこそが必要です。異質《いしつ》な他者《たしゃ》の存在《そんざい》は、人類《じんるい》にとって不可欠《ふかけつ》の条件《じょうけん》だからです。

池田　人類《じんるい》を構成《こうせい》する種々多様《しゅじゅたよう》な個々人《ここじん》をとっても、その生命の活動《かつどう》のなかに息づいている「価《か》値《ち》」こそ、「真《しん》の普遍《ふへん》」といえます。

「真の普遍」とは、多様性《たようせい》を否定《ひてい》して画一化《かくいっか》を図《はか》って外から押《お》しつけるものではありません。豊《ゆた》かな多様性のなかにあって、しかも共有《きょうゆう》している価値であります。その価値を基盤《きばん》にしてこそ、多様性そのものも成《な》り立っているものです。

チャンドラ　人類《じんるい》は、今ある「現実《げんじつ》の多元状態《たげんじょうたい》」から「真の多元主義《たげんしゅぎ》」[★11]へ移行《いこう》していかなければなりません。「真の多元主義」とは、互《たが》いの立場を尊重《そんちょう》し合う、さまざまな要素《ようそ》を含んだ人間《にんげん》本来《ほんらい》の豊かな多様性であるに違いありません。

池田　抽象的《ちゅうしょうてき》で具体性《ぐたいせい》を伴《ともな》わない「大原理《だいげんり》」を押しつけることは、つつしむべきです。

「多様性《たようせい》が対立《たいりつ》をもたらす」現状《げんじょう》から、「大原理《だいげんり》で世界を一元的《いちげんてき》に統御《とうぎょ》」するような方向《ほうこう》へ進むのか。それとも、「多様性が豊かさをもたらす」世界へと転換《てんかん》しゆくのか――私たちは選《せん》択《たく》の岐路《きろ》に立っています。

チャンドラ　人間は、多様性《たようせい》を生かすなかでこそ、その力を存分《ぞんぶん》に発揮《はっき》できます。

私たちは、それぞれの文化の独自性《どくじせい》を維持《いじ》しつつ、多元的世界《たげんてきせかい》における人類《じんるい》の連帯《れんたい》の意識《いしき》を高《たか》めていくことができるはずです。

池田　まったく同感《どうかん》です。「大原理《だいげんり》で一元化《いちげんか》された世界」でも、モザイクのように「分断《ぶんだん》された世界」でもなく、「多様性のなかの調和《ちょうわ》」という第三の道を、私たちは見いだしていかねばなりません。

法華経《ほけきょう》の薬草喩品《やくそうゆほん》には、次のような一節《いっせつ》があります。

「一地《いちじ》の所生《しょしょう》、一雨《いちう》の所潤《しょにん》なりと雖《いえど》も、而《しか》も諸《もろもろ》の草木《そうもく》、各《おのおの》差別《しゃべつ》有《あ》るが如《ごと》し」（法華経二八〇ページ）

大地《だいち》には多種多様《たしゅたよう》な植物《しょくぶつ》が生きている。そこに雨は、一切《いっさい》の草木に平等に降《ふ》り注《そそ》ぐ。草木は皆《みな》、等《ひと》しく同じ雨の下《もと》に潤《うるお》っているが、それぞれの草木は、特質、個性《こせい》に応《おう》じて、多彩《たさい》な花を咲《さ》かせ、異《こと》なった実《み》をつけていく——。

★12「三草二木《さんそうにもく》の譬《たと》え」は、直接的《ちょくせつてき》には、仏《ほとけ》が一切衆生《いっさいしゅじょう》を別《わ》け隔《へだ》てなく、成仏《じょうぶつ》へと導《みちび》いていくことの譬えですが、私は、法華経がここで、衆生《しゅじょう》の多様性を強調《きょうちょう》していることに注目《ちゅうもく》するのです。

自然界《しぜんかい》が多様であるのと同じく、人間も多様です。文化や文明も多様です。

しかし、文化・文明は多種多様《たしゅたよう》でありつつも、生命的次元《せいめいてきじげん》、宇宙的次元《うちゅうてきじげん》での一体感《いったいかん》を共有《きょうゆう》しながら、ともに栄《さか》えることができる。

「三草二木の譬え」は、その正しきあり方《かた》を物語《ものがた》っていると思うのです。

科学《かがく》も「相互依存《そうごいそん》の関係《かんけい》」に着目《ちゃくもく》

チャンドラ　インド最古《さいこ》の古典《こてん》『リグ・ヴェーダ』にも「真理は一つである。賢人《けんじん》たちは、それにさまざまな名を与える」とあります。

アショーカ王のギルナール法勅《ほうちょく》第十二章《しょう》には「和合《わごう》のみが善《ぜん》である」（塚本啓祥著『アショーカ王碑文《ひぶん》』第三文明社）とあります。

この「調和《ちょうわ》」という視点《してん》が、人間の迷妄《めいもう》を開き、一個《いっこ》の人間における寛容《かんよう》の態度《たいど》を、人間関《にんげんかん》係《けい》の美質《びしつ》へと高めていきます。

池田　日蓮大聖人も、調和《ちょうわ》と人間の多様性《たようせい》について、大宇宙《だいうちゅう》の「永遠なるもの」に育《はぐく》まれる「草《そう》木《もく》」に譬《たと》えて、「桜梅桃李《おうばいとうり》」と表現《ひょうげん》されています。

桜《さくら》は桜、梅《うめ》は梅、桃《もも》は桃、李《すもも》は李の花を咲かせる。そのように、互《たが》いの個性を尊重《そんちょう》し、互いに、その内包《ないほう》する可能性を最大《さいだい》に発揮《はっき》しながら、自体《じたい》を顕照《けんしょう》していく生き方を明確《めいかく》に示しているのです。

チャンドラ　私たちは、調和《ちょうわ》に基《もと》づいた価値観《かちかん》を創出《そうしゅつ》していかねばなりません。

しかし残念《ざんねん》ながら、従来《じゅうらい》の、あるいは今ある普遍主義《ふへんしゅぎ》は、覇権的《はけんてき》な考えを持ち込《こ》むものです。「文化的一体性《ぶんかてきいったいせい》」といっても、多様性という「内実《ないじつ》」を欠《か》いた「骨組《ほねぐ》み」だけであれば、実際に機能《きのう》することはできません。

池田　インドは、すでに古代において、ギリシャ文明と出合《であ》い、中世《ちゅうせい》においてはイスラム文明と、近代《きんだい》においては、不幸《ふこう》な形《かたち》でありましたが西洋文明と出合ってきました。「多様性《たようせい》のなかの調和《ちょうわ》」を模索《もさく》してきたインドの歴史は、これからそれを築《きず》き上《あ》げようとする人類社会《じんるいしゃかい》にとって、重要な経験《けいけん》であると、私は思っています。

チャンドラ　人間の行動指針《こうどうししん》が一つしかないというのは、歴史という現実に逆《さか》らうものです。

すべての時代、思潮《しちょう》、国土《こくど》、言語《げんご》を、たった一つの表現体系《ひょうげんたいけい》によって統一《とういつ》しようとしても不可《ふか》能《のう》です。

〝新しい科学〟は、確率論的《かくりつろんてき》な非決定論《ひけっていろん》、複数《ふくすう》の論理学《ろんりがく》の体系《たいけい》などの成果《せいか》をもたらしています。こうした成果からみても、汎神教的《はんしんきょうてき》な意識を理解する感受性《かんじゅせい》が、人類《じんるい》に求められていると思います。

池田　[★13]機械論《きかいろん》、[★14]二元論《にげんろん》、[★15]還元主義《かんげんしゅぎ》の立場で、生命や自然現象《しぜんげんしょう》を、分離《ぶんり》・対立するものに細分化《さいぶんか》し、物質に還元《かんげん》して解《と》き明《あ》かそうとしたのが近代科学《きんだいかがく》でした。

しかし、今日では、例えば物理学《ぶつりがく》における[★16]「場《ば》の量子論《りょうしろん》」、生物学《せいぶつがく》における[★17]「ゲノム」のように、物質の相互作用《そうごさよう》、相互依存《そうごいそん》の関係に着目《ちゃくもく》せざるをえなくなっています。

「関係性」を重視《じゅうし》する考え方は、仏教、ヒンズー教など、汎神教的意識《はんしんきょうてきいしき》の文化圏《ぶんかけん》の特徴《とくちょう》です。

「人道的競争《じんどうてききょうそう》」の時代へ

チャンドラ　価値観《かちかん》は、何世紀《なんせいき》もの歴史をもち、何百という賢人《けんじん》の解釈《かいしゃく》、何百万という人々の信仰《しんこう》によって成り立つものです。インドはそうした価値観を一つにまとめてしまうのではなく、多様性《たようせい》の調和《ちょうわ》のなかに織《お》り込んでいったのです。そうした一極中心《いっきょくちゅうしん》でない生き方のみが、二十一世紀において推進《すいしん》すべき、意義《いぎ》ある運動となりえるでしょう。

池田　その通りだと思います。

残念ながら、今の世界は、一極中心《いっきょくちゅうしん》のグローバリズムの進行と、その反作用《はんさよう》としての民族主義《みんぞくしゅぎ》の高まりという混乱《こんらん》のなかにあります。文明と文明の接触《せっしょく》は、二十世紀までの、軍事《ぐんじ》・政治《せいじ》・経済力《けいざいりょく》を背景《はいけい》とした「対立」「抑圧《よくあつ》と被抑圧《ひよくあつ》」の図式《ずしき》を引きずっているといえるでしょう。

創価学会の牧口初代会長は、すでに二十世紀初頭《しょとう》に、こうした文明間《ぶんめいかん》の接触《せっしょく》の変化を訴えておりました。

すなわち、〝「軍事的競争《ぐんじてききょうそう》」「政治的《せいじてき》競争」「経済的競争《けいざいてききょうそう》」から「人道的競争《じんどうてききょうそう》」へと移行《いこう》すべきである〟と。

牧口会長は、「人道的競争」の含意《がんい》を、こう述《の》べています。

「要《よう》は其目的《そのもくてき》を利己《りこ》主義《しゅぎ》にのみ置かずして、自己《じこ》と共に他の生活をも保護《ほご》し、増進《ぞうしん》せしめんとするにあり。反言《はんげん》すれば他の為《た》めにし、他を益《えき》しつゝ自己も益する方法《ほうほう》を選《えら》ぶにあり」（『人生地理学』）

対立か、一つの価値観《かちかん》への統合《とうごう》かという二《に》者択一《しゃたくいつ》ではなく、文明と文明が自他《じた》ともに高め合う、つまり、いわば「競争」から、「共創《きょうそう》」へという意識革命《いしきかくめい》、人間革命を伴《ともな》ってこそ、現在のグローバリゼーションも価値あるものとなる。牧口会長の主張《しゅちょう》は、百年後の私たちに深い示唆《しさ》を与えていると、私は訴えたいのです。

チャンドラ　賛成《さんせい》します。人類《じんるい》は精神《せいしん》を偉大《いだい》にすることによって、真に偉大となるのです。

それぞれの文明、文化は、それぞれの民族《みんぞく》の夢《ゆめ》であり、人間存在《にんげんそんざい》の目的です。文明、文化は何世紀にもわたる時間《じかん》と空間《くうかん》によって形成《けいせい》されるもので、形成の過程《かてい》において、人間精神の活動する場面《ばめん》はそれこそ多岐《たき》にわたります。ある一つの概念《がいねん》をもってその経験を規定《きてい》できるものではありません。

人類の未来《みらい》は、多様性《たようせい》を共有《きょうゆう》しつつ、広範囲《こうはんい》にわたる「統合《とうごう》」を実現《じつげん》していく総体的思考《そうたいてきしこう》のなかに、開かれていくと思います。

池田　博士《はくし》は今、「多様性《たようせい》のなかの統合《とうごう》」について述べられました。

釈尊《しゃくそん》は「真理は一つであって、第二のものは存在《そんざい》しない。その（真理）を知った人は、争《あらそ》うことがない」（『ブッダのことば』中村元訳、岩波文庫）と言いました。

多様な文明、宗教、民族の価値観《かちかん》のなかにあって通底《つうてい》する「真理」があることを示唆《しさ》しております。

私の師匠《ししょう》である戸田第二代会長は、さらに直截《ちょくせつ》な表現《ひょうげん》で「諸宗教《しょしゅうきょう》の開祖《かいそ》が一堂《いちどう》に会して話し合えば、種々《しゅじゅ》の違いを超《こ》えて、一致《いっち》することができる」という趣旨《しゅし》の話をされたことがありました。

さまざまな文化的《ぶんかてき》・宗教的基盤《きばん》をもつ多彩《たさい》な人知《じんち》を結集《けっしゅう》することが、今こそ、求められているのです。文明間の「対話」こそが、一つの地球に生きる世界市民《せかいしみん》の創造的文明《そうぞうてきぶんめい》を生み出し、光輝《こうき》あふれる二十一世紀を開くカギです。

そこで、多様な文明に通底《つうてい》する「真理」とは何か——博士は、どのようにお考えですか。

チャンドラ 人類《じんるい》が共有《きょうゆう》しているのは、人間中心《にんげんちゅうしん》の世界をはるかに凌駕《りょうが》する宇宙観《うちゅうかん》です。

広大《こうだい》な宇宙、そして、そのなかのささやかな惑星《わくせい》で暮《く》らす私たち。そのことを思えば、謙虚《けんきょ》な気持ちになります。人類が他の生物《せいぶつ》より優《すぐ》れているとか、わが民族こそ中心的存在《ちゅうしんてきそんざい》だとか、選ばれた民族だという考えは生まれてきません。

人類《じんるい》は〝地球生《ちきゅうう》まれの宇宙人《うちゅうじん》〟

池田 おっしゃる通り、どの文明、宗教も宇宙観《うちゅうかん》をもち、宇宙と人間生命《にんげんせいめい》の関連《かんれん》に関心《かんしん》をもっています。

宇宙は、人種《じんしゅ》や民族の違いを超《こ》えて人類《じんるい》すべてを大《おお》きく包《つつ》み込み、育《はぐく》んでいます。

モスクワ大学元総長《もとそうちょう》のログノフ博士《はくし》とも語り合いましたが、宇宙の次元《じげん》からみれば、皆《みな》同じく〝地球人〟であり、〝地球生まれの宇宙人〟です。

チャンドラ　万物《ばんぶつ》は絶《た》え間《ま》なく生《しょう》じ、壊《こわ》れ、瞬時《しゅんじ》もとどまることがない。万物の本質《ほんしつ》は「動き」です。人間は個我《こが》の殻《から》を破《やぶ》って、そうした直観的洞察《ちょっかんてきどうさつ》に至《いた》り、そこから「真理」を覚知《かくち》するのです。つまり、「宇宙《うちゅう》の運行《うんこう》こそ、真理それ自体」であることを覚知《かくち》するのです。

池田　インドで生まれた仏法《ぶっぽう》も、★18「成住壊空《じょうじゅうえくう》」、すなわち宇宙《うちゅう》は「成劫《じょうこう》」「住劫《じゅうこう》」「壊劫《えこう》」「空劫《くうこう》」の四つの段階《だんかい》を繰《く》り返《かえ》し、そのなかで人間をはじめ、あらゆる生命、森羅万象《しんらばんしょう》も生成流転《せいせいるてん》すると説《と》きます。

宇宙全体《うちゅうぜんたい》は、森羅万象が有機的《ゆうきてき》に一つに結合《けつごう》したものですから、生死《しょうじ》を繰り返す「永遠の生命」ともいえるでしょう。

森羅万象は、宇宙を貫《つらぬ》く「理法《りほう》」が、それぞれの条件に応じて形をとって結実《けつじつ》し顕《あらわ》れたものといえます。

チャンドラ　本来《ほんらい》、最高の価値《かち》と人間は、不可分《ふかぶん》の関係にあるのです。

池田　それでは、何が個《こ》と全体《ぜんたい》を結《むす》びつけているのか。

それが「理法」です。「妙法《みょうほう》」です。

個と全体を有機的《ゆうきてき》に結びつける「理法」が一貫《いっかん》し、この「理法」が私たちの瞬間瞬間《しゅんかんしゅんかん》の生命に具《そな》わり、はたらいて、一体《いったい》であるゆえに、個々《ここ》の生命に宇宙《うちゅう》の森羅万象《しんらばんしょう》が収《おさ》まり、個々の生命は大きく宇宙に開かれている——このように仏法では説いています。

「我即宇宙《われそくうちゆう》」「宇宙即我《うちゆうそくわれ》」の宇宙観《うちゆうかん》であり、生命観《せいめいかん》です。

この宇宙観・生命観を端的《たんてき》に示しているのが、法華経の「諸法実相《しよほうじつそう》」の思想ですね。「諸法」すなわち森羅万象が、「実相《じつそう》」すなわち究極《きゆうきよく》の真理《しんり》と一体不可分《いったいふかぶん》であるということです。

そして、その「諸法実相」の経文《きようもん》に基《もと》づいて、精緻《せいち》な理論《りろん》を展開《てんかい》したのが、天台大師《てんだいだいし》の「一《いち》念三千《ねんさんぜん》」の法門《ほうもん》でした。

チャンドラ　私たちは、無限《むげん》の智慧《ちえ》の大海《たいかい》と清浄《せいじよう》な意識によって、この地球を清《きよ》らかな場所にしていかなければなりません。

「三世間《さんせけん》」——自身の生命と他の生命、生命の生きる国土《こくど》という視点《してん》によってこそ、人生の生き生きとした中心核《ちゆうしんかく》を創《つく》り上げることができます。「法華経」に、私たちはそのための壮大《そうだい》なパラダイム（思考《しこう》の枠組《わくぐ》み）を見いだすことができます。

池田　その「真理」を体系的《たいけいてき》に明らかにしたのが、ご承知《しようち》の通り、天台《てんだい》の「一念三千《いちねんさんぜん》」の法理《ほうり》です。

生命を構成《こうせい》する要素《ようそ》の「五陰世間《ごおんせけん》」。この五陰《ごおん》が縁《えん》によって仮和合《けわごう》し、個々の生命となった「衆《しゆ》生世間《じようせけん》」。そして衆生の活動の場としての環境世界《かんきようせかい》である「国土世間《こくどせけん》」。

この「三世間」のそれぞれに、十界《じつかい》の生命を現《げん》じていきます。

この三世間の上《うえ》に、仏界《ぶつかい》を現じて、智慧《ちえ》と慈悲《じひ》で、全世界、全宇宙《ぜんうちゆう》を包《つつ》んでいくことを仏教は目指《めざ》しています。

すべての人が、その可能性《かのうせい》を十二分《じゅうにぶん》に発揮《はっき》し、すべての人が安穏《あんのん》に暮らしていける世界を築くことこそ、一念三千の実践《じっせん》です。自身を変革《へんかく》し、社会を変革してこそ、日蓮大聖人の説く「事《じ》の一念三千」です。

チャンドラ　節度《せつど》のない所有欲《しょゆうよく》と飽食《ほうしょく》のために、世界の、特に都市部《としぶ》は、そこに住む人間の内《ない》面《めん》から、野蛮《やばん》な状態になっています。消費第一主義《しょうひだいいちしゅぎ》の勝利は、道徳心《どうとくしん》を一層《いっそう》、衰弱《すいじゃく》させ、人間の智慧《ちえ》の波動《はどう》を粉砕《ふんさい》してしまいます。

人類社会は、「貪欲《どんよく》」をもとに行動する社会から、「必要」によって行動する社会へ変わるべきです。天然資源《てんねんしげん》を略奪《りゃくだつ》してはなりません。消費《しょうひ》第一主義を、欲求《よっきゅう》を適切《てきせつ》な範囲内《はんいない》にとどめる方向へと改《あらた》めるべきです。

池田　重要なご指摘《してき》です。「依正不二《えしょうふに》」が生命の実相《じっそう》であるがゆえに、他の生命を傷《きず》つけることや、国土・社会の乱《みだ》れは、結局《けっきょく》、人間の生命を濁《にご》らせます。逆に人間生命の乱れは、社会や国土の乱れに通《つう》じていきます。

地球の「砂漠化現象《さばくかげんしょう》」と「人類《じんるい》の心の砂漠化《さばくか》」は、法華経の眼《まなこ》から見れば表裏一体《ひょうりいったい》なのです。

したがって、「依正不二」であるゆえに、環境《かんきょう》の変革《へんかく》を実現するためには、まずわれわれの心を変え、自身を変えていかねばなりません。

法華経《ほけきょう》こそ「人間復興《にんげんふっこう》」の鍵《かぎ》

チャンドラ　池田先生はこれまで、人類《じんるい》の未来の指標《しひょう》を「共生《きょうせい》のエートス（道徳的気風《どうとくてききふう》）」として示してこられました。すなわち、「抑圧《よくあつ》」でなく「協調《きょうちょう》」を、「私」でなく「私たち」を重視《じゅうし》する考えとして。

「仏教の使命《しめい》は、あらゆる分野《ぶんや》で人間に活力《かつりょく》を与え、真の価値《かち》を実現《じつげん》する方向へと向けていくことである」とする先生の考えほど、明快《めいかい》で、洞察《どうさつ》に満《み》ちたものはありません。まさに法華経のメッセージとは、「人間復興《にんげんふっこう》」のメッセージです。

池田　深いご理解に感謝《かんしゃ》いたします。

近代科学文明《きんだいかがくぶんめい》が世界化《せかいか》し、人間が個別化《こべつか》され、物質視《ぶっしつし》され、自然と分離された現代《げんだい》ほど、人間の精神《せいしん》が病《や》んだ時代もありませんでした。そうした時代にあって、法華経は「人間復興《にんげんふっこう》」への光にあふれています。

法華経寿量品《ほけきょうじゅりょうほん》では、釈尊《しゃくそん》の本質《ほんしつ》を「永遠の仏」と示しました。

寿量品《じゅりょうほん》★19の「我実成仏已来無量無辺《がじつじょうぶついらいむりょうむへん》」の文《もん》について、日蓮大聖人は「已《い》とは過去《かこ》なり来《らい》とは未来《みらい》なり已来《いらい》の言《ことば》の中に現在《げんざい》は有《あ》るなり」（御書《ごしょ》七五三ページ）と言われています。

久遠《くおん》の過去から永遠の未来へと続いていく生命。その流《なが》れのなかに「現在の生《せい》」がある。その意味《いみ》において、現在のなかに、過去も未来も集約《しゅうやく》されている。

要《よう》するに、自身の生命と地球や宇宙生命《うちゅうせいめい》という空間軸《くうかんじく》。久遠の過去から永遠の未来へという時間軸《じかんじく》――この壮大《そうだい》な広がりをもつ「生命」の無量《むりょう》の価値《かち》を解《と》き明かしたのが法華経なのです。

生命の多様性《たようせい》。生命と生命の連関性《れんかんせい》、生命の連続性《れんぞくせい》――私は、「生命」こそ、人類の「多様性のなかの調和《ちょうわ》」「自然との共存《きょうぞん》」のためのキーワードであると思っています。

チャンドラ　池田先生、そして牧口先生は、人間を個人《こじん》に分断《ぶんだん》することに反対し、集団《しゅうだん》に自己《じこ》をゆだねるのでなく、自己が主体的《しゅたいてき》に社会に関与《かんよ》していくことを主張《しゅちょう》されてきました。

人間は、現状の自己にとらわれず、自らをつくりかえることによって自己を解放《かいほう》していくべきです。

池田　そうです。「人間革命」即《そく》「社会革命」、「人間革命」即「環境革命《かんきょうかくめい》」を目指《めざ》すべきです。

仏教では、人間に内在《ないざい》する「普遍的価値《ふへんてきかち》」として、「智慧《ちえ》」と「慈悲《じひ》」を挙《あ》げています。「智慧」とは全人類《ぜんじんるい》に平等な尊厳《そんげん》を覚知《かくち》し、その信念《しんねん》を抱《いだ》き続ける力です。「慈悲」とは、その信念を守《まも》り、自他《じた》ともに生命の尊厳《そんげん》を実現《じつげん》するために、不屈《ふくつ》の精神《せいしん》の力で戦《たたか》う勇気《ゆうき》です。

「智慧」と「慈悲」によって、無限《むげん》の価値を創造《そうぞう》していく人生こそ「人間革命」です。それが、牧口先生の思想の根幹《こんかん》でした。

チャンドラ　池田先生は、牧口先生の思想の領域《りょういき》を、地球上《ちきゅうじょう》のすべての人々が体験《たいけん》できる範囲《はんい》にまで拡大《かくだい》しました。その結果《けっか》、この思想は、常《つね》に創造を続けていく本源《ほんげん》となったのです。

牧口先生が創始《そうし》し、戸田先生が推進《すいしん》した「価値創造《かちそうぞう》の思想」は、池田先生によって世界各地に広まり、地球的規《ちきゅうてきき》模《ぼ》の広がりをもつようになりました。

池田先生は、普遍的《ふへんてき》な人道主義《じんどうしゅぎ》を世界レベルで推進し、それぞれの民族の生活様式《せいかつようしき》、卓越《たくえつ》する分野、それぞれの価値観を、創造的《そうぞうてき》に交流《こうりゅう》させなければならないと強く主張《しゅちょう》されています。今や、先生の主張は、理想《りそう》を実現《じつげん》する一つのビジョンとなっているのです。

注

1　**プラグマティズム**　「実用主義《じつようしゅぎ》」と訳《やく》される。十九世紀末から二十世紀にかけて主にアメリカで展開された哲学運動。真理や観念は、経験を通して人間の目的に有効《ゆうこう》であると検証《けんしょう》されることで意味をもつとする思想。

2　**マックス・ウェーバー**　（一八六四年～一九二〇年）。ドイツの社会学者、思想家。社会科学や宗教社会学的理論の分野を開拓《かいたく》し、学界に大きな影響《えいきょう》を与えた。

3　**ベネディクト会**　イタリア中部、ヌルシアのベネディクトゥス（四八〇年ごろ～五四七年ごろ）

がモンテ・カッシノで創始《そうし》した共住《きょうじゅう》制修道会《せいしゅうどうかい》、および彼の妹・スコラスティカを中心として結成された女子修道会のこと。その戒律《かいりつ》は長くヨーロッパの定住型修道生活の原点《げんてん》となった。

4　**ファウスト**　十六世紀初頭のドイツに出現し、やがて伝説上の主人公となった魔術師《まじゅつし》。民衆本《みんしゅうぼん》「ファウストゥス博士」、ゲーテの作品などで有名。すべてを知り、すべてを体験して、自我《じが》を無限《むげん》に拡大しようとする人をファウスト的人間という。

5　**デカルト**　（一五九六年〜一六五〇年）。フランスの哲学者、科学者。精神と物質の徹底《てってい》した二《に》元論《げんろん》を唱えた。機械論《きかいろん》的自然観などによって近代科学の理論的枠組《わくぐ》みを最初に確立した思想家として、近代哲学の父と呼ばれる。

6　**フランシス・ベーコン**　（一五六一年〜一六二六年）。イギリスの哲学者、政治家。理性に基づく演繹法《えんえきほう》によって世界を理解しようとしたスコラ哲学を批判《ひはん》し、経験の観察に基づく帰納法《きのうほう》による新しい経験科学を形成《けいせい》しようとした。

7　**プラトン**　（紀元前四二八年ごろ〜同三四八年ごろ）。ギリシャの哲学者。ソクラテスの弟子。

8　**ヘーゲル**　（一七七〇年〜一八三一年）。ドイツ観念論の大成者《たいせいしゃ》。弁証法《べんしょうほう》理論によって、一大《いちだい》学問体系を築いた。

9　**ランケ**　（一七九五年〜一八八六年）。ドイツ近代歴史学の祖。厳密《げんみつ》な史料批判《しりょうひはん》的方法と史実の客観的叙述《じょじゅつ》とをもって新学風を確立した。

10　**マルクス**　（一八一八年〜八三年）。ドイツの思想家、社会運動家であり、マルクス主義の祖《そ》。資本主義体制を批判し、国際的社会主義運動を展開した。主著《しゅちょ》に『資本論《しほんろん》』。

11　**多元主義**　一元論《いちげんろん》に対する思想で、世界を構成《こうせい》する基本的要素が多数あるとする思想的立場。

12　**三草二木の譬え**　法華経で説かれる七譬《しちひ》の一つ。薬草喩品《やくそうゆほん》第五に説かれる。生じる土地も、降りそぐ雨も同一《どういつ》であるが、それによって生じる草木に上・中・下の三種の薬草《やくそう》、大・小の二種の樹木という差別が生じるということ。草木の種類が千差万別《せんさばんべつ》であるのは、衆生《しゅじょう》の機根《きこん》に種々の相違《そうい》があることを意味する。

13 **機械論** 宇宙や生物の運動原理を精神的な存在に求めず、物理的法則に従う機械的運動で説明しようとする立場。

14 **二元論** 世界を二つの対立する原理・要素からなるとする立場。

15 **還元主義** 複雑で多様な世界の事象《じしょう》を、単一レベルの基本的な要素に還元《かんげん》して説明しようという立場。

16 **場の量子論** 空間には一定の物理量（「場《ば》の量」）があるという立場から、物理系の構成要素《こうせいようそ》の生成《せいせい》・消滅《しょうめつ》を量子力学《りょうしりきがく》で記述する理論体系。

17 **ゲノム** 配偶子または生物体を構成する細胞に含まれる染色体あるいは遺伝子の総称。

18 **成住壊空** 四劫《しこう》のこと。仏教の宇宙観の一つ。一つの世界が成立し、そこに生命体の世界が形成される期間を成劫《じょうこう》、その世界の安定期を住劫《じゅうこう》、その世界が壊滅《かいめつ》する期間を壊劫《えこう》、壊滅して次に世界ができるまでの間を空劫《くうこう》という。

19 **我実成仏已来無量無辺** 「我実《われじつ》に成仏《じょうぶつ》してより已来《このかた》無《む》量無辺《りょうむへん》」と読む。釈尊《しゃくそん》が今世《こんぜ》において初めて成道《じょうどう》したという始成正覚《しじょうしょうかく》の立場を打ち破って、釈尊の成道が久遠《くおん》の過去であったことを明《あ》かした文。

第十五章

ＳＧＩ運動と菩《ぼ》薩《さつ》道《どう》

「二十一世紀の開幕《かいまく》」に起《お》きた事件《じけん》

池田　「二十一世紀の開幕《かいまく》」という節目《ふしめ》の年、私たちは、テロによる空前《くうぜん》の犠牲《ぎせい》と戦火《せんか》を目《ま》の当《あ》たりにしました。

チャンドラ　九月十一日（二〇〇一年）の世界貿易《せかいぼうえき》センターに対《たい》する卑劣《ひれつ》な攻撃《こうげき》は、最《もっと》も凶悪《きょうあく》な犯罪《はんざい》であり、生命を破壊《はかい》し、人間としての実在《じつざい》を傷《きず》つける不条理《ふじょうり》に導《みちび》く、精神的卑劣《せいしんてきひれつ》さから起こったものです。破壊的《はかいてき》な力を欲《ほっ》することで、生命自体《せいめいじたい》を否定《ひてい》するものです。

池田　私どもは「人間の生命は全宇宙《ぜんうちゅう》の財宝《ざいほう》よりも尊《とうと》い」という仏法者《ぶっぽうしゃ》の立場《たちば》から、あらゆるテロを絶対悪《ぜったいあく》として断《だん》じて許《ゆる》しません。

人間の生命を奪《うば》う「殺《さつ》」の行為《こうい》は、決《けっ》して許してはならない。いかなる正当化《せいとうか》もありえません。

チャンドラ　こうした即時性《そくじせい》を求《もと》める過激主義《かげきしゅぎ》は、他の人々に対する「不寛容《ふかんよう》」、つまり他者《たしゃ》は敵《てき》であり、征服《せいふく》できなければ抹殺《まっさつ》すべきであるというとらえ方《かた》です。

池田　本来《ほんらい》、宗教は、人間の生命を救済《きゅうさい》し、非暴力《ひぼうりょく》で平和共存《へいわきょうぞん》を目指《めざ》す使命《しめい》をもっています。その宗教が、破壊的暴力《はかいてきぼうりょく》によって人間を殺し、不幸《ふこう》に陥《おとしい》れるようなことは、絶対《ぜったい》にあってはならない。

今回の事件は、博士《はくし》が言われるように、生命それ自体《じたい》を否定《ひてい》する最《もっと》も凶悪《きょうあく》な犯罪《はんざい》です。平和に生きる人類《じんるい》の権利《けんり》の破壊《はかい》です。

チャンドラ　今後、緊張《きんちょう》と報復行為《ほうふくこうい》、衝突《しょうとつ》と衝突を避《さ》けるためには、地球上《ちきゅうじょう》で人権《じんけん》を奪《うば》われている人々が尊重《そんちょう》され、認《みと》められなければならないでしょう。

池田　そのためには、生命尊厳《せいめいそんげん》、人権尊重《じんけんそんちょう》の理念《りねん》に立脚《りっきゃく》しての「対話《たいわ》」が不可欠《ふかけつ》です。

私には、ユダヤ世界にも、イスラム世界にも、友人がいます。世界の人々と対話を続けてきた経験《けいけん》から断言《だんげん》できるのは、宗教や文化、歴史《れきし》が違《ちが》っても、分かり合える点は、必《かなら》ずあるということです。ともかく「対話」に徹《てっ》する以外《いがい》にありえません。

チャンドラ　池田先生は、自身《じしん》の内《うち》なる調和《ちょうわ》を見《み》いだし、世界市民《せかいしみん》となり、「自然《しぜん》」という偉大《いだい》で生き生きとした殿堂《でんどう》に触発《しょくはつ》されてきました。そして、すべての人間のなかに脈打《みゃくう》つ「深層《しんそう》の心識《しんしき》」を実感《じっかん》し、生命への深い畏敬《いけい》の念を、時代精神《じだいせいしん》、世界精神《せかいせいしん》にまで高《たか》めていく努力《どりょく》をわれわれに求めておられます。

池田　博士《はくし》との、この対談も、今回が最終回となります。世界のさまざまな宗教、哲学《てつがく》、民族《みんぞく》、人類《じんるい》、[★1]ジェンダーという多元性《たげんせい》を生かしながら、人類を貫《つらぬ》き脈動《みゃくどう》する「永遠《えいえん》なる生命」への対話を進《すす》めることができました。

チャンドラ　人類《じんるい》は、「普遍的《ふへんてき》なもの」「無限《むげん》なるもの」に根ざさなければなりません。自然界《しぜんかい》に、相対立《あいたいりつ》するような現象《げんしょう》が多く存在《そんざい》するのをみると、世界はそれら対立物《たいりつぶつ》の調和《ちょうわ》のうえに成《な》り立《た》っていることが分かります。相対立するもの同士《どうし》が、絶対的調和《ぜったいてきちょうわ》を保《たも》っているのです。

「多様《たよう》な諸文明《しょぶんめい》の対話《たいわ》」へ転換《てんかん》を

池田　「永遠《えいえん》なるもの」に基盤《きばん》をおいた「相対立《あいたいりつ》するものの調和《ちょうわ》」という、今、博士《はくし》が提示《ていじ》された視点《してん》から、もう一度、現今《げんこん》の「グローバリズム」[★2]について考えてみたいと思います。

今回の事態《じたい》を、歴史《れきし》の文脈《ぶんみゃく》のなかで位置《いち》づけてみると、冷戦後《れいせんご》、加速《かそく》していった「グローバリズム」について、もう一度立ち戻《もど》って考えてみることを、私たちに促《うなが》しているように思えるのです。

現今の「グローバリズム」が、物質文明《ぶっしつぶんめい》による世界の画一化《かくいっか》を強《し》いて、民族、宗教等を盾《たて》にした孤立主義《こりつしゅぎ》という「反作用《はんさよう》」、求心力《きゅうしんりょく》とは裏腹《うらはら》の「遠心力《えんしんりょく》」を生《う》んできたことは否《いな》めません。国連のブトロス・ガリ前事務総長《ぜんじむそうちょう》と語り合った時、氏がこの点に強い問題意識《もんだいいしき》をもっておられたことを思い出します。

二〇〇一年が、時代の一つの転換点《てんかんてん》になったことは確《たし》かでしょう。しかし問われるのは、いかなる時代へと転換していくかです。転換するものが「戦争と暴力《ぼうりょく》の形態《けいたい》」だけであってはならない。「戦争と暴力そのものの解決《かいけつ》」へと踏《ふ》み出す出発点《しゅっぱつてん》にしていかなければなりません。そのために不可欠《ふかけつ》なのが「世界の画一化《かくいつか》」から「多様《たよう》な諸文明《しょぶんめい》の対話」への方向転換《ほうこうてんかん》であると思います。その意味で、創価学会は、明年（二〇〇二年）を「対話拡大《たいわかくだい》の年」といたしました。

チャンドラ　私の脳裏《のうり》には、一九三六年に行われた、[★3]ジャワハルラル・ネルーと[★4]アンドレ・マルローの対話が浮《う》かんでおります。

この対談は、マルローの次の言葉《ことば》で終わっています。

「まさにインドこそ彼らが探《さが》し続けていたものだ。これこそヨーロッパが探していたもの――ヨーロッパの聖杯《せいはい》である。インドはあなたがたのものではない。ネルーさん、あなたは自分たちのものだと言うだろうが、それは、私のものだ……私の」

池田　マルロー氏は、私にとっても忘《わす》れ得《え》ぬ友人です。東京でも、パリでもお会いしました。対談集《たいだんしゅう》も発刊《はっかん》しております（『人間革命と人間の条件』）。

マルロー氏の言葉には、現代《げんだい》の物質文明の限界《げんかい》を見つめ、「どうすれば人間は人間に戻《もど》れるのか」という根元的《こんげんてき》な問いと格闘《かくとう》してきた氏の精神闘争《せいしんとうそう》がにじみ出ています。まさに、「ヨーロッパが探《さが》していたもの」とは、インドの偉大な精神《せいしん》――「永遠《えいえん》」に根ざしつつ、相対立《あいたいりつ》するものを生かす「精神的土壌《せいしんてきどじょう》」でした。

チャンドラ　そうです。物質界《ぶっしつかい》を回《まわ》っているサンサーラ（輪廻《りんね》）の輪《わ》の奥《おく》には、平安《へいあん》の境地《きょうち》があります。しかしその境地は、現在《げんざい》、「イエスかノーか」「あれかこれか」という二者択一的《にしゃたくいってき》な知《ち》へと向《む》かわせる「数値化《すうちか》による巨大《きょだい》な分析手段《ぶんせきしゅだん》」の発達《はったつ》の前《まえ》に、屈服《くっぷく》を余儀《よぎ》なくされています。それが物質文明に覆《おお》われた世界の現状《げんじょう》です。

池田　おっしゃる通《とお》り、現代文明《げんだいぶんめい》の思考法《しこうほう》には二元論的《にげんろんてき》な側面《そくめん》があります。「物質《ぶっしつ》」と「精神《せいしん》」を対立《たいりつ》させ、物質的価値《ぶっしつてきかち》をひたすら追求《ついきゅう》してきた現代において、精神的価値《せいしんてきかち》は脇《わき》に追《お》いやられました。

その意味で、二十世紀は「哲学《てつがく》の危機《きき》」の時代でした。「哲学の敗北《はいぼく》」と言ってもいいかもしれません。その敗北を象徴《しょうちょう》するものとして、私は、第一に核《かく》の存在《そんざい》を挙《あ》げたいと思います。

人間は、自《みずか》らが生み出した核によって、自己自身《じこじしん》を滅亡《めつぼう》の危機にさらしています。いな、人類《じんるい》を何千回も滅《ほろ》ぼすことができるほどの核兵器《かくへいき》を積《つ》み上《あ》げてしまいました。物質的価値を追求してきた結果《けっか》、人類という「種《しゅ》」の「死」に直面《ちょくめん》しています。

恩師《おんし》の戸田第二代会長は、この核の本質《ほんしつ》を「人間生命《にんげんせいめい》の魔性《ましょう》の産物《さんぶつ》」と喝破《かっぱ》しました。

チャンドラ　二者択一《にしゃたくいつ》を迫《せま》る生き方《かた》は、それに対する反発《はんぱつ》という悪循環《あくじゅんかん》の渦巻《うずま》きをも勢《いきお》いづかせるものです。これはある意味で、核兵器よりも恐《おそ》ろしく、人間の心《こころ》の深層《しんそう》に深い傷《きず》を残《のこ》すことになるのではないでしょうか。

池田　それゆえに、「産業革命《さんぎょうかくめい》」「情報革命《じょうほうかくめい》」の次に、二十一世紀の人類《じんるい》に求められるのは、「精神革命《せいしんかくめい》」です。

二十世紀が突《つ》きつけた「現実《げんじつ》」からの挑戦《ちょうせん》に、力強く応戦《おうせん》しゆく新しい哲学《てつがく》が求められています。そこに、仏教者《ぶっきょうしゃ》としての私の挑戦《ちょうせん》があります。

マルロー氏が私に、こう言っておられたことを思い出します。

「いまから百年後に二十世紀文明《ぶんめい》と絶対的《ぜったいてき》に異《こと》なる文明《ぶんめい》が起こりうるということが、とうぜん、考えられてしかるべきでしょう。その場合、かつてヨーロッパにキリスト教がもたらした精神革命といったものが、ふたたび仏教によってもたらされないという保証《ほしょう》はどこにもない、ということです」（池田大作、A・マルロー著『人間革命と人間の条件』潮出版社）

「人間」は「宇宙《うちゅう》」と一体《いったい》との生命観《せいめいかん》

チャンドラ　人間と人間の争《あらそ》い、人間と環境《かんきょう》の摩擦《まさつ》から発生《はっせい》する苦難《くなん》と危機を回避《かいひ》するには、対立《たいりつ》をあおる二元論的思考《にげんろんてきしこう》を放棄《ほうき》しなければなりません。

人間は、単《たん》に生きているだけの存在《そんざい》ではありません。他者《たしゃ》への行為《こうい》の結果《けっか》をその身《み》に受《う》け、他者への行為の方法《ほうほう》に価値《かち》を与《あた》えていくのです。

人間の深い意識《いしき》は、「超越的意識《ちょうえつてきいしき》」と一体《いったい》であり、人間が選択《せんたく》したことの責任《せきにん》を、その超越的意識と一体の意識が負《お》うのです。

原子《げんし》、細胞《さいぼう》、身体《しんたい》、個人、社会、惑星《わくせい》、星雲《せいうん》――これらは、それぞれが「全体《ぜんたい》」でありつつも、相互依存《そうごいそん》のシステムを形成《けいせい》し、かつさらに大《おお》きな「全体」の一部《いちぶ》をなしています。

このように、万物《ばんぶつ》が、多様性《たようせい》と統一性《とういつせい》を同時《どうじ》に満《み》たす相互依存の関係《かんけい》にあるという考え方は、古代《こだい》ギリシャ、あるいはヨーロッパのような、「善《ぜん》と悪《あく》」「真《しん》と偽《ぎ》」「神と人間」という二元論的《にげんろんてき》思考《しこう》からは出てこないものです。

池田　一個《いっこ》の人間の生命が大宇宙《だいうちゅう》と一体《いったい》の広がりをもつという生命観は、まさに、インドが生んだウパニシャッド哲学《てつがく》や釈尊《しゃくそん》の教《おし》えに結実《けつじつ》しております。

博士《はくし》の言われた生命観は、生命を表層意識《ひょうそういしき》から宇宙と一体の深層意識《しんそういしき》まで究明《きゅうめい》した、仏教の「九識論《くしきろん》」★5を想起《そうき》させます。

他者《たしゃ》への行いを「業《ごう》」として刻《きざ》み、生死《しょうじ》を超《こ》えて記憶《きおく》しゆく第八識《だいはっしき》の「阿頼耶識《あらやしき》」。さらに、八識をも包《つつ》みゆく第九識《だいくしき》である「根本浄識《こんぽんじょうしき》」においては、生命は個別性《こべつせい》から解《と》き放《はな》たれ、宇宙《うちゅう》生命《せいめい》と一体《いったい》となっているとする生命観です。

そして、宇宙生命と融合《ゆうごう》した個《こ》の生命《せいめい》は「一念三千《いちねんさんぜん》」の当体《とうたい》として、宇宙大《うちゅうだい》の慈悲《じひ》と智慧《ちえ》と勇気《ゆうき》を内包《ないほう》することになるのです。

この「一念三千」の壮大《そうだい》な生命観こそ、東洋思想《とうようしそう》の精華《せいか》であり、西洋《せいよう》がルネサンス、宗教改《しゅうきょうかい》革《かく》を経《へ》て育《はぐく》んできた「個人主義的《こじんしゅぎてき》ヒューマニズム」に対して、「宇宙的《うちゅうてき》ヒューマニズム」とも呼《よ》べるものです。

チャンドラ　「全体《ぜんたい》」——すなわち「人類《じんるい》」「地球《ちきゅう》」という新しい意識《いしき》は、各国が、国家間《こっかかん》の良《りょう》好《こう》な相互依存関係《そうごいそんかんけい》を、自国《じこく》の利益《りえき》よりも優先《ゆうせん》するという自覚《じかく》に目覚《めざ》めた時、はじめて可能《かのう》になります。

人間は、部分的意識《ぶぶんてきいしき》から全体性《ぜんたいせい》の意識へと転換《てんかん》していくべきです。

たえず変化《へんか》する世界のなかでは、新しい価値観《かちかん》や主張《しゅちょう》が出てくるものですが、それらは、人間を隔《へだ》てるものであってはならないでしょう。「全体性」への意識を呼《よ》び覚《さ》ますものであるべきです。

私たちは皆、宇宙《うちゅう》という「全体」のなかの「人類」という一団《いちだん》に結《むす》びついている存在《そんざい》です。

そして、「現在と未来《みらい》」「個体《こたい》と複合体《ふくごうたい》」「宇宙の律動《りつどう》とその生成《せいせい》の流《なが》れ」という、脈動《みゃくどう》するシステムのなかで生きているのです。

「個」という限定《げんてい》された枠《わく》から脱却《だっきゃく》し、多くのものを統合《とうごう》し、万人《ばんにん》を潤《うるお》していく価値を追求《ついきゅう》すべきです。

別の言い方をすれば、「自己《じこ》」の再定義《さいていぎ》が必要《ひつよう》であるということです。「『私』とは『全人類《ぜんじんるい》』

であり、『あらゆる生命』であり、『全宇宙』である」というように。

池田　まったく同感《どうかん》です。

物質的価値観《ぶっしつてきかちかん》による征服《せいふく》と従属《じゅうぞく》ではなく、現象《げんしょう》として立ち現《あらわ》れる民族、宗教、文化の差異《さい》を認めながらも、同時に、「人類《じんるい》は一つ」「地球《ちきゅう》は一つ」と示《しめ》していくような哲学を共有《きょうゆう》していくことです。それこそが、真の意味での「グローバル化《か》」です。

私は、そのような二十一世紀の哲学の創造《そうぞう》に、最も貢献《こうけん》できるのが仏教であると確信《かくしん》しています。

比較神話学者《ひかくしんわがくしゃ》のジョーゼフ・キャンベル[★6]博士の言葉を紹介《しょうかい》したいと思います。

「世界が変わると、宗教も変わらざるをえないのです」

「現代は境界線《きょうかいせん》がありません。今日《こんにち》価値《かち》を持つ唯一《ゆいいつ》の神話《しんわ》は地球という惑星《わくせい》の神話ですが、私たちはまだそういう神話を持っていない。私の知《し》るかぎり、全地球的神話《ぜんちきゅうてきしんわ》にいちばん近《ちか》いのは仏教でして、これは、万物には仏性《ぶっしょう》があると見ています。重要《じゅうよう》な唯一の問題はそれを認識《にんしき》することです」（『神話の力』飛田茂雄訳、早川書房）と。

チャンドラ　同感です。人類《じんるい》が「全体性《ぜんたいせい》」という意識《いしき》に立てば、「力と資源《しげん》をできるだけ節約《せつやく》して、必要なことを行おう」ということにもつながります。そうではなく、「より多くの利益を得《え》よう」という考え方が、現在の環境危機《かんきょうきき》をもたらしています。

池田　これまでも話《はな》し合ったように、環境問題《かんきょうもんだい》も、核と同様《どうよう》に、人類の「精神革命」なくして乗《の》り越《こ》えられない問題です。

チャンドラ　自然を人間に敵対《てきたい》するものと見なす物質文明は、自然に対して、科学技術《かがくぎじゅつ》と工業力《りょく》による戦《たたか》いをしかけております。

それに対して仏教は、あらゆる生命の「平等《びょうどう》」と「無常《むじょう》」を強調《きょうちょう》します。あらゆる生命形態《せいめいけいたい》への転生《てんしょう》という思想《しそう》は、一切《いっさい》の現象《げんしょう》が互《たが》いに相互依存《そうごいそん》していることを、強く主張《しゅちょう》するものです。

物質文明は、今、文化的優位《ぶんかてきゆうい》を誇《ほこ》っていますが、自然と対立しない生《い》き方のなかにある「調和《ちょうわ》」と「智慧《ちえ》」に目覚《めざ》めるべきです。

人工的《じんこうてき》につくりあげた虚像《きょぞう》の幸福《こうふく》が、自然界の秩序《ちつじょ》にとってかわることができると考えるのは、全地球的《ぜんちきゅうてき》な幻想《げんそう》であると思います。

実際《じっさい》、少し古いデータではありますが、一九九一年八月二十一日付の『デイリー・テレグラフ』が、イギリスの世論調査《よろんちょうさ》を発表《はっぴょう》しました。それによれば、四二パーセントの回答者《かいとうしゃ》が、「汚《お》染《せん》のない世界が実現《じつげん》し、自然と調和した生き方ができるのであれば、化学技術がもたらす恩恵《おんけい》を放棄《ほうき》してもよい」と答《こた》えています。

シンプル・ライフ(素朴《そぼく》な生活《せいかつ》)という価値観は、消費第一主義《しょうひだいいちしゅぎ》に替《か》わるものです。私たちは、私たちの本来《ほんらい》あるべき姿《すがた》との接点《せってん》を見いだす必要があるのです。

東洋《とうよう》と西洋《せいよう》のヒューマニズムの相違《そうい》

池田　西洋的《せいようてき》なヒューマニズムの発展過程《はってんかてい》において、自然は枠《わく》の外《そと》におかれ、人間によって利《り》用《よう》される対象《たいしょう》と位置づけられました。その物質文明が科学技術という手段《しゅだん》を得ると、人間による自然の征服《せいふく》が一気《いっき》に進んだのは、ある意味で当然《とうぜん》の帰結《きけつ》です。

一方《いっぽう》、私が「宇宙的ヒューマニズム」と呼ぶ新《あら》たなヒューマニズムは、人間と人間、人間と自然の「関係性《かんけいせい》」を重視《じゅうし》します。

仏教で言えば「縁起《えんぎ》」や「依正不二《えしょうふに》」の思想が挙げられます。その考え方のエッセンスは、「他者の幸福なくして、自分の幸福はない」ということに尽《つ》きます。

人間も自然も等《ひと》しく、宇宙生命に源《みなもと》を発《はっ》した生命の当体であり、奥底《おうてい》では不可分《ふかぶん》の関係にある。ゆえに、自然が病《や》んでいる時、人間も病んでいると考えるのです。すでに西洋でも多くの識者《しきしゃ》が指摘《してき》しているように、東洋的自然観《とうようてきしぜんかん》が環境問題の解決に寄与《きよ》できることは明《あき》らかです。

チャンドラ　釈尊《しゃくそん》は「ピッパラ」★7という樹《き》の下《もと》で悟《さと》りを開《ひら》きました。この木はのちに、菩提樹《ぼだいじゅ》という名称《めいしょう》で知られるようになりました。動植物《どうしょくぶつ》を大切《たいせつ》にする伝統《でんとう》は、人間社会《にんげんしゃかい》と植物群《しょくぶつぐん》・動物群《どうぶつぐん》との絶妙《ぜつみょう》な生態的関係《せいたいてきかんけい》を示すものでした。樹木《じゅもく》や動物にも、生を営《いとな》む権利を認めるということでした。森は、神々《かみがみ》と平和な関係を結び、調和《ちょうわ》を保《たも》つ場所《ばしょ》となり、精神的生活《せいしんてきせいかつ》が開花《かいか》する場所となりました。

真の精神性《せいしんせい》は、環境《かんきょう》の一部をなすものです。内面性《ないめんせい》を失《うしな》えば、私たちの文化は外面《がいめん》のみを追う文化となり、そのような文化は、あやまった目的《もくてき》に利用されるのです。

私たちは、自分が得たものを、自然に返《かえ》すべきところにまで立ち至《いた》りました。マハトマ・ガンジーは、こう述《の》べています。

「いまヨーロッパ人が夢中《むちゅう》になっている『快適生活《かいてきせいかつ》』の重《おも》みで自滅《じめつ》したくないと思うのであれば、彼らはその考え方を変えるべきであると、あえて私は言わねばならない」(『ヤング・インディア』一九三一年)

池田　そのガンジーの批判《ひはん》に、今や、ヨーロッパのみならず、日本《にほん》を含《ふく》め、全世界《ぜんせかい》が注目《ちゅうもく》しはじめていますね。

チャンドラ　池田先生、あなたこそ、ガンジーの言葉《ことば》に、見事《みごと》なまでの正確《せいかく》さで応《こた》えておられます。「すべての衆生《しゅじょう》は仏《ほとけ》である」と。

その「衆生」とは、人間だけでなく動物《どうぶつ》、植物《しょくぶつ》、石、水、空気等を意味しています。あらゆる生命に内在《ないざい》する「仏性《ぶっしょう》」を呼《よ》び覚《さ》ますことができれば、環境《かんきょう》、社会、精神《せいしん》のそれぞれの次元《じげん》で、平和は確《たし》かなものとなります。
人生は、俗世《ぞくせ》の塵《ちり》にまみれた消費《しょうひ》第一主義の道ではなく、精神的《せいしんてき》な巡礼《じゅんれい》の旅《たび》でなければならないのです。

「小我《しょうが》」を生かす「大我《だいが》」の自覚《じかく》を

池田　私については、あまりにもご寛大《かんだい》なお言葉《ことば》ですが、博士《はくし》の言われた「万物《ばんぶつ》に仏性《ぶっしょう》を見て、それを呼《よ》び覚《さ》ます」生き方とは、「小我《しょうが》」[★8]を破《やぶ》って「大我《だいが》」[★8]に生きるということでありましょう。無常《むじょう》の現象《げんしょう》に目を奪《うば》われ、エゴに執着《しゅうちゃく》する「小我」にとらわれた生き方でなく、また「小我」を滅《めっ》し尽《つ》くそうとするのでもなく、宇宙生命《うちゅうせいめい》の法《ほう》である「大我」を覚知《かくち》し、その「大我」をもとに「小我」を生かしていく生き方です。

チャンドラ　カール・ルートヴィッヒ・ベルネ[★9]は「永遠《えいえん》に生きられない人間のなかに永遠性《えいえんせい》を見ることができるのは、人類《じんるい》という概念《がいねん》のなかにおいてである」と言いました。
私たちは、一つの総合《そうごう》された生命体《せいめいたい》のような意識《いしき》をもたねばなりません。各地《かくち》の多様性《たようせい》も維《い》持《じ》しながら、多元的《たげんてき》であらゆるものを包含《ほうがん》する世界をつくり、人類の連帯《れんたい》を築《きず》くのです。抽象《ちゅうしょう》化《か》された、顔のない画一的《かくいってき》な人間をつくり出すことは避《さ》けねばなりません。

全地球的な国家ができるとしたら、そのような国家は精神《せいしん》の砂漠《さばく》となるでありましょう。「私のなかでまた一つの虚無《きょむ》の空間《くうかん》が広がっていった。私は砂漠のなかのもう一つの砂漠となっていた」というアンリ・ボスコ★10の言葉《ことば》のように。

私たちは、多様な人間の価値《かち》という原則《げんそく》を維持《いじ》していかねばなりません。世界を制覇《せいは》しようなどとの思いを許《ゆる》さず、多様性が保証《ほしょう》される世界をつくるために、人間の心は、「無数の波から生まれる一つの波」のようでなければなりません。


池田　博士《はくし》の結論《けつろん》に、まったく賛成《さんせい》です。

そこで、そうした多様性と連帯《れんたい》の花咲《はなさ》く世界を実現《じつげん》しゆくための実践《じっせん》は、どうあるべきかを考えてみたいと思います。

日蓮大聖人は、人類《じんるい》が規範《きはん》としていくべき徳《とく》として、「主師親《しゅししん》の三徳《さんとく》」を挙げておられます。

「主《しゅ》の徳」とは、要《よう》するに「人々を守《まも》る」力のことです。一人も余《あま》さず、悪道《あくどう》に転落《てんらく》させないという強い「責任感《せきにんかん》」です。

「師《し》の徳」とは、「人々を導《みちび》く」こと。師の徳には、人々を幸福へと導いていくための「智慧《ちえ》」が輝《かがや》いています。

「親《おや》の徳」とは、「人々を育《そだ》て、慈《いつく》しむ」ことです。そこには、厳《きび》しくも温《あたた》かな「慈悲《じひ》」があります。

「責任感」と「智慧」と「慈悲」。この三徳を兼《か》ね備《そな》えた人が仏であり、三徳を心肝《しんかん》に染《そ》めて、行動しゆく人が「菩薩《ぼさつ》」です。

チャンドラ　人間が基本《きほん》とすべき三つの徳について、日蓮大聖人が提起《ていき》されたものほど、人々の心を揺《ゆ》り動《うご》かすものはなかったと、私は思います。そして、この三つの徳に解釈《かいしゃく》を加《くわ》え、現代の洗練《せんれん》された感性《かんせい》に一層訴《いっそううった》えかけるものにされたのが、池田先生です。

「主師親《しゅししん》の三徳」は、人生を熟知《じゅくち》していることであり、人間の情愛《じょうあい》の詩的表現《してきひょうげん》であり、先人《せんじん》の霊感《れいかん》であります。人生の基本です。

恐怖《きょうふ》からの解放《かいほう》（主の徳）、智慧《ちえ》（師の徳）、愛情《あいじょう》と慈悲《じひ》（親の徳）。これらは、まさに人生を豊《ゆた》かにするものです。

池田　これは、アメリカのコロンビア大学《だいがく》で講演《こうえん》した時にも話したのですが、私は、この三徳を基調《きちょう》にした「菩薩道《ぼさつどう》」の生き方こそ、二十一世紀の地球市民《ちきゅうしみん》の条件《じょうけん》に合致《がっち》していると思います。

第一に、すべての人を平等に守る「主の徳」。それは、人種《じんしゅ》や民族や文化の「差異《さい》」を恐《おそ》れたり、拒絶《きょぜつ》したりするのではなく、その差異を尊重《そんちょう》し、理解《りかい》し、成長《せいちょう》の糧《かて》とする「勇気の人」になるということです。

チャンドラ　多様性《たようせい》を受け入《い》れ、尊重《そんちょう》し、多様性のなかで成長すること。そして、すべてのものが平等であると認める「勇気」ですね。

池田　その通りです。そして第二の世界市民の条件《じょうけん》は、生命の相関性《そうかんせい》を深く認識《にんしき》しゆく「智慧《ちえ》」をもつことです。それは、全人格的《ぜんじんかくてき》かかわりで人々の生命の開花《かいか》を促《うなが》す「師の徳」に通《つう》じます。

最後に、あらゆる人をわが子と等《ひと》しく慈《いつく》しみ、自《みずか》らと同《おな》じ高みへと育成《いくせい》する「親の徳」。これは、身近《みぢか》に限《かぎ》らず、遠いところで苦しんでいる人々にも連帯《れんたい》しゆく「慈悲《じひ》の人」となるということです。

菩薩は、これら「三徳」を基軸《きじく》に、社会のなかで救済《きゅうさい》の行動を展開《てんかい》していく存在《そんざい》です。

法華経《ほけきょう》には、[★11]文殊《もんじゅ》（智慧《ちえ》）、[★12]普賢《ふげん》（学理《がくり》）、[★13]弥勒《みろく》（慈悲《じひ》）、[★14]薬王《やくおう》（医療《いりょう》・看護《かんご》）、[★15]観世音《かんぜおん》（民衆《みんしゅう》の声《こえ》を聞《き》く）、[★16]妙音《みょうおん》（音楽《おんがく》・芸術《げいじゅつ》）等々《とうとう》、さまざまな菩薩が登場《とうじょう》します。「大我」に立ち、「小我」という各々《おのおの》の特質《とくしつ》を生かしながら、人々のなかに飛《と》び込んでいくのです。

チャンドラ　法華経に登場する数多《かずおお》くの菩薩《ぼさつ》は、人間精神《にんげんせいしん》の宇宙的広大《うちゅうてきこうだい》さと、その活動《かつどう》の場《ば》である巨大な空間を表《あらわ》したものです。

菩薩とは、苦難や迷《まよ》いと戦う衆生《しゅじょう》を助けるために、永遠《えいえん》に奮闘《ふんとう》し続ける存在《そんざい》です（主の徳）。われわれを混沌《こんとん》から正《ただ》しい意識《いしき》へと導《みちび》きます（師の徳）。慈悲《じひ》の力で衆生を救済《きゅうさい》していきます（親の徳）。

自《みずか》らは悟《さと》りに達《たっ》していても、他者《たしゃ》を救済することが、菩薩の大いなる理想《りそう》なのです。

池田　その通りです。そして人類《じんるい》や地球《ちきゅう》のために行動する勇気、学ぼうとする挑戦《ちょうせん》、同苦《どうく》する慈悲《じひ》をもつ人は、誰でも「世界市民」です。いな、それなくして、真に世界市民たりえないでしょう。

チャンドラ　三徳《さんとく》の理想《りそう》に啓発《けいはつ》された世界市民の登場《とうじょう》によってこそ、人種《じんしゅ》、科学技術《かがくぎじゅつ》、軍事《ぐんじ》、経済《けいざい》を優先《ゆうせん》させたために、壊滅状態《かいめつじょうたい》にある人間精神《せいしん》の領域《りょういき》を再生《さいせい》することが可能となります。人間は、もはや、荒《あ》れ狂《くる》う迷《まよ》いの海《うみ》のなかで打《う》ち砕《くだ》かれる存在《そんざい》ではなくなるのです。

SGIの運動は「三徳《さんとく》」の展開《てんかい》

池田　私たちSGIの平和・文化・教育運動《きょういくうんどう》も、この「三徳《さんとく》」を、社会における「価値創造《かちそうぞう》」の原理《げんり》として展開《てんかい》したものです。

日蓮大聖人は、「主の徳」を「無間地獄《むけんじごく》の道をふさぎぬ」（御書三二九ジペー）と述べておられます。

大聖人は、正しき思想《しそう》、哲学《てつがく》を社会の規範《きはん》とする（立正《りっしょう》）ことによって、社会に平和と安定《あんてい》をもたらす（安国《あんこく》）という「立正安国《りっしょうあんこく》」の原理《げんり》を説《と》きました。

SGIはこの「立正安国」の精神《せいしん》をもとに、核兵器廃絶《かくへいきはいぜつ》、地球環境問題《ちきゅうかんきょうもんだい》に取り組み、文化・

教育の交流《こうりゅう》によって国と国を結ぶ友好《ゆうこう》を進めるなど、世界平和《せかいへいわ》のために行動してきました。これは、「主の徳」を目指《めざ》す実践《じっせん》であると自負《じふ》しております。

池田ＳＧＩ会長は数々の学術・教育・文化機関を設立し、世界と交流を進めてきた。上の写真はアメリカ創価大学オレンジ郡キャンパス。

一方、「師の徳」を育《はぐく》むのは「教育」です。

さらに「文化」は、「親の徳」ではないでしょうか。文化は、人々の内面《ないめん》を耕《たがや》し、滋養《じよう》を与えるからです。

私どもが、創価大学、創価学園等の教育機関《きょういくきかん》、民音《みんおん》、富士美術館《ふじびじゅつかん》等の文《ぶん》化機関《かきかん》を設立《せつりつ》し、世界と交流を進めてきたことは、それぞれ「師の徳」「親の徳」を目指した実践といえます。

学問《がくもん》の分野《ぶんや》では、博士《はくし》がインドセンターの顧問《こもん》をしてくださっている東洋哲学研究所《とうようてつがくけんきゅうしょ》、またボストン二十一世紀センター、さらに戸田記念国際平和研究所等《とだきねんこくさいへいわけんきゅうしょとう》を設立しました。博士もご出席くださった法華経展や、写本《しゃほん》の出版等《しゅっぱんとう》も、世界の仏教学者《ぶっきょうがくしゃ》、法華経学者《ほけきょうがくしゃ》の多大《ただい》な関心《かんしん》と共鳴《きょうめい》を広げています。


チャンドラ　池田先生！　あなたは、偉大《いだい》な菩薩《ぼさつ》であられます。

あらゆる分野《ぶんや》、ほとんどの世界の国々で、人間の内なる「存在《そんざい》の火」を輝《かがや》かせるために、懸《けん》命《めい》に努力されています。

さまざまな勢力《せいりょく》が入《い》り乱《みだ》れた混乱状態《こんらんじょうたい》に解決《かいけつ》をもたらそうと、新世紀の到来《とうらい》とともに、法華経のメッセージを伝《つた》えておられます。

詩人として、聖者《せいじゃ》として、思想家《しそうか》として、あなたは若い世代《せだい》に展望《てんぼう》を与《あた》え、自己変革《じこへんかく》の道を示し、自身に内在《ないざい》する可能性《かのうせい》に目覚《めざ》めさせておられる。精神《せいしん》の価値体系《かちたいけい》を提示《ていじ》しておられます。

池田　いえ、私は、戸田第二代会長の構想《こうそう》を現実《げんじつ》にせずにはおかないという、弟子《でし》の誓《ちか》いのままに行動してきただけです。
師との誓いを貫《つらぬ》いたことそのものが、私の幸福であり、評価《ひょうか》は後世《こうせい》にまかせています。

チャンドラ　他者《たしゃ》への「関心《かんしん》」、そして「義務《ぎむ》」や「責任《せきにん》」という価値《かち》の体系《たいけい》を備《そな》えた秩序《ちつじょ》は、社会に寄与《きよ》することができます。

そうすれば、没個性化《ぼっこせいか》と官僚化《かんりょうか》への流れを逆転《ぎゃくてん》させることができるに違いありません。菩薩《ぼさつ》の姿《すがた》は、私たちの果《は》たすべき義務を表現《ひょうげん》しています。永遠《えいえん》に継承《けいしょう》されるべき根本的《こんぽんてき》な人間の価値に基《もと》づいているのです。

「生きるとは何か」の問いに直面《ちょくめん》

池田　法華経には「無量百千万億《むりょうひゃくせんまんのく》の国土《こくど》の虚空《こくう》に偏満《へんまん》せる」（法華経四七六ジペー）と、地涌《じゆ》の菩薩《ぼさつ》たちが、この宇宙《うちゅう》を埋《う》め尽《つ》くすことを説《と》いています。総《そう》じては、本来《ほんらい》、生きとし生けるものすべてが菩薩です。

また、別《べっ》しては、自《みずか》ら宇宙即生命《うちゅうそくせいめい》の法に目覚《めざ》め、万物《ばんぶつ》を目覚めさせようと行動する人を、「菩薩」と呼ぶのです。

「すべての生命は、宇宙という大生命《だいせいめい》の子どもである。差異《さい》を持った生命の一《ひと》つひとつは、その姿のままで、かけがえのない存在《そんざい》である」。これが法華経の心です。菩薩は、そうした生命の尊厳《そんげん》を讃《たた》え、守り、「自他不二《じたふに》」の絶対的幸福《ぜったいてきこうふく》を目指《めざ》す人のことなのです。

膨大《ぼうだい》な情報《じょうほう》が氾濫《はんらん》する物質文明が臨界点《りんかいてん》に達しようとしている今、「生きるとは何か」「生命とは何か」そして「価値《かち》とは何か」という精神的《せいしんてき》問いに、人類は真剣《しんけん》に向き合わなければなりません。

チャンドラ　「十九世紀における最《もっと》も偉大《いだい》な哲学的業績《てつがくてきぎょうせき》」とされたのは、「価値論《かちろん》」の発見《はっけん》です。価値論は、思想界《しそうかい》の最高点《さいこうてん》に位置《いち》し、建設的《けんせつてき》な人生の諸原則《しょげんそく》となるものです。アリストテレス★17は、価値が一切《いっさい》の属性《ぞくせい》に優越《ゆうえつ》する最高位《さいこうい》のものであると主張《しゅちょう》しました。

カントは、人生と行動を正しい方向《ほうこう》に向けようとするならば、価値こそが不可欠《ふかけつ》な要素《ようそ》であると考えました。彼によれば、価値には「有効性《ゆうこうせい》」と「具体的現実《ぐたいてきげんじつ》」がそなわっています。ニーチェ★18とリッチュル★19は、価値を最も重要《じゅうよう》なものととらえ、哲学《てつがく》における究極《きゅうきょく》としました。「価値」とは、人間の精神《せいしん》と行動に作用《さよう》するものです。「価値」とは、あらゆるものの統合《とうごう》に寄《き》与《よ》し、究極的《きゅうきょくてき》な社会の基準《きじゅん》をつくりあげていくものです。

池田　牧口初代会長は、第二次世界大戦中《だいにじせかいたいせんちゅう》の獄中《ごくちゅう》で、カントの価値論《かちろん》を読まれておりました。その牧口先生も独創的《どくそうてき》な「価値論」を世に問われております。

創価学会の「創価」とは、まさに「価値の創造《そうぞう》」ということです。戸田先生は同じく獄中《ごくちゅう》で法華経を身読《しんどく》され、経典《きょうてん》に記《しる》された「仏」とは「生命」であると喝破《かっぱ》されました。私は、二十一世紀において、その「価値」となるべきものは何か――それは「生命」そのものであると考えています。

百花繚乱《ひゃっかりょうらん》の生命。生死《しょうじ》を超《こ》えて永遠に流転《るてん》しゆく生命。相互《そうご》に無数の糸《いと》で結び合った生命――。

この生命を「手段」としてきた歴史を断《た》ち切《き》り、生命の不思議《ふしぎ》なる「尊厳《そんげん》」を一切の根本《こんぽん》に、政治《せいじ》・経済・社会の枠組《わくぐ》みを再構成《さいこうせい》していくことです。

そのために、私は、これからも語り、書き、行動し続けます。人類のために。東洋思想の守《ま》り人《びと》である博士とともに！

チャンドラ　池田先生の啓発《けいはつ》に満ちた行動によって、創価学会は、現実《げんじつ》の社会構造《しゃかいこうぞう》のなかに「価値《かち》」をもたらしています。

生命について本質的《ほんしってき》な価値を創造《そうぞう》しているという意味で、創価学会は、現代世界《げんだいせかい》における比類《ひるい》なき存在なのです！

驚《おどろ》くほど簡潔《かんけつ》で直截《ちょくせつ》な、池田先生の表現によって、法華経のメッセージは、「人類への呼びかけ」となりました。その呼びかけとは、「人間であることの喜《よろこ》びを実感し、精神を開花《かいか》させ、世界が家族《かぞく》のように苦楽《くらく》を分《わ》かち合おう」というものです。

池田先生こそ、人類《じんるい》に★20曼陀羅華《まんだらけ》の雨《あめ》を降《ふ》らせている方です。

あたかも、★21寿量品《じゆりょうほん》の偈《げ》のように――。

我が此《こ》の土《ど》は安穏《あんのん》にして　天人常《てんにんつね》に充満《じゅうまん》せり
園林《おんりん》　諸《もろもろ》の堂閣《どうかく》　種種《しゅじゅ》の宝《たから》をもって荘厳《しょうごん》し
宝樹華果《ほうじゅけか》多《おお》くして　衆生《しゅじょう》の遊楽《ゆうらく》する所《ところ》なり
諸天天鼓《しょてんてんく》を撃《う》って　常《つね》に衆《もろもろ》の伎楽《ぎがく》を作《な》し
曼陀羅華《まんだらけ》を雨《ふ》らして　仏及《ほとけおよ》び大衆《だいしゅ》に散《さん》ず

注

1　ジェンダー　社会的・文化的に形成《けいせい》される性別《せいべつ》を意味する用語として用いられる。「セックス」は、生物学的な性別を指す場合の用語。

2　グローバリズム　「地球共同体主義」などと訳し得る概念《がいねん》。交通・通信手段などの発達によって、国境を超《こ》えた交流が盛んになり、世界規模《きぼ》での相互依存《そうごいそん》の関係が深まった結果、人類共同体意識が広まる一方、さまざまな面で強者《きょうしゃ》による世界の画一化《かくいつか》という現象も起こってきた。

3　ジャワハルラル・ネルー　（一八八九年～一九六四年）。インドの政治家。ガンジーらと民族運動を指導し、一九四七年にイギリス支配から独立後、初代首相《しゅしょう》となり、アジアの解放《かいほう》などに尽力《じんりょく》した。

4　アンドレ・マルロー　（一九〇一年～七六年）。フランスの作家、政治家。スペイン内戦《ないせん》や第二次世界大戦で反ファシズム闘争《とうそう》を展開《てんかい》。ド・ゴール派の政治家として情報相・文化相を務《つと》めた。主な著書に『王道』『人間の条件』などがある。

5　**九識論**　物事《ものごと》を識別《しきべつ》する心の作用《さよう》に九種あるとする説。眼《げん》・耳《に》・鼻《び》・舌《ぜっ》・身《しん》・意《い》の六識《しき》に、第七の末那識《まなしき》、第八の阿頼耶識《あらやしき》、第九の阿摩羅識《あまらしき》を立てる。阿摩羅識は清浄識《しょうじょうしき》・根本浄《こんぽんじょう》識などと訳され、すべての迷いが取り払われた人間の本然《ほんねん》の姿とされる。

6　**ジョーゼフ・キャンベル**　（一九〇四年〜八七年）。ニューヨーク生まれ。神話学者《しんわがくしゃ》。ニューヨーク州の名門《めいもん》女子大セイラー・ロレンス大学の教授を務《つと》めた。代表的な著作《ちょさく》に『千の顔を持つ英雄《えいゆう》』『神の仮面《かめん》』などがある。

7　**ピッパラ**　クワ科の常緑樹《じょうりょくじゅ》インドボダイジュのこと。サンスクリットでは「ピッパラ」または「アシュヴァッタ」と称《しょう》される。インドでは、古来《こらい》、神聖《しんせい》な霊力《れいりょく》ある樹《き》とされた。セイヨウボダイジュ（リンデンバウム）とは別。

8　**小我・大我**　大般涅槃経《だいはつねはんぎょう》は「大我有《だいがあ》るが故に大涅槃《だいねはん》と名づく。涅槃は無我大自在《むがだいじざい》の故《ゆえ》に名づけて大我と為《な》す」と述べて、生命の永遠で自在の働きを大我とし、勝鬘経《しょうまんきょう》では常楽我浄《じょうらくがじょう》の四波羅蜜《はらみつ》を説き、我《が》波羅蜜が絶対の自由な大我を意味すると解されている。小我《しょうが》は、大我の対語《ついご》。

9　**カール・ルートヴィッヒ・ベルネ**　（一七八六年〜一八三七年）。ドイツのジャーナリスト。フランクフルトのユダヤ人ゲットーに生まれ、後にパリへ移住。詩人ハイネとともにドイツの急進的《きゅうしんてき》作家グループ「青年ドイツ派《は》」のリーダー格《かく》として活躍《かつやく》し、ドイツの現状を厳《きび》しく批判《ひはん》。共和《きょうわ》主義的信念《しんねん》を貫《つらぬ》き、革命家としての一生を送った。

10　**アンリ・ボスコ**　（一八八八年〜一九七六年）。フランスの作家。イタリア、モロッコなどで古《こ》典文学《てんぶんがく》教師として生活し、晩年《ばんねん》はフランス南東部のニースに住み『ズボンをはいたロバ』『岩礁《がんしょう》』などを発表した。

11 **文殊**　大乗仏教の悟りの智慧《ちえ》（般若《はんにゃ》）を体現《たいげん》する菩薩。

12 **普賢**　人々を悟《さと》りに導こうとする心の働きを体現した菩薩で、理《り》の徳《とく》を司《つかさど》るとされる。

13 **弥勒**　「弥勒」はサンスクリットの「マイトレーヤ」に由来《ゆらい》する。この言葉は友《とも》（ミトラ）、慈《いつく》しみ（マイトリー）と関連《かんれん》し、「慈氏《じし》」と訳される。

14 **薬王**　衆生に良薬《りょうやく》を与えて心身《しんしん》の病《やまい》を治《なお》す菩薩とされ、法華経薬王品に説かれる。

15 **観世音**　「世音」すなわち世間《せけん》の人々の声を聴《き》いて直《ただ》ちに救済《きゅうさい》するとされる。

16 **妙音**　法華文句《ほっけもんぐ》には〝妙《たえ》なる音声《おんじょう》で法華経を弘《ひろ》めるので妙音という〟とある。

17 **アリストテレス**　（紀元前三八四年～同三二二年）古代ギリシャの哲学者。

18 **ニーチェ**　（一八四四年～一九〇〇年）。ドイツの哲学者。キリスト教的価値観《かちかん》の無力化《むりょくか》が実感《じっかん》されてきた時代にあって、彼は一切《いっさい》の価値の転倒《てんとう》を唱え、人間が人間であるための究極《きゅうきょく》の根拠《こんきょ》を〝根《こん》源《げん》の生《せい》〟に求めた。

19 **リッチュル**　（一八二二年～八九年）。十九世紀後半のドイツの神学者。カントの影響《えいきょう》を強く受けて、実践的倫理《りんり》的《てき》努力を重視し、精神力を人間価値として強調《きょうちょう》した。

20 **曼陀羅華**　曼陀羅はサンスクリット「マーンダーラ」の音写《おんしゃ》で花の一種。天妙華《てんみょうけ》などと漢訳《かんやく》され、色《いろ》も芳香《ほうこう》もよく、見る者の心を喜ばせるという天界《てんかい》の華《はな》。

21 **寿量品の偈**　偈《げ》は仏教の教理《きょうり》を詩の形で述べたもので、寿量品の偈は「自我得仏来《じがとくぶつらい》」で始まるところから「自我偈《じがげ》」と称される。本文に紹介《しょうかい》されている部分は、仏に帰依《きえ》する者にとっては、この現実社会は常に仏国土《ぶっこくど》であることを述べたもの。

索　引

――あ行――

愛と慈悲の違い……………………………………………………………232
アサンガ（無著）…………………………………………………………138
アジャータシャトル（阿闍世）王………………………………………127
アシュヴァゴーシャ（馬鳴）……………………………………………138
アショーカ王 ……………………………2，100～114，116～118
――のカリンガ征服………………………………………………106
――の行動を支えた人間観、世界観、世界市民の哲学……105
――の伝道使節はその地域の文化的創造力を開花させた…117
（――の）法勅 ……101，103～107，109，114，115，329
（――の）法（ダルマ）による勝利（ヴィジャヤ）…106，107
――の法（ダルマ）の宣布 ……………………………114，115
――は「善の勢力」として在家に期待した …………………111
――は破和合僧の動きのなす聖職者を還俗させ、追放せよと在家者に監視させた …………………110，112，114
――は仏教を世界宗教へと高めるのに貢献した ……………102
サールナートの碑文………………………………………………109
サーンチーの石柱…………………………………………………109
世界第一の王………………………………………………………103
新しい人類的秩序を構築するための五点…………………………258
アーナンダ……………………………………………………207，208
姉崎正治博士 ………………………………42，43，293，294
アビナヴァ・グプタ ……………………………………………185

アリストテレス……364
アルン・ガンジー……66
アレクサンドリア……220～225
アレクサンドロス大王……218，220
E・クーン……225
一念三千……3，268～274，284，336，337，350
　――の壮大な生命観こそ「宇宙的ヒューマニズム」……351
　三世間……270，271，284，336
　十界……274，277，278，284
　十界互具……270，278，279，301
　十如是……270，271，279～282，284
　　本末究竟等……282
一切世間の治生産業は皆実相と相違背せざるが如し……44
インドとギリシャの交流……218
インドの偉大な精神とは「永遠」に根ざしつつ、相対立するものを生かす「精神的土壌」……347
インドは「聖者の文化」「森林の文化」……249，250
インド文化国際アカデミー……4，45，49，51
ヴァスバンドゥ（世親）……138
ヴァッジ族……112
ヴェーサーリー……208，209
　――での第二回の会議（第二回仏典結集）……112
『ヴェーダ』……23，171，174
ヴォロビヨヴァ博士……69
宇宙的ヒューマニズム……354
　――他者の幸福なくして、自分の幸福はない……354
ウパニシャッド……2，171，173，174

依正不二……………………………………………………………337
SGIの平和・文化・教育運動は主師親の三徳の展開 ……………360
エッセネ派 ……………………………………………………221，222
エマソン……………………………………………………………268
岡倉天心 ……………………………………………………26，43
オームカーラナート師 ………………………………………20，21

——か行——

開目抄 …………………………………………………244，245，273
戒律は（宗教の教義も）人を幸福にするためにある……………113
核(兵器)の本質は「人間生命の魔性の産物」…………………348
価値…………………………………………………………………364
——は生命そのもの………………………………………………364
価値観 ………………………………………………………………72
政治・経済・社会の根本が価値観 ………………………………74
生命根本の価値観 …………………………………………………72
人類の力の源が価値観（ソフト・パワー）………………………73
価値創造の思想……………………………………………………340
価値論………………………………………………………………364
——の発見は「十九世紀における最も偉大な哲学的業績」364
カーリーダーサ……………………………………………………185
ガルトゥング博士 ……………………………………………82，103
「関係性」を重視する考え方は汎神教的意識の文化圏の特徴 …331
ガンジー………3，4，9，41，69～72，80，81，83～87，355
——と日蓮大聖人の共通する部分 ………………………………70
——にとっての人生と社会 ………………………………………86

——のグル（師）は日蓮大聖人 ……………………………69
——の読んだ法華経 ……………………………………………68
——は構造的暴力の解決の道を仏教に見いだした …………80
——は道場での祈りに南無妙法蓮華経を取り入れていた …66
——は仏教からどのような影響を受けたか ………………80
観心 …………………………………………………………………274
観心本尊抄 ……………………………………………276，277
ガンダーラの仏教美術 ………………………………………40
カント …………………………………………………268，364
甘露 ……………………………………………………75～77
——とは南無妙法蓮華経 ……………………………………76
——とは不死の法 ……………………………………………76
共生のエートス ……………………………………………258
キリスト教的歴史観 …………………………………326，327
近代化の問題の克服 …………………………………………47
空の思想——部派仏教の思想を根本的に打ち破る ………135
九識論 …………………………………………………………350
クチャ語 ………………………………………………………156
クチャ人 ………………………………………………………157
グノーシス派 …………………………………………223，224
鳩摩羅什 ……………………2，104，146～153，155～159
——の訳業は「民衆の文化」……………………………158
クレメンス ……………………………………………223，224
グローバリズム …………………………………………5，346
コーサラ国 ……………………………………………………199
コーサンビー …………………………………………………112
孔子 ……………………………………156，244，246，247

天……………………………………………………………247
仁………………………………………………………247, 257
康有為…………………………………………………256, 257
「声仏事を為す」…………………………………………25, 252
根本分裂……………………………………………………112

——さ行——

サーヴァッティー（舎衛国）………………………205, 207
サンスクリット（梵語）……………………………20～22
四弘誓願……………………………………………………137
衆生無辺誓願度……………………………………………137
七不退法……………………………………………………176
師弟（の道）……………………………………………20, 21
慈悲…………………………………………231～233, 339
釈尊……………………………2, 3, 34, 35, 62, 104
——が魔（元品の無明）との激闘に勝利した瞬間…181, 182
——の覚醒の智慧…………………………………………187
——の出家に至る動機……………………………………178
——の女性の弟子たちは（差別を）打ち破った…………207
——の成道……………………………180～182, 228
——の城邑の譬え…………………………………………184
——の「四門遊観」の説話………………………………227
——の弟子に対する梵天の役割（弟子への弘教の要請）
………………203, 204
——の伝道宣言……………………103, 204, 205
——の遺言………………………………………207, 208

――はバラモンの儀式の内面化を志向した（内なる生命を磨け）…………………172
――はバラモンの形式主義に立ち向かった…………………174
汝自身を島（よりどころ）とせよ…………………133，207
『梵天勧請』とは宇宙生命に横溢する大慈悲力…………197
『梵天勧請』の説話（法）…………………………194，196
『梵天勧請』の第一の意義……………………………198
『梵天勧請』の第二の意義……………………………200
『梵天勧請』の第三の意義……………………………201
『梵天勧請』の第四の意義……………………………202
見えざる一本の矢……………………………………179
ジャータカ…………………………………………229
『シャタピタカ（百蔵）』シリーズ…………………4，49
周恩来総理……………………………………84，89～93
儒教……………………………3，245，246，248～250
地涌の菩薩………………………………64，65，140，141
シュペングラー博士……………………………325，327
「成住壊空」……………………………………………335
常書鴻…………………………………………………160
聖徳太子…………………………………………………24
シルクロード（絹の道）…………2，159，160，163，164
南伝……………………………………113，117，159
北伝……………………………113，117，125，159
スーリャソーマ（須利耶蘇摩）…………………………151
『スッタ・ニパータ』…………………………………179
聖書と仏伝の共通点……………………………………229
世界貿易センターに対する卑劣な攻撃………………344

全体性の意識 ……………………………………………351, 352
――に最も貢献できるのが仏教…………………………352
善の連帯…………………………………………………………286
荘子 ……………………………………………245, 248, 249
胡蝶の夢……………………………………………………248
僧肇………………………………………………………………255
ソクラテス ……………………………………………230, 231
ソロー ……………………………………………266〜268, 288

――た行――

大我………………………………………………………………356
大乗仏教 ……………………………………………2, 135, 136
――の重要な要素…………………………………………139
――の仏弟子は自分たちを菩薩と位置づけた ………136
大智度論…………………………………………………………156
『大唐西域記』……………………………………………216, 253
大同……………………………………………………256, 257
大同書……………………………………………………………256
題目―→南無妙法蓮華経
太陽 ……………………………………………62, 308〜310
対話………………………………………………………………126
――によって宗教や文化、歴史が違っても、分かり合える…345
――は「方便」と「智慧」の両方が必要 ………………131
インド古来の哲学的対話は師弟間で行われた …………126
インドでは王が優れた出家者を訪ねて教えを請う …………127
王者の論……………………………………………………128

　賢者の論（対話）……………………………………128，129
　「多様な諸文明の対話」……………………………………347
　「ミリンダ王とナーガセーナとの対話」…………………124
高山樗牛 ………………………………………………42，43
多元文明史観（トインビー博士やシュペングラー博士の）……327
タゴール ……………………………………5，24，26，185
多様性 ………………………………………26，27，320，328
　「桜梅桃李」…………………………………………………330
　生命の多様性…………………………………………………339
　多様性のなかの調和 …………………328，330，331，339
　多様性のなかの統合…………………………………………333
　多様な価値の創造……………………………………………320
　東洋の伝統は「多様性を受け入れること」 ………………26
ダルシャナ ……………………………………………………244
智慧………………………………………………………………339
　智慧と慈悲……………………………………………………339
中国の仏教哲学との出合い……………………………………255
中国は「国家の文化」 ……………………………………249，250
中国文化のなかでの仏教の新しい展開………………………255
デカルトの「機械論」 ………………………………………323
デューイ博士 ………………………………………318，319
　プラグマティズムの思想……………………………………318
テラペウタイ …………………………………………………222
天台大師 ……………3，20，44，268，272〜276，278，281
トインビー博士 ………………………103，324，325，327
道教 ……………………………………………3，245，248，249
戸田城聖　3，20，24，141，192，302，333，340，348，362

敦煌 ……………………………………………………154，160，161
——の仏教の衰亡の要因……………………………………163
寺戸の制度 ……………………………………163，164
僧侶の腐敗……………………………………………163
——の仏教の特徴 ……………………………………161
分かりやすい庶民性……………………………………162
変文 ……………………………………………161，162
法華経変……………………………………………162

——な行——

ナーガセーナ ……………………………2，128～130，132
中村元博士…………………………………………49，102，224
ナーガールジュナ（竜樹） ……………………………138
南無妙法蓮華経（題目）
………4，22～24，42，66，294，295，302，303，308
二十一世紀の地球市民の条件は主師親の三徳を基調とした菩薩道の生き方……………………………………………………358
二十一世紀は、西洋が東洋からの指標を求める時代 ……26，320
ニーチェ ……………………………………………………364
日蓮大聖人 ………………22～24，34，35，42，43，45，46，
70，244，269，273，276，278，280
292～305，307，309，330，357，358
——は構造的暴力と戦うことと法の正邪の峻別を主張 ……83
主師親の三徳 …………………………………357，358，360
師の徳 ………………………………………357，359，361
主の徳 ……………………………………357，358，360，361

　　親の徳 ……………………………………357，359，361
　日蓮という御名の意義 ……………………………294，308
日蓮仏法 ………………………………………………298，300
如蓮華在水 ………………………………………………………44
人間革命 …………………………………………………25，339
人間の生命は全宇宙の財宝よりも尊い ……………………344
ネルー首相 ……………………34，86～88，90～93，347

――は行――

白馬寺 …………………………………………………………254
莫高窟 …………………………………………………………161
バラモン教 ……………………………………171～174，245
『バルラームとヨサファート』物語 ………………………226
万物は相互依存の関係にある ………………………………350
美の力の恩恵を受けて仏教は世界宗教となった ……………41
ビンビサーラ（頻婆舎羅）王 ………………………………128
フィロン ………………………………………………………222
不軽菩薩 ………………………………………………………295
仏教
　――が衰退（滅亡）した理由 ………………………33，34
　――における愛 ……………………………………………232
　――はあらゆる生命の「平等」と「無常」を強調する ……353
　仏教ヒューマニズム ……………………………209，210
　ブッダ伝説 …………………………………………225，226
部派仏教 ……………………………………………134，136
　――では菩薩は釈尊の前世の姿 …………………………136

——は仏を分析の対象にした……………………134
父母の恩………………………………57，58
プラーセナジット（波斯匿王）………………128
ブラフマー……………………………21，22
ブラフマン………………………………202
文化……………………………………49～54
——は語学習得の推進力…………………53
言葉は文化の土台…………………………52
わきあがる生命の表現が文化………………51
文化民際主義………………………………27
プンナ（富楼那）……………………………207
文明間の「対話」……………………………334
ベーコン………………………………323，324
——の「自然支配」…………………………323
ベネディクト会………………………………321
ペトロフスキー本……………………………86，87
ヘレニズム時代……………217，218，220，225
法華経 2，3，28～33，41～44，64～69，85，86，296，297
——の文学作品への影響……………………146
——はすべてを生かす「活の法門」…………29
——は生命の無量の価値を解き明かす………339
勧持品………………………………………140
鳩摩羅什訳…………………………………279
鳩摩羅什訳の法華経が、釈尊の精神の内容を如実に伝えている………………………………………152
鳩摩羅什が訳した（法華経の）「妙」の意味…………150
鳩摩羅什は詩人の手法で法華経を訳した…………155

虚空会の儀式……………………………………………………*303*
虚空会の宝塔 ………………………………………*304*，*305*
竺法護 ………………………………………………*148*，*149*
竺法護と鳩摩羅什の共通点………………………………*148*
竺法護と鳩摩羅什の翻訳の違い…………………………*149*
寿量品………………………………………………………*338*
諸法実相 ……………………………………………*280*，*336*
神力品………………………………………………………*140*
多宝如来 ……………………………………………*304*，*305*
「二仏並坐」の儀式 ………………………………………*305*
白蓮華（プンダリーカ） …………………………………*311*
宝塔品………………………………………………………*313*
宝塔を飾る七宝……………………………………………*307*
法師品………………………………………………………*140*
妙法蓮華経（鳩摩羅什像の訳本） ………………………*146*
薬草喩品……………………………………………………*328*
　三草二木の譬え …………………………………………*329*
「薬草喩品」英語訳 ………………………………………*267*
「薬草喩品」フランス語訳 ………………………………*267*
蓮華 …………………………………………………*308*～*313*
六訳三存（法華経の訳本） ………………………………*148*
「法華経とシルクロード展」…………………*30*，*31*，*33*，*51*
菩薩 …………………………………………………*136*，*363*
——とは主師親の三徳を基軸に、社会のなかで救済の行動を展
　開していく存在…………………………………………*359*
——の生き方の真髄………………………………………*287*
菩薩道は他者の中に尊厳を見いだす……………………*177*

ボローニャ大学での講演……………………………………286
梵語──→サンスクリット

──ま行──

『摩訶止観』……………………20, 270, 272, 275, 278
マガダ国…………………………………………………199
牧口常三郎……………………44, 192, 297, 302,
318, 319, 332, 339, 340, 364
──の価値の思想……………………………………318
人道的競争……………………………………………332
マハーヴィーラ…………………………………………199
『マハー・バーラタ』……………………………………185
マルロー ……………………………………………347, 349
ミリンダ王（メナンドロス） ………………2, 125, 218
「ミリンダ王の問い」……………………………124, 125
──の大乗仏教的な特色……………………………132
人を幸福にするための問答、人間を苦から開放するための対話
がなされた…………………………………………130
ミリンダ王（メナンドロス）とナーガセーナの哲学対話
──→「ミリンダ王の問い」
ムケルジー総長 …………………………………………19

──や行──

ヨハン・ガルトゥング博士……………………………103

——ら行——

ラグヴィラ博士 ……………………………*3*，*4*，*40*，*67*，*87*
ラージャガハ（王舎城）……………………………………*206*
ラーダークリシュナン博士 ……………………………*230*，*231*
『ラーマーヤナ』……………………………………………*185*
『リグ・ヴェーダ』…………………*172*，*173*，*242*，*310*，*329*
立正安国論 ……………………………*4*，*42*，*45*，*70*，*300*
リッチュル……………………………………………………*364*
『歴代三宝記』………………………………………………*254*
蓮華の花 ………………………………………………*43*，*44*
老子 ……………………………………………*244*，*245*，*248*
楼蘭の衰亡の要因は大量の僧の出現………………………*164*
ログノフ博士…………………………………………………*334*
鹿野苑…………………………………………………………*205*

【著者略歴】

ロケッシュ・チャンドラ（Lokesh Chandra）

インド文化国際アカデミー理事長。1927年インド・アンバラに生まれる。父親はサンスクリットの権威ラグヴィラ博士。ラホールのパンジャブ大学で言語学修士号、オランダ・ウトレッチ大学で博士号を取得。インド国会議員（1974～1986）などを歴任。サンスクリット、パーリ語等22カ国の言語に精通。仏教に関する著書が462冊。主な著書に『シャタピタカ』がある。

池田大作（いけだ　だいさく）

創価学会インタナショナル（SGI）会長。創価学会名誉会長。1928年東京都生まれ。創価大学、アメリカ創価大学、創価学園、民主音楽協会、東京富士美術館、東洋哲学研究所などを創立。『人間革命』（全12巻）『世界の指導者と語る』など著書多数。また、世界の識者と対話を重ね、『二十一世紀への対話』（A・トインビー）『二十世紀の精神の教訓』（M・S・ゴルバチョフ）『子どもの世界』（A・リハーノフ）など数多くの対話集がある。

東洋《とうよう》の哲学《てつがく》を語《かた》る

二〇〇二年十月十二日　初版第一刷発行

著者　池田《いけだ》大作《だいさく》／ロケッシュ・チャンドラ

発行者　松岡佑吉

発行所　株式会社第三文明社

東京都新宿区本塩町一一－一

郵便番号　一六〇－〇〇〇三

電話番号　〇三（五二六九）七一四五（営業）

〇三（五二六九）七一五四（編集）

URL http://www.daisanbunmei.co.jp

振替口座　00150-3-117823

印刷所　大日本印刷株式会社

製本所　大口製本印刷株式会社

ISBN4-476-05036-0